지능형 휴머노이드 로봇 설계 및 응용

남상엽 · 전영수 · 박신성 · 하이버스(주) 기술연구소 공저

도서출판 상학당

Preface

지능형 로봇이란 외부환경의 변화를 인식(perception)하고 스스로 상황을 판단(cognition)하여 자율적으로 동작(Mobility & Manipulation)하거나 인간과 상호작용을 하는 로봇을 의미한다. 또한 지능형 로봇은 IT와 융합한 네트워크 서비스 로봇을 포함한다. 로봇의 분류는 용도별, 형태별 등 여러 가지 방법으로 분류할 수 있으나, "지능형 로봇"은 국제로봇연맹(IFR : International Federation of Robotics) 및 ISO(International Organization for Standardization)의 로봇 담당 TC-184(Technical Committee)의 분류를 참고하고 로봇산업화 방향에 따라 개인서비스용, 전문서비스용, 제조업용, 네트워크 기반 로봇 등 4분야로 구분하다.

지능형 로봇은 향후 자동차 산업규모 이상의 성장 잠재력을 가진 'STAR' 산업으로 기술혁신과 신규 투자가 유망한 신산업이다. 일본은 21세기 경제를 견인할 7대 신산업으로 로봇 분야를 선정, 21C 로봇챌린저 계획으로 2020년 로봇 산업을 현재의 자동차 시장규모로 육성할 계획이다. 일본은 기존의 독립형 로봇에 네트워크를 활용함으로써 5.7배의 시장규모 확대를 예측하고 있다. 지능형 로봇에 대한 급속한 수요의 증가로 인해 거대한 신규시장이 창출되고 지능형 로봇 산업이 차세대 주요 산업으로 부상될 전망이다. 지식산업의 출현, 고령화 사회의 도래, 삶의 질향상의 욕구에 따라 새로운 유형의 로봇 응용, 이를 기반으로 콘텐츠 서비스에 대한 수요가 증가될 것이다.

특히 청소/경비 로봇, 오락/애완/교육용 로봇, 의료·복지/장애자보조 로봇, 인명구조 로봇, 첨단 초정밀작업용 로봇, 바이오로봇, 네트워크 기반 로봇 등이 대표적이다. 지능형 로봇은 국내 제조업 공동화 문제를 해결하고 경쟁력을 강화하는 주요 수단이 될 것이다. 국내 IT분야 중소·벤처기업의 활성화 등 산업여건을 고려할 때, 인접산업분야를 선도할 수 있으며 새로운 부가가치를 창출할 수 있을 것으로 기대되고 있다. 따라서 지능형 로봇은 정부가 주체가 되어 국가 전략적으로 집중 육성해야 하는 혁신적 성장동력 산업이다. 세계 각국은 지능형 로봇을 국가전략산업으로 육성하고 있으며, 자국의 기술력을 과시하는데 활용될 것이다.

지능형 로봇 산업은 현재 시장형성단계로, 시장·기술선점 가능성이 매우 높은 산업으로 일본과 한국에서 휴머노이드 로봇을 경쟁적으로 개발하여 국가 기술력을 과시하고 있다. 로봇 고유기술은 타 산업 분야에서 응용이 매우 클 것으로 예상되고 있다. 지능형 로봇 고유기술은 경량, 유연, 액추에이터, 환경인식, 협조제어, 원격조작, 인간 로봇 상호작용(Human-Robot Interaction), 로봇 지능 등이다. 메카트로닉스, 인공지능, 컴퓨터, 첨단

Preface

IT기술 등이 융합된 지능형 로봇 기술은 이종산업간 시너지 효과를 창출하고 있다.

지능형 로봇 기술은 지능화·시스템화 기술로서 타 분야에 대한 기술적 파급효과가 크고, 신기술 분야의 산업화를 촉진하고 있다. 정밀전자, 반도체, 전자, 통신, 디스플레이 산업의 주요 수요처가 컴퓨터, 자동차를 거쳐 지능형 로봇으로 이동하고 있다. IT, BT, NT 등 신기술 분야의 기술융합에 따라 새로운 상품과 다양한 산업의 등장이 예상되며, 로봇 기술은 이러한 신기술분야의 필수적인 인프라에 해당된다.

지능형 로봇은 IT, BT, NT 등 첨단 신기술의 복합체로 국가 신산업의 창출을 촉진하고, 2020년경 산업전체가 로봇화되는 로봇 융합화(Robot Convergence)가 이루어질 것으로 예상된다. 지능형 로봇 산업은 출산율 감소, 고령화 사회 진입에 따라 노동력을 대체할 수 있는 미래 산업으로 국민복지의 대안이 될 수 있다.

이 교재에서 마벨 모나한(Monahan) PXA320 기반의 X-Hyper320MINI 보드를 탑재하고 있는 메탈 파이터의 주요 특징 및 구성과 하드웨어 사양에 대해서 서술하였다. 메탈 파이터는 고성능의 임베디드 프로세서인 PXA320 프로세서 기반으로 제작되어 보다 강력한 성능과 지능형 휴머노이드 로봇의 개발과 교육을 목적으로 활용되기 위한 충분한 하드웨어 구성을 가지고 있다.

메탈 파이터는 17관절 휴머노이드 로봇으로 고성능의 임베디드 프로세서를 탑재하여 보다 지능형에 가까운 휴머노이드 로봇을 설계하고 개발할 수 있도록 구성되어 있다. 17 관절의 메탈 파이터는 안정적인 하드웨어 구성과 메탈 파이터를 위한 프로그램 지원으로 보다 쉽고 강력한 기능을 구현할 수 있는 지능형 휴머노이드이다. 여기에서 메탈 파이터는 고성능 PXA320을 탑재하여 지능형 휴머노이드 로봇을 설계하기에 적합하도록 구성되어 있다.

- 메탈 파이터에는 266MHz DDR 메모리가 탑재되어 빠른 구동이 가능하다.
- PXA320 프로세서가 탑재된 MF-AI2 임베디드 보드의 사용으로 다양한 외부 장치 사용 및 지능형 로봇의 설계가 가능하다.
- 메탈 파이터는 1.3M Pixels의 CMOS 카메라가 부착되어 카메라 인식을 통한 영상처리 구현이 가능하도록 설계되어 있다.
- 메탈 파이터의 전면에는 320x240의 LCD가 탑재되어 있어 LCD를 이용한 메탈 파이터의 구동 및 비주얼한 동작을 구현할 수 있다.
- 무선(Wireless) LAN과 블루투스(Bluetooth)가 기본으로 내장되어 무선 네트워크 환경

구축이 가능하다.

- AL 금속 재질의 프레임을 사용하여 견고함은 물론 가벼운 중량으로 메탈 파이터의 자유로운 동작이 가능하다.
- 슈퍼 엔지니어링 플라스틱 소재의 기어를 사용하여 내구성 향상 및 정확한 동작의 구현이 가능하다.
- 적외선 멀티 ID 리모콘 사용으로 리모콘 제어 및 손쉬운 동작 테스트가 가능하다.

이러한 지능형 휴머노이드 로봇시스템에서 기초적인 임베디드 시스템 기술력과 프로그래밍 기술이 필요해짐에 따라 《지능형 휴머노이드 로봇 설계 및 응용》을 이론과 응용 실습 중심으로 구성하여 발간하게 되었다.

특히 이 교재는 기초적인 휴머노이드 로봇시스템을 통하여 이론을 검증하고 프로그래밍 실습하는 데 주안점을 두었다. 또한 컴퓨터, 전자, 제어, 통신 분야 관련 학생 및 초보 개발자를 대상으로 한 임베디드와 지능형 휴머노이드 융합 시스템에 대한 기본학습을 위한 교재로서, 처음 임베디드와 지능형 휴머노이드 융합 시스템을 접하는 학생에게 쉽고 빠르게 접근할 수 있도록 하는 데 초점을 맞추어 편찬되었다.

따라서 임베디드 시스템과 지능형 휴머노이드 로봇시스템 개발 및 환경구축에 대한 이론을 통해 지능형 로봇시스템의 작동 원리에 대한 이해와 감각을 키우는 데 부족함이 없을 것이라 생각된다. 여기에서 실습하는 지능형 휴머노이드 로봇시스템의 응용과 실습을 접목해 보면 보다 많은 이해 및 능력향상에 도움이 될 것으로 판단된다.

이 교재의 주요 구성은 다음과 같다.

제1장은 지능형 로봇시스템, 제2장은 메탈 파이터 특징 및 구성, 제3장은 로보 베이직 프로그램, 제4장은 메탈 파이터 시스템 개발환경구축, 제5장은 메탈 파이터 디바이스 드라이버, 제6장은 메탈 파이터 임베디드 프로그래밍, 제7장은 MF-LIB 프로그램, 부록은 메탈 파이터의 동작 코드표로 구성되어 있다.

끝으로 이 책을 집필하는 데 많은 도움을 주신 하이버스(주)의 김태형 사장님, 영업본부의 김원호 이사님, 이경섭 부장님, 방수준 차장님, 노성동 차장님, 기술연구소의 조성칠 소장님, 손종현 과장님, 권성태 팀장님과 전반적인 검토 및 실습해주신 김승한 연구원 등

Preface

관계자 여러분, 도서출판 상학당의 관계자 여러분과 서석호, 이해룡에게 감사의 마음을 전한다.

이 교재를 집필하면서 지능형 휴머노이드 관련 기존 도서를 출판하신 교수님들, 기존 지능형 로봇 산업 관계자 여러분 및 지능형 로봇 관련 분야의 전문가의 조언과 자료제공에 대하여 깊이 감사드린다. 이 교재는 지능형 휴머노이드 로봇 관련 실습관련 솔루션으로 이 책이 보다 많은 지능형 휴머노이드 로봇 응용 분야의 인력 양성에 힘이 되어주기 바란다.

저 자 씀

Contents

Contents

01장 지능형 로봇시스템

01 지능형 로봇의 정의 및 분류

1-1 로봇이란

로봇(robot)이란 무엇일까? 우리가 알고 있는 로봇은 만화영화나 만화책 등에서 보았던 태권V, 마징가 Z, 건담 등 다양한 로봇이 있다. 그러나 실제 로봇은 우리가 생각했던 인간처럼 생긴 로봇 이외에도 수많은 종류가 있다. 이 장에서는 로봇이란 말이 어떻게 생겨났으며, 과거와 현재의 로봇을 살펴보고 미래에는 어떤 로봇이 있을지 생각해 보도록 하자.

원래 로봇(Robot)이란 말은 체코의 유명한 극작가 "카렐차펙"이 1920년에 쓴 R.U.R (Rossum's Universal Robots)에서 처음 사용되었으며, 로봇의 어원은 체코어로 노동 또는 노예를 뜻하는 "로보타(Robota)"에서 나왔다.

로봇에 대해서 세계 최대 사전인 "웹스터 영어 사전"에는 이렇게 정의하고 있다.

> 인간의 일을 대신하는 자동 장치 또는 인간 형태의 기계

사전에 나온 의미로는 요즘 나오는 인공지능 세탁기, 자동판매기 등의 기계들도 로봇이라고 볼 수 있는데, 좀 더 구체적인 로봇의 의미로 "로봇이란 이런 것이다." 라고 다음처럼 말할 수 있다.

> 로봇은 외부 환경에 대해 스스로 인식하고 판단하여
> 어떤 주어진 임무를 수행하는 기계

우리는 교육을 통해서 이와 같은 "로봇"을 우리 스스로 만들고 배우게 된다.

1-2 로봇의 3원칙

미국의 과학자 아이작 아시모브(Isaac Asimov, 1920~1992)는 1950년에 로봇의 행동에 대한 다음과 같은 3원칙을 제안하였다.

- 제 1원칙 : 로봇은 인간에게 해를 끼쳐서는 안되며, 위험에 처해 있는 인간을 방관해서도 안된다.
- 제 2원칙 : 제 1원칙에 위배되지 않는 경우 로봇은 인간의 명령에 반드시 복종해야만 한다.
- 제 3원칙 : 제 1, 2원칙에 위배되지 않는 경우 로봇은 자기 자신을 보호해야만 한다.

1-3 지능형 로봇의 정의

지능형 로봇이란 외부환경의 변화를 인식(Perception)하고 스스로 상황을 판단(Cognition)하여 자율적으로 동작(Mobility & Manipulation)하거나 인간과 상호작용을 하는 로봇을 의미한다. 또한 지능형 로봇은 IT와 융합한 네트워크 서비스 로봇을 포함한다.

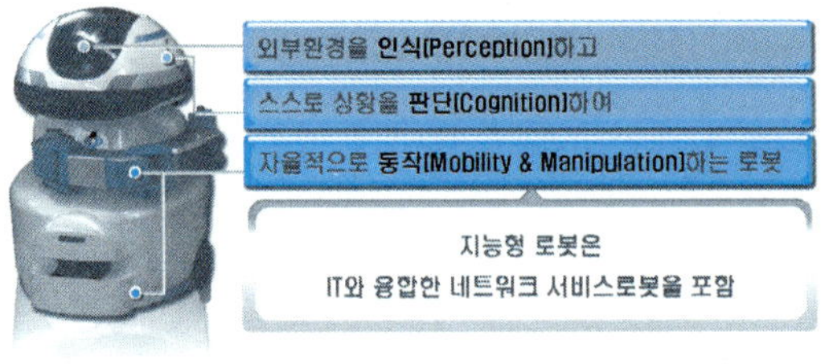

[그림 1-1] 지능형 로봇의 정의

1-4 지능형 로봇의 분류

로봇의 분류는 용도별, 형태별 등 여러 가지 방법으로 분류할 수 있으나, "지능형 로봇"은 국제로봇연맹(IFR : International Federation of Robotics) 및 ISO((International Organization for Standardization)의 로봇 담당 TC-184(Technical Committee))의 분류를 참고하고 로봇 산업화 방향에 따라 [표 1-1]처럼 개인서비스용, 전문서비스용, 제조업용, 네트워크 기반 로봇 등 4분야로 구분하다.

[표 1-1] 지능형 로봇의 분류

분류	서비스로봇		제조업용로봇	네트워크 기반 로봇
	개인서비스	전문서비스		
정의	인간의 생활범주에서 제반 서비스를 제공하는 인간공생형 대인지원 로봇	불특정 다수를 위한 서비스 제공 및 전문화된 작업을 수행하는 로봇	각 산업의 제조현장에서 제품생산에서 출하까지 공정 내 작업을 수행하기 위한 로봇	로봇과 네트워크가 융합되어 언제 어디서나 서비스 제공이 가능한 유비쿼터스형 로봇

일본공업협회 분류	비산업용 (개인용)	산업용	
		비제조업용	제조업용

IFR 분류	Service Robot for Personal Use	Service Robot for Professional Use	Industrial Robot

02 지능형 로봇 산업

2-1 지능형 로봇 산업의 정의

지능형 로봇 산업은 지능형 로봇을 생산하는 로봇 제조산업 뿐만 아니라 네트워크 기반 로봇, 로봇 응용 S/W, 서비스 콘텐츠 등 포함하는 관련 산업으로 정의한다.

2-2 지능형 로봇 산업의 주요 분야

지능형 로봇 산업의 주요 분야는 [그림 1-2]처럼 개인서비스용 로봇, 전문서비스용 로봇, 제조업용 로봇 산업, 네트워크 기반 로봇의 4분야 지능형 로봇 산업으로 구분한다.

[그림 1-2] 지능형 로봇의 응용분야별 종류

1) 서비스 로봇의 응용분야

(1) 개인서비스 응용분야

개인서비스 응용분야는 청소 및 경비, 여가지원용(오락, 애완, 헬스케어, 게임 등), 노인/재활지원용(간병, 장애자보조, 재활훈련 등), 교육용(연구용, 가정교사), 가사지원(심부름, 조리, 제초 등) 응용분야로 구분한다.

(2) 전문서비스 응용분야

전문서비스 응용분야는 재난극복(소방, 인명구조), 군사용/사회안전, 활선작업용, 건설작업용(건축, 고소, 관로), 원전용, 해양수산용, 의료용, 농업/임업/광업, 우주 등으로 구분한다.

2) 제조업용 응용분야

제조업용 응용분야는 자동차 제조용, 초소형 전자제품 제조용, 디스플레이 제조용, 반도체 제조용, 바이오 신약용, 조선 산업용으로 구분한다.

3) 네트워크 기반 로봇 응용분야

네트워크 기반 로봇 응용분야는 정보 콘텐츠, 공공도우미 (공공업무지원), 임베디드 로봇, 소프트웨어 로봇으로 구분한다.

지능형 로봇의 응용분야별 종류는 [표 1-2]처럼 서비스 로봇은 개인서비스와 전문서비스로 구분, 제조업용, 네트워크 기반 로봇으로 다양한 응용분야를 정리하였다.

[표 1-2] 지능형 로봇의 응용분야별 종류

구분	서비스 로봇		제조업용	네트워크 기반 로봇
	개인서비스	전문서비스		
종류	•청소 및 경비 •여가지원용 (오락, 애완, 헬스케어, 게임 등) •노인/재활지원용 (간병, 장애자보조, 재활훈련 등) •교육용 (연구용, 가정교사) •가사지원 (심부름, 조리, 제초 등)	•재난극복 (소방, 인명구조) •군사용/사회안전 •활선작업용 •건설작업용 (건축, 고소, 관로) •원전용 •해양수산용 •의료용 •농업/임업/광업 •우주	•자동차 제조용 •초소형 전자제품 제조용 •디스플레이 제조용 •반도체 제조용 •바이오 신약용 •조선 산업용	•정보콘텐츠 •공공도우미 (공공업무지원) •임베디드 로봇 •소프트웨어 로봇

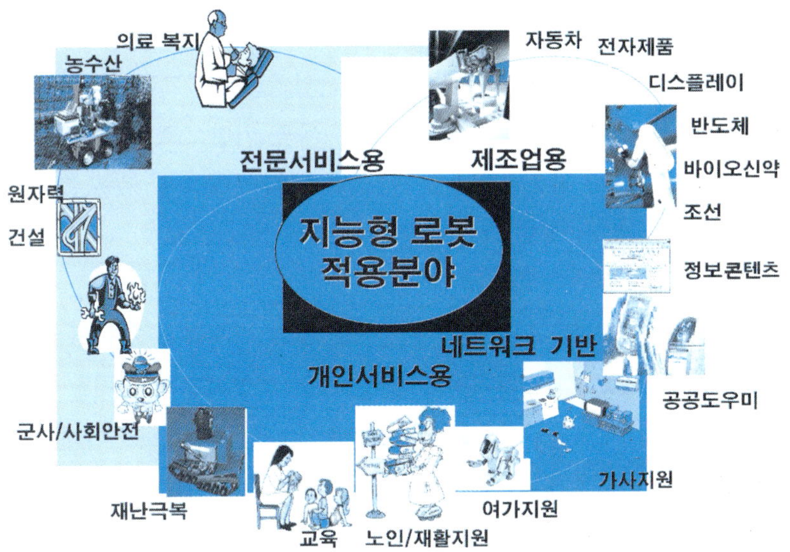

[그림 1-3] 지능형 로봇 산업의 주요 분야

2-3 지능형 로봇 산업의 특성

1) 경제적 관점

지능형 로봇은 향후 자동차산업 규모 이상의 성장 잠재력을 가진 'STAR' 산업으로 기술혁신과 신규 투자가 유망한 신산업이다. 국내 로봇 산업은 2020년경 1가구 1로봇 시대가 도래할 것으로 예상되며 [표 1-3]처럼 <국내 시장규모 100조원, 세계 시장점유율 15%>로 성장할 것으로 전망이다.

[표 1-3] 세계 및 국내의 로봇 시장 전망

구 분		예상 시장규모	
		2010년	2020년
세계 시장규모(억불)		1,500	5,000
한국 시장규모 (억 원)	제조업용 로봇	40,000	400,000
	서비스 로봇	60,000	600,000
	계	100,000	1,000,000

일본은 21세기 경제를 견인할 7대 신산업으로 로봇 분야를 선정, 21C 로봇챌린저 계획으로 2020년 로봇 산업을 현재의 자동차 시장규모로 육성할 계획이다. 일본은 기존의 독립형 로봇에 네트워크를 활용함으로써 5.7배의 시장규모 확대를 예측하고 있다. 지능형 로봇에 대한 급속한 수요의 증가로 인해 거대한 신규시장이 창출되고 지능형 로봇 산업이 차세대 주요 산업으로 부상될 전망이다. 지식산업의 출현, 고령화 사회의 도래, 삶의 질향상의 욕구에 따라 새로운 유형의 로봇 응용, 이를 기반으로 콘텐츠 서비스에 대한 수요가 증가될 것이다. 특히 청소/경비 로봇, 오락/애완/교육용 로봇, 의료·복지/장애자보조 로봇, 인명구조 로봇, 첨단 초정밀작업용 로봇, 바이오로봇, 네트워크 기반 로봇 등이 대표적이다.

지능형 로봇은 국내 제조업 공동화 문제를 해결하고 경쟁력을 강화하는 주요 수단이 될 것이다. 국내 IT분야 중소·벤처기업의 활성화 등 산업여건을 고려할 때 인접산업분야를 선도할 수 있으며 새로운 부가가치를 창출할 수 있을 것으로 기대되고 있다.

따라서 지능형 로봇은 정부가 주체가 되어 국가전략적으로 집중 육성해야 하는 혁신적 성장동력 산업이다.

2) 기술적 관점

세계 각국은 지능형 로봇을 국가전략산업으로 육성하고 있으며, 자국의 기술력을 과시하는데 활용될 것이다.

지능형 로봇 산업은 현재 시장형성단계로, 시장·기술선점 가능성이 매우 높은 산업으로 일본의 아시모(1998년), 큐리오(2003년), 한국의 휴보(2004년), 마루(2004년) 등 휴머노이드 로봇을 경쟁적으로 개발하여 국가 기술력을 과시하고 있다. 로봇 고유기술은 타 산업 분야에서 응용이 매우 클 것으로 예상되고 있다.

지능형 로봇 고유기술은 경량, 유연, 액추에이터, 환경인식, 협조제어, 원격조작, 인간

로봇 상호작용(Human-Robot Interaction), 로봇 지능 등이다. 메카트로닉스, 인공지능, 컴퓨터, 첨단 IT기술 등이 융합된 지능형 로봇 기술은 이종산업간 시너지 효과를 창출하고 있다.

지능형 로봇 기술은 지능화·시스템화 기술로서 타 분야에 대한 기술적 파급효과가 크고, 신기술 분야의 산업화를 촉진하고 있다. 정밀전자, 반도체, 전자, 통신, 디스플레이 산업의 주요 수요처가 컴퓨터, 자동차를 거쳐 지능형 로봇으로 이동하고 있다. IT, BT, NT 등 신기술 분야의 기술융합에 따라 새로운 상품과 다양한 산업의 등장이 예상되며, 로봇 기술은 이러한 신기술 분야의 필수적인 인프라에 해당된다.

지능형 로봇은 IT, BT, NT 등 첨단 신기술의 복합체로, 국가 신산업의 창출을 촉진하고, 2020년경 산업전체가 로봇화되는 로봇 융합화(Robot Convergence)가 이루어질 것으로 예상된다.

3) 사회 · 문화적 관점

우리나라는 이미 고령화 사회로 진입(최근 65세 이상 7.5%이상)하였고, 2020년경에는 노인부양비율이 약 20%에 달하게 되어 노인복지용 서비스 로봇 즉, 노인복지를 위한 건강지원, 생활보조, 재활지원, 대화상대 등의 로봇의 수요가 급증할 것으로 예측되고 있다.

국내 주부 가사노동의 가치는 여성근로자 평균임금을 기준으로 연간 107조원으로 청소, 경비, 설거지, 세차, 요리 순의 노동 대체 수요가 예상되고 있다. 재택취업 등 취업형태의 변화, 방범·경비시장의 확대 등 사회 전반에 걸친 직업군의 변화되고 있다.

IT기술의 발전, 고령화 사회의 진전, 여성취업자 그리고 비정규직의 증가는 재택취업 등 취업형태의 변화를 가져오고, 이에 따른 원격 로봇오피스 등이 출현되고 있다. 범죄발생의 증가와 사회 안전인식의 확산으로 방범·경비시장이 확대되고, 환경문제에 대한 모니터링, 쓰레기회수 등 사회적 수요를 로봇이 대체될 것으로 예상된다.

로봇 산업은 출산율 감소, 고령화 사회 진입에 따라 노동력을 대체할 수 있는 미래 산업으로 국민복지의 대안이 될 수 있다.

2-4 지능형 로봇 산업의 기술

1) 지능형 로봇 산업의 비전

(1) 세계 3대 지능형 로봇 기술강국 실현

다양한 혁신 제품을 창출하는 로봇 융합화(Robot Convergence)를 추구하고 최상의 산업 환경구축으로 로보피아 (Robotopia)를 실현하고 세계시장을 선도하는 로봇 테스트 베드국가(Robot Test-bed Country)를 실현하는데 있다. 2013년 이후에 세계시장 점유율 15%, 총생산 30조원, 수출 200억 달러, 고용창출효과 10만명을 달성한다.

−1단계의 요람기 : Killer Application을 위한 기반 조성

−2단계의 성장기 : 시장검증을 통한 선택과 집중

−3단계의 성숙기 : 기능 고도화

[그림 1-4] 지능형 로봇 산업 비전

2) 지능형 로봇 산업발전 전략

(1) Killer Application 창출을 위한 기술역량 강화

Needs에 대응하는 제품기획·마케팅을 강화하고 신수요 창출을 위한 서비스·콘텐츠를 개발하고 고부가가치화를 위한 기술혁신을 추진하고 로봇 플랫폼 규격화를 통해 기술·부품을 공유하고 기술개발 사업지원·운영체계 정비를 해야만 한다.

(2) 연계강화를 통한 산업구조 개편

기업의 유기적 연계를 고려한 전문계열화하고 타 차세대 성장동력 사업간 연계하여 추진해야만 한다.

(3) 인프라 및 혁신 클러스터 구축

로봇 전문인력의 양성과 선진기술확보를 위한 국제협력의 환경구축으로 로봇의 표준화를 통한 산업체계화와 산업혁신 클러스터(Cluster) 조성을 통한 산업기반을 구축한다.

(4) 산업의 활성화를 위한 체제정비

법 · 제도 개선 및 정비하고 펀드(Fund), 투자, 금융지원방안을 구축해야만 한다.

(5) 산업화 촉진을 위한 초기시장 창출

리스크 테이킹(Risk-taking)을 위한 공공구매 및 보급촉진하고 시범사업을 통한 시장분위기 조성하고 국가적 전시 · 홍보사업(EXPO, 전시회, 대회 등) 실시해야만 한다.

2-5 지능형 로봇 산업의 SWOT 분석

지능형 로봇 산업의 강점, 약점, 기회, 위협요인을 [표 1-4]처럼 분석하였다.

[표 1-4] 지능형 로봇 산업의 SWOT 분석

<table>
<tr><th></th><th>강 점</th><th>약 점</th></tr>
<tr><td>기술개발</td><td>• 제조업용 로봇 관련 풍부한 경험 보유
• 세계 최고 수준의 생산기술 보유
• 세계적인 IT 기술 확보
• 중소기업의 로봇 제품 · 기술개발 의지</td><td>• 기초 원천기술 열세
• 핵심부품 기술경쟁력 미약
• 로봇 산업 각 부문의 기술 연계성이 부족
• 산발적, 비효율적인 기술개발 사업체계</td></tr>
<tr><td>인프라</td><td>• 지역 로봇센터 설립 활발
• TP, 클러스터의 구축 경험
• 중소 · 벤처기업 창업 활발
• 세계 최고 수준의 광대역 통신망, 모바일 인프라 구축</td><td>• 고도기술을 갖춘 로봇 전문인력 부족
• 서비스 로봇 관련 표준화 기반 부족
• 국제협력체계 미비
• 로봇 산업 확대를 위한 법 · 제도 미비시 제작 지원, 시험 등 공용 서비스 미흡</td></tr>
<tr><td>시장창출</td><td>• 로봇관련 다양한 잠재시장 보유
• 정형화된 생활환경, 소비자 요구의 명확성 등 양호한 로봇 도입 환경
• 긍정적인 로봇이미지와 높은 호감도</td><td>• 대기업의 적극적인 사업의지 미약
• 중소기업의 시장진입 여력 부족
• 초기시장 창출을 위한 지원 미미
• Value 창출을 위한 서비스 비즈니스 모델 기반의 Killer Application 발굴 미흡</td></tr>
<tr><th></th><th>기 회</th><th>위 협</th></tr>
<tr><td>기술개발</td><td>• 21C형 국가 주력산업 육성의 기회
• 강력한 로봇 기술개발지원 프로그램</td><td>• 일본 등 선진국 국가차원의 집중지원
• 첨단 기술보호로 기술추월 한계</td></tr>
<tr><td>인프라</td><td>• 10대 성장동력 등 산업간 연계로 인한 시너지 효과
• 인력양성을 위한 정부의 노력
• 로봇 산업에 대한 지자체 관심</td><td>• 이공계 기피로 인력수급 차질
• 표준의 선진국 선점에 의한 종속화
• 선진국 기관의 기술이전 기피</td></tr>
<tr><td>시장창출</td><td>• 선진국도 로봇 시장은 초기상황
• 가정용 로봇에 대한 관심 고조
• 로봇 산업에 대한 정부, 지자체의 관심</td><td>• 로봇의 국내시장 협소
• 로봇 소비자의 기대수준과 현수준의 괴리
• 선진국 제품에 의한 시장잠식</td></tr>
</table>

03 지능형 로봇의 구성 및 기술

3-1 지능형 로봇의 구성

지능형 로봇의 구성요소는 기구(메커니즘, 이동성), 지능 및 제어(지능, 제어 & 알고리즘 HRI), 부품(센서, 액추에이터) 및 시스템(시스템, 네트워크 기반기술)으로 구성되어 있다.

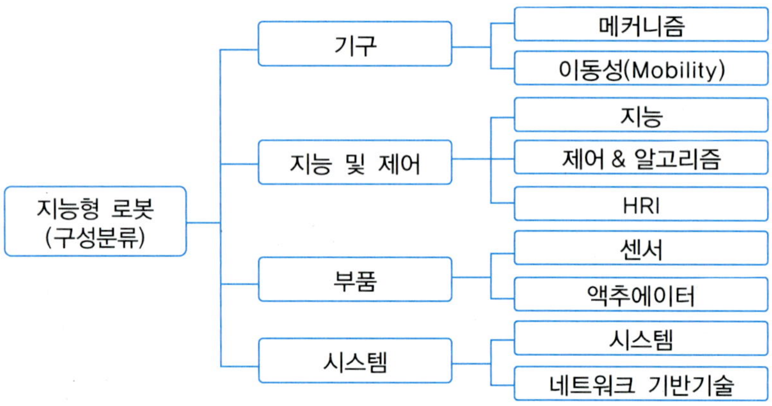

[그림 1-5] 지능형 로봇 구성별 분류

1) 외부 조건

외부의 조건을 각종 센서를 통해 받아들이는 부분이다. 카메라로 비전 인식을 하고 마이크 등 소리 센서로 소리를 받아들이고 사람으로는 감각기관에 비교할 수 있을 것이다.

2) 프로그래밍

외부의 조건을 받아들이면 다양한 조건에 맞는 행동을 로봇에게 알려주는 부분이다. 사람으로 비교하면 학습이라고 할 수 있을 것이다. 로봇이 해당 조건에 맞는 올바른 행동을 할 수 있도록 미리 적절한 행동을 지정하는 것이다. 섬세한 행동을 하는 로봇일수록 프로그래밍이 매우 복잡할 것이다.

3) 동 작

실제로 로봇이 행동을 취하는 부분이다. 사람으로 비교하면 뇌에서 각 근육으로 명령을 전달하여 움직이는 것이라 볼 수 있다. 로봇에서는 각종 전선, 모터, 스피커, 프레임 등이 몸체에 해당한다.

- 매니퓰레이터 : 운동이 실제 행해지는 부분인 관절, 관절과 관절을 연결해주는 링크로 구성된 로봇의 주 몸체에 해당한다.
- 로봇의 손에 해당하는 부분(단말장치) : 조작하고 다른 시스템과의 연동이 가능하게 한다.
- 구동기 : 관절을 움직이는 장치로 매니퓰레이터의 근육에 해당하며 모터, 유·공압 실린더 등으로 이루어졌다.
- 센서 : 로봇의 감각기관에 해당하는 부분으로 로봇의 상태나 외부 환경에 대하여 정보를 수집한다.
- 제어 시스템 : 로봇의 뇌에 해당하여 센서에서 들어온 정보를 처리하여 로봇으로 하여금 적절한 동작을 하게 한다.

3-2 지능형 로봇의 기술

지능형 로봇의 공통기술은 다양한 로봇에 공통적으로 활용될 수 있는 기술과 앞으로 미래원천 기술로 개발하여야 되는 기술이다. 지능형 로봇 제품군별 세부기술과 공통기술과 연계하여 공통기술은 다음과 같다.

1) 매니퓰레이션

로봇의 매니퓰레이터가 주위환경과 물리적인 상호작용을 통하여 환경에 물리적 변화를 일으키며, 이러한 변화는 작업 대상 물체의 이동, 두 개 이상의 물체의 결합, 물체의 기하학적 형상의 변경 등을 포함하는 기술이다.

2) 주 행

환경을 인식하여 지도를 작성하고, 지도를 기반으로 로봇의 위치를 추정하고, 원하는 목표지까지 최적경로를 계획하고, 장애물들을 회피하면서 이동하는 기술이다.

3) 지 능

로봇의 감지기능과 동작기능을 연결하여 자율적 및 효율적으로 임무를 정의하고 수행하는 집적된 인지, 추론 및 학습기술이다.

4) 인간 - 로봇 상호작용(HRI)

인간 - 로봇 상호작용은 다양한 의사소통 채널을 통해 인지적 / 정서적 상호작용을 할 수 있도록 로봇 및 상호작용 환경을 설계, 구현 및 평가하는 기술이다.

5) 센서 및 구동기

로봇이 외부 환경의 정보를 획득하기 위해서 필요한 시각, 청각, 촉각 등의 센서 등과 마이크로 나노 액추에이터, 인공근육 등 신소재 구동기 설계기술이다.

6) 시스템

로봇의 지능과 기능이 구현될 하드웨어 및 소프트웨어 모듈들을 효과적으로 통합시키는 시스템 기술이다.

7) 네트워크

로봇을 디지털 홈네트워크, 센서 네트워크 등과 연동하는데 필요한 네트워크 기반 기술과 이를 바탕으로 음성인식이나 환경인식과 같이 로봇이 수행해야 할 기능을 외부 서버에 분담시켜서 처리하기 위한 분산처리/제어 기반 기술이다.

[표 1-5] 지능형 로봇 공통기술 분류

	대분류	중분류	소분류
제어	매니퓰레이션 (Manipulation)	매니퓰레이터	경량화, 모듈화, 유연화, 시각기반조작, 센서 기반조작, 하이브리드 힘/위치 제어, 수동/능동 컴플라이언스
		로봇 손	3지/5지 손, 센서 기반 스마트 핸드
		햅틱 장치	웨어러블 햅틱 장치, 햅틱 암마스터, 햅틱 핸드컨트롤러, 햅틱 글러브, 촉각제시기
		마이크로/나노로봇 기술	마이크로 액추에이터, 마이크로 센서, 마이크로 위치/힘 측정, 마이크로/나노 평면부품용 그리퍼
		작업도구 메커니즘	청소 메커니즘
		구조설계	경박구조설계, 전복방지, 내열, 방수설계
		조작제어	여유자유도 제어, 양팔협조, 작업/모션/파지 planner 개발, Mobile manipulation, 학습기반 매니퓰레이션, 비주얼 서보잉, 센서융합, 시각기반조작, 인체 핸들링, 다개체군 제어, 원격제어
		작업 알고리즘	청소 알고리즘
		고등제어 알고리즘	가상환경 연동제어, 행위기반제어

	주행	휠구동 메커니즘	무한궤도형, 바퀴형, 전방향 바퀴, 카펫 주행
		특수이동메커니즘	문턱극복, 계단승월, 비행, 벽면이동
		보행 메커니즘	보행 메커니즘, 2족 보행, 자세제어, 4족 보행, 운동예측, 안전 메커니즘
		주행 알고리즘	지도작성, 위치추정, 경로계획, 장애물 회피, 영상기반 주행, SLAM
		보행 알고리즘	ZMP 제어, 자세제어, 모션 시뮬레이션
지능 및 인식	지능	환경인식	3차원 물체인식, 실시간 인식, 조명변화/가려짐에 강인한 인식
		학습 및 추론	작업환경의 모델링, 작업계획, 지능형 에이전트, 학습추론기반 인터페이스, Social Intelligence
		Context/Semantics	Context/Semantics 모델링 및 학습기술, Ontology 기반 지식기반 시스템, 대화 및 의사소통
		센서 융합	칼만 필터링
	HRI	시각인식	얼굴인식, 표정인식, 제스처 인식, 이동물체의 실시간 추적, 조명/포즈에 강인한 인식, 문자인식
		음성인식	대화음성인식, 음원감지/추적, 대화음성생성, 잡음에 강인한 음성 전처리
		촉각인식	촉각제시, 힘반영 원격제어, 시간지연 대처기술
		감정표현	감정 모델링, 얼굴표정, 자세생성, 가상인성
		감성인식	인간-로봇 상호작용 모델링, 사용자의도 인식, 멀티모달 매개 인터페이스, 지능형 사용자 HRI, 학습자 상황인식
		생체인식	운동측정, 생체상호작용, 무구속인체 모니터링, 수면 모니터링, 바이오피드백
		센서 인식	센서 기반인지 모듈
부품	센서	시각 센서	CCD/CMOS, 스테레오 비전, Depth map
		청각 센서	마이크로폰
		촉각 센서	3축 힘(수직력, 전단력) 감지, 인공피부로서의 유연성, 신호처리, 질감/물체인식
		거리 센서	초음파 센서, 레이저스캐너, IR센서
		운동 센서	자이로센서, 가속도 센서
		힘 센서	6축 힘/토크센서, 촉각 센서
		생체 센서	근육경직 부위탐지 센서, 사용점 측정위치 센서
		특수 센서	먼지 센서, 물감지 센서
	액추에이터	모터	소형 고출력 모터
		인공근육	Dielectric elastomer actuator, Conducting polymer actuator

시스템		감속기	Harmonic drive, RV감속기
		에너지	고효율 배터리, 자동충전
	시스템	제어구조	Deliberative control, Reactive control, Hybird deliberative/reactive control, 실시간 제어, 원격제어
		하드웨어	회로안정화, SoC 설계, 모듈 설계, 컴포넌트 설계
		미들웨어	Interoperability, 분산 미들웨어, 임베디드 미들웨어, 실시간성, 이종 네트워크간 통신, RTOS, Linux, 실시간 분산제어, 임베디드 OS
		언어	로봇 언어
		표준화 및 평가	초정밀 로봇 표준화기술, 초정밀 로봇 평가기술
		진단 알고리즘	자기고장/진단, 능동적 자율극복
		시스템 통합	비주얼 서보잉, 접촉 탐색기술, 개방형 분산제어 시스템 전투 로봇 설계기술, 건축 로봇 설계기술
		시뮬레이션	3차원 가시화, 운동상태모사
		콘텐츠	교육, 오락, 재활
	네트워크	네트워크 인프라 기술	종단간 QoS 보장을 위한 네트워킹 기술, 디지털 홈네트워크 연동기술, 센서 네트워크 연동기술, 실시간 멀티미디어 스트리밍 기술, 실시간 원격제어 프로토콜 처리기술, 로봇 및 서버 네트워크 보안기술, 로봇과 서버간 응용 프로토콜 표준화 기술, 로봇과 서버간 유무선 통신품질 진단 및 분석기술, 실시간 음성/영상/제어/센서 정보처리를 위한 고성능 서버 기술, 로봇을 이용한 실시간 원격 모니터링 기술, 로봇 위치 원격 인식기술
		시스템 프레임워크 기술	분산 컴포넌트 기반의 행위/태스크 모델링 및 개발기술, 네트워크 기반 실시간 제어 프레임워크 기술, 휴대 가능한 초소형 네트워크 로봇에 대한 제어 프레임워크 기술, 네트워크 기반 멀티-로봇 제어 프레임워크 기술, 가변우선순위 기반의 로봇 행위선택 프레임워크 기술, 하드웨어 및 소프트웨어 컴포넌트의 Plug & Play 기술, 네트워크 기반 로봇 고장 자가진단 및 복구 프레임워크 기술, 분산 컴포넌트 기반의 지능형 S/W 에이전트 프레임워크 기술

3-3 지능형 로봇의 위치인식

위치추정 또는 위치인식은 지역 및 전역 위치추정으로 분류할 수 있다.

- 지역 위치추정(Local localization or position tracking)은 로봇의 초기위치를 알고 있는 경우에 추측항법(Dead reckoning) 및 센서 기반의 지도 매칭을 통하여 로봇의 현재 위치를 추정하는 방식으로 EKF(Extended Kalman Filter) 방식이 주로 사용된다.
- 전역 위치추정(Global localization)은 로봇의 초기위치를 모르는 경우에 센서 기반의 지도 매칭만으로 주어진 지도상에서 자신의 절대적인 위치를 추정하는 방식으로 현

재는 Particle filter를 사용하는 Monte Carlo Localization 방식이 주로 사용된다.

위치추정 분야에서는 격자지도를 기반으로 하는 환경에 대하여 로봇의 초기위치를 알고 있는 경우에는 EKF 기반의 위치추정 방식이 초기위치를 모르는 전역 위치추정의 경우에는 Monte Carlo 위치추정 방식이 주로 사용되고 있다.

위상지도를 통한 효율적인 위치추정의 구현을 위해 토폴로지컬 매칭 기법에 대한 연구도 수행되고 있다. 동적 환경 및 불확실성에 대처할 수 있는 강인한 알고리즘을 개발하려는 연구가 수행되고 있으며, 현재 실내환경과 더불어 실외환경에서의 위치추정 분야에서도 많은 연구가 진행되고 있다.

레이저스캐너와 같은 거리 센서 외에 영상 센서를 사용하여 위치추정을 수행하는 영상기반 주행 알고리즘에 대한 연구가 활발히 진행되고 있으며, 다수의 로봇이 주행하면서 정보를 공유하여 위치추정을 수행하는 방식에 대한 연구가 진행되고 있다.

이동 로봇의 위치추정은 별도의 인공표식을 사용하지 않고, 저가의 다양한 센서의 융합을 통하여 자연표식을 인식함으로써 지도상에서 로봇의 위치를 추정하는 방향으로 나아갈 것으로 예상된다.

그러나 일부에서는 현재 급속도로 보급되고 있는 RFID 태그 등을 건물의 바닥에 설치하고, 로봇에 장착된 RFID 리더기(Reader)를 통하여 그 정보를 인식함으로써 로봇의 위치를 정확히 추정하려는 연구도 활발히 진행되고 있으며, 향후 유비쿼터스 컴퓨팅 환경과 접목되어 위치추정 기술의 중요한 한 방식을 형성하리라 전망된다.

위치추정에 있어서 정확한 거리측정이 가능한 레이저스캐너가 가장 많이 사용되고 있지만, 가격이 고가이므로 현재로는 상용 로봇에 사용하기 어려운 문제점이 있다. 향후 서비스 로봇 시장이 커지게 되면 레이저스캐너의 가격이 많이 낮아지리라 생각되지만, 여전히 다른 센서에 비하여 고가일 수밖에 없으므로 새로운 센서의 개발이나 저가의 여러 센서를 융합하는 방법 등에 대한 연구가 활발히 진행되리라 전망된다.

1990년대 중후반부터 확률기반의 로봇 기술(Probabilistic robotics)이 많이 연구되고 있으며, 앞으로도 불확실성이 많은 환경에 적용하기 위해서는 주행에도 확률기반 알고리즘이 주류가 되리라 전망된다. 영상기반의 주행 및 위치추정에 대한 연구가 오랫동안 진행되어 왔지만, 여러 기술적인 문제로 큰 성공을 거두지 못하였다.

그러나 최근에 와서 비전시스템의 저가화, 영상처리의 발전 등으로 인하여 많은 연구성과가 발표되고 있으며, ERSP 등과 같은 상용제품이 출시되면서 향후 주행 분야에서 중요한 역할을 하리라 전망된다. 향후 위치추정은 거리 센서 또는 영상 센서 단독이 아니라, 두 종류의 센서 정보를 융합하여 상호보완적으로 활용하는 방향으로 발전하리라 예상된다.

1) 맵 빌딩(Map Building)

주행에 사용되는 지도로는 환경을 동일한 크기의 셀로 나누어 각 셀의 물체에 의한 점유여부를 표현하는 격자지도(Grid map), 지하철 지도와 같이 환경을 특징을 나타내는 노드와 이들 노드간을 연결하는 에지로 표현하는 위상지도(Topological map), 환경에서 코너 및 문 등과 같은 특징만을 나타내는 특징지도(Feature map), 국부적으로는 격자지도나 특징지도로 환경을 표현하지만, 이들의 전체적인 연결성은 위상지도로 표현하는 하이브리드 지도(Hybrid map) 등으로 분류할 수 있다.

지도작성 분야에서는 현재 다양한 거리 센서(예 : 레이저 스캐너, 초음파 센서, 적외선 센서 등)를 활용하고 있으며, 각 센서의 특성에 맞는 적절한 알고리즘이 개발되고 있다. 격자지도를 기반으로 하는 환경의 모델링 기술은 거의 완성단계에 있으며, 대규모 환경의 모델링을 위해서 위상지도 작성 기술에 대한 연구가 활발히 진행되고 있다.

또한, 방과 같은 지역환경은 격자지도 또는 특징지도로 표현하고, 이들 지역환경 사이의 관계는 위상지도로 표현하여 전역환경을 커버하는 하이브리드 지도의 작성 기술에 대한 연구도 진행되고 있다. 2차원 지도를 확장하여 거리 센서 또는 영상 센서를 사용하여 환경을 3차원적으로 모델링하는 연구도 현재 활발히 진행되고 있다.

격자지도의 정확성와 위상지도의 간결성의 장점을 취하는 메트릭-토폴로지컬 하이브리드 지도에 대한 연구가 활발히 진행되고 있으며, 기본적인 메모리가 증대함에 따라서 대규모 환경에 대해서도 격자지도와 같은 메트릭 지도의 사용이 활발해지리라 예상된다. 로봇이 미지의 환경에서 자신의 위치를 추정하면서 지도를 작성하는 SLAM(Simultaneous Localization And Mapping) 기술이 활발히 연구되고 있으며, 향후에는 SLAM 기술이 더욱 발전하리라 전망된다. 이들 SLAM 기술은 현재까지는 주로 EKF(Extended Kalman Filter)를 기반으로 개발되어 왔는데, 최근에는 EKF와 더불어 Particle filter를 활용하는 FastSLAM 기법이 활발히 연구되고 있다.

궁극적으로는 주행과 조작에 모두 적용될 수 있도록 3차원 환경을 모델링하는 3차원 지도가 사용될 전망이다. 그러나 주행용 지도보다는 조작용 지도가 높은 정확성과 분해능을 요구하므로, 이러한 점을 잘 감안하여 주행용으로는 필요 이상의 정확도를 갖는 환경 모델링이 수행되지 않도록 하는 것이 필요하다. 지도형성 기술의 성능은 다음과 같다.

- 수 km 이상의 주행거리에서 100개 이상의 사이클들을 매핑해야만 한다.
- 확장가능 영역(문, 엘리베이터)에 대한 지능적인 판단을 해야만 한다.
- 위치 영역(계단, 난간)에 대한 지능적인 판단을 해야만 한다.
- 물체의 이동, 지도 변화에 대한 능동적인 대체를 해야만 한다.

2) 내비게이션(Navigation)

이동 로봇이 가정환경 내에서 현재 위치에서 목표지점까지 안전하게 이동하기 위해서는 경로생성(Path planning)과 장애물 회피(Obstacle avoidance)기술이 필요하다. 경로생성은 2가지가 있다. 알고 있는 지도를 가지고 경로를 생성하는 글로벌 경로생성(Global path planning)과 알고 있지 않은 지도를 가지고 경로를 생성하는 로컬 경로생성(Local path planning)으로 구분된다.

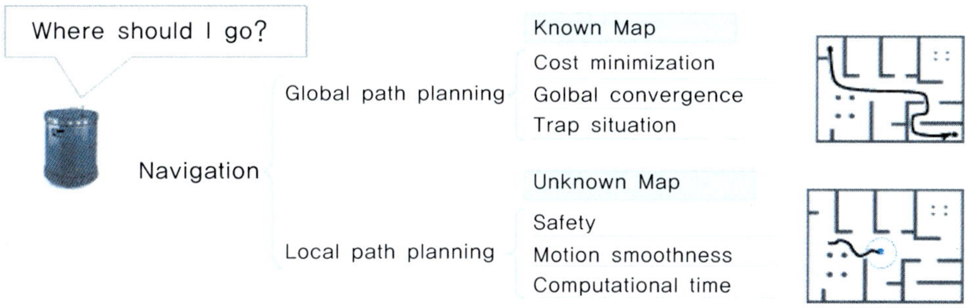

[그림 1-6] 내비게이션의 종류

3) SLAM

SLAM(Simultaneous Localization And Map-building)은 CML(Concurrent Mapping and Localization)으로써 이동 로봇에서의 로봇이 미지의 환경을 돌아다니면서 로봇에 부착되어 있는 센서만으로 외부의 도움 없이 환경에 대한 정확한 지도를 작성하는 작업이다. SLAM은 지능 로봇의 자율주행 구현을 위한 가장 기본적이면서도 핵심이 되는 기술로써 정확한 지도를 작성하기 위해서는 로봇의 위치추정이 정확하여야 하고, 정확한 위치추정을 위해서는 지도가 정확하여야 한다. 실제 상황에서 불확실성이 포함된 지도에서의 위치추정의 결과는 부정확하고, 센서의 불확실성에 기인한 부정확한 로봇의 위치는 지도의 부정확성으로 이어지게 된다.

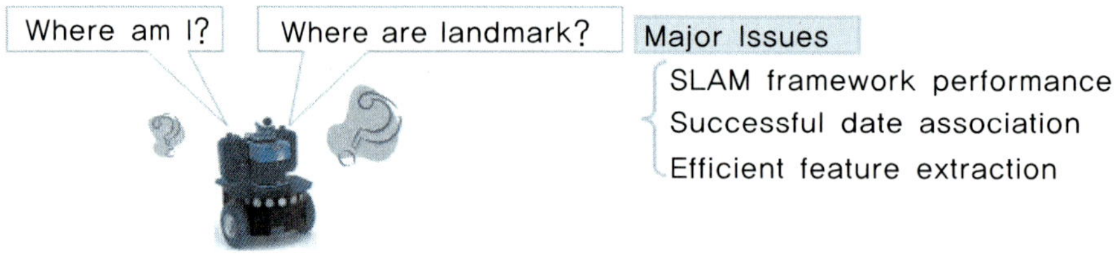

[그림 1-7] SLAM의 이슈

(1) 저가의 센서를 사용하는 경우

예를 들면 소나(Sonar) 센서(약 $50)는 많은 센서의 불확실성, 위치추정 혹은 매핑이 미약하다.

(2) 고가의 센서를 사용하는 경우

예를 들면 레이저 센서(약 6000)는 센서 정보를 추출할 수 있고 위치추정이나 매핑이 용이하다. 그러므로 저가 센서를 사용하기 위해 SLAM이 중요하다.

3-4 지능형 로봇의 제어 시스템

1. 제어 시스템의 개요

모든 로봇은 지능제어 기능이 필요하다. 그 기능의 형태는 매우 간단하고, 비교적 제한된 형태로부터 다양한 작업조건과 환경의 변화에 대해 계속적인 적응 기능을 갖춘 매우 복잡하고, 정교한 시스템에 이르기까지 광범위하다.

그러한 제어 시스템에는 제어 기능을 수행하기 위한 다양한 종류의 컴퓨터, 다수의 마이크로프로세서, 기억 매개체(Memory media), 다수의 입출력 포트, 절대식 및 증분식 인코더, 그리고 다양한 종류의 센서들이 포함되는 것이 필요하다.

로봇을 작동하기 위해서는 로봇이 가지는 여러 개의 링크의 위치, 로봇의 작업이 제대로 수행되는지의 여부, 환경의 상태, 그리고 작업 조건들을 검출할 필요성이 있을 수 있다. 경우에 따라서는 센서들이 로봇 내에 설치되기도 하고, 머신 비전(Machine vision), 음성인식, 그리고 초음파 거리측정기처럼 부속물의 형태로 로봇에 부착되어 전체 로봇 시스템에 통합되어 작동되기도 한다.

2. 제어 시스템 구성

1) 학습 및 인지

로봇에게 여러 번의 교육을 통해 물체나 행동을 학습시키며, 자율적 학습을 통하여 스스로 대상체를 인식하고 학습을 강화해 나가는 기술을 말한다. 학습에 이용되는 도구로는 비전(Vision), 센서(Sonar), 인코더(Encoder) 등으로부터의 정보를 종합하여 집안 등의 외부환경을 3차원으로 인식 표시하여야 하며, 사람의 표정 등을 인식하여 그에 대한 로봇의 반응을 표현하여야 한다.

2) 자율제어

로봇이 영상정보나 음성명령의 지시를 받고 외부환경으로부터 이동계획을 세우고 장애물을 회피하여 이동하는 경우 문턱 등 집안 장애물에 의한 미끄러짐 등이 있어도 자기의 절대 위치를 인식할 수 있어야 하며, 로봇의 팔과 손을 가지고 작업을 하기 위해 여러 자유도 중 어느 것을 이용할지 최적화된 계획을 세워 제어를 하여야 한다.

PC를 이용하는 경우 신호와 파워 전달을 위한 컴포넌트를 포함하고 있어야 한다.

신호전달은 주로 아날로그, 디지털 신호 또는 통신 포트를 통해 이루어진다. 전달되는 신호를 PC에서 취득하기 위해서 DAQ라고 통칭되는 신호처리용 하드웨어 시스템이 필요하다.

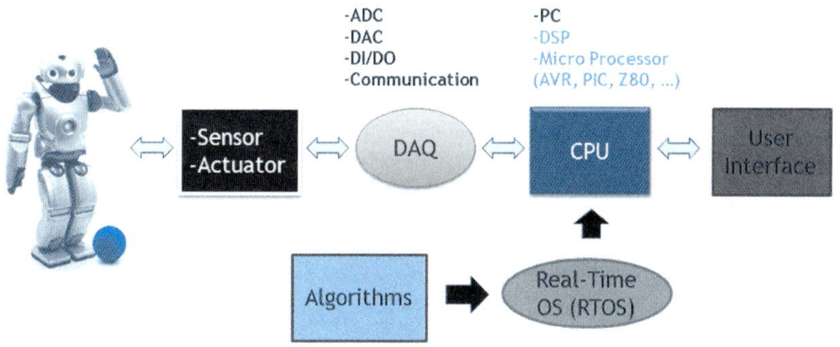

[그림 1-8] 로봇 제어를 위한 인터페이스 요구조건

3) 통 신

과거에는 대부분 제어대상 시스템의 규모가 크지 않고 단순하여 단일제어기로 제어가 가능하였으나, 근래에 와서는 제어대상 시스템의 규모가 커지고 그 안에 투입되는 계기 및 구동기기 등이 정밀해지고 성능이 향상되고 있으며 그 수가 증가하는 추세에 있다.

이와 같이 제어대상의 수가 증가하고 처리해야 하는 정보의 양도 늘어나게 되어 과거와 같이 단일제어기를 이용한 방식에는 한계가 나타나고 있다. 이러한 한계를 극복하기 위해 제어기를 다수 분산 배치하여 각자 독자적으로 시스템의 정보를 수집하고 제어를 수행하며, 동급의 제어기 및 상・하위 제어기들간에는 통신을 통해 정보를 교환하는 방식의 분산제어 시스템과 산업용 통신망이 등장하게 되었다.

산업용 자동화 시스템의 하위 레벨에 위치한 센서, 모터, 로봇, 논리연산 제어장치 등 필드레벨의 기기를 통제하는 산업용 네트워크를 필드버스(Fieldbus)라 하며, 디지털 방식을 기반으로 하고 있어 다량의 신호를 원거리까지 전송할 수 있고, 현장기기나 입출력 모듈의 엄청난 가닥수의 케이블 대신 한 가닥의 네트워크선을 사용함으로써 배선을 절약할 수 있고 설치를 간소화할 수 있다. 소형 완구용 로봇과 기존의 각종 산업분야에서 제어나 계측 용도로 사용되는 제품에서 지원하는 통신망 인터페이스 위주로 산업용 제어 통신망을 몇 가지로 구분해 보면 다음과 같다.

(1) 스타 토폴로지

대부분의 PC와 산업용 원보드 컨트롤러, 마이크로프로세서에서 기본으로 제공하는 RS-232C가 이에 해당한다. 이 인터페이스를 지원하는 기능 단말로는 KEYENCE의 레이저 변위계 등이 있다. 호스트와 단말이 1:1로 연결되어야 하기 때문에 하나의 상위 컨트롤러에 연결할 수 있는 단말의 개수가 1개나 2개로 제한되는 단점이 있다.

그러나, 로봇의 메인 프로세서 모듈로서 PCI 슬롯을 갖춘 PC 메인보드를 사용한다면 MOXA 등에서 판매하는 시리얼포트 확장 카드를 이용하여 하나의 PC 메인보드에 RS-232C 단말장치를 16개까지도 연결할 수 있다. 하지만, 스타 형태의 제어망은 로봇에 적용하기 곤란한 측면이 있다.

예를 들어 로봇의 바깥 표면을 따라 여러 개가 배치되어야 하는 초음파 센서나 근접센서에 RS-232C를 적용하면 메인 프로세서 모듈로 집중되는 배선은 로봇 내부의 한 단면을 차지하게 되는데, 한정된 공간 내부에 높은 밀도로 부품들이 배치되기 마련인 로봇의 특성상 생산성과 유지 보수성이 매우 나빠지게 된다. 와이어 정형을 통해서 로봇의 내부 공간을 순서대로 지나가는 선의 형태로 배치한다고 하더라도 와이어 하니스의 굵기는 로봇 내부 설계에 하나의 제약이 된다. 여전히 다른 방식에 비해 구성 가능한 노드 수가 비교적 적은 것도 단점이다.

RS-232 단말을 멀티드롭 구성이 가능한 RS-485 버스나 CAN 버스에 접속할 수 있도록 하는 컨버터가 많이 출시되고 있기 때문에 RS-232 단말을 사용한 로봇 구성이 전혀 불가능한 것은 아니지만, 단말 개수만큼의 컨버터 비용과 공간이 추가로 필요하다는 점에서 로봇의 단가를 낮추는 효과도 크지 않을 것으로 예상된다.

(2) 버스 토폴로지(멀티드롭, 데이지 체인)

일직선의 버스에 여러 개의 단말이 연결되는 형태는 로봇의 구성에 있어서 스타 토폴로지에 비해 유리하다. 앞서 논한 초음파 센서같이 로봇의 바깥면을 따라 설치되는 센서들에 버스 형태의 제어망 인터페이스를 적용하면 로봇 내부로 배선이 가로지르는 경우를 현저히 줄일 수 있으며, 직렬로 연결되는 액추에이터에 데이지 체인 방식으로 적용하면 배선 집중으로 인한 와이어 하니스의 단면적이 증가하는 경우도 없게 된다.

① UART

국내 완구형 소형 휴머노이드 로봇업체인 메가로보틱스의 AI MOTOR는 데이지 체인 방식로 서로 연결되어 하나의 소형 로봇을 구성하는 소형 액추에이터 모듈이다.

연결하고자 하는 대상이 수 cm 이내로 매우 가깝고 총 연결 길이가 수십 cm 이내인 점을 이용하여 드라이버단을 생략하고, UART의 TTL 레벨 출력끼리 바로 연결함으로써 버스 방식으로 구성되도록 하였다. 매우 가깝고 이상적인 환경에서 한정된 용도로만 사용이 가능하다.

② RS-422/485

UART의 드라이버 규격 중에서 버스를 구성할 수 있는 규격이다. 디퍼런셜 드라이브 방식이므로 전송거리가 길고, 하나의 라인에 여러 개의 단말을 설치할 수 있는 멀티드롭(Multi-drop) 방식의 구성이 가능하므로 여러 개의 단말로 구성되는 네트워크의 배선을 일렬로 간단하게 구성할 수 있다.

RS-422는 하나의 송신단말과 32개까지의 수신단말로 이루어지는 1 : N 구성이 가능하며, RS-485는 최대 32개의 단말로 N : N 구성이 가능하다. 프로토콜을 원하는 대로 구성할 수 있다는 장점이 있으나, 여러 단말간의 데이터 전송 중재를 위한 하드웨어적인 방안이 없기 때문에 소프트웨어적인 처리에 전적으로 의존하고, 표준화된 프로토콜이 거의 없다는 단점이 있다.

국내 업체에서 개발하여 판매하고 있는 완구형 소형 휴머노이드 로봇용 액추에이터 시리즈에 데이지 체인 방식으로 RS-485가 적용되었다.

③ CAN

RS-422/485와 마찬가지로 버스 방식이며 높은 신뢰성을 바탕으로 산업용 기계나 자동

차용 전장 부품의 통신망 인터페이스로 점차 사용되기 시작하는 규격이다. 다양한 산업용 마이크로프로세서에 기본적으로 CAN 컨트롤러가 포함되는 추세이며, 모토로라의 LITE5200처럼 CAN 인터페이스를 갖춘 산업용 원보드 컨트롤러도 출시되고 있다.

CAN을 기반으로 몇 가지 종류의 상위 레이어 프로토콜이 정의되어 있기 때문에 서로 다른 제작사간의 호환이 어느 정도 가능한 장점이 있다. 이를 이용해서 타산업 분야의 부품을 로봇에 적용할 가성도 충분하다고 본다.

지능형 로봇 내부의 센서와 액추에이터 등을 메인 프로세서와 연결할 때 좀 더 효과적인 배선 설계가 가능하고 설치를 간소화할 수 있도록 하는 시리얼(Serial) 제어 버스에 대해 검토하였으며, 특히 그 내부구성이 유사하리라 생각되는 차량내부 제어에 대해 널리 사용되고 있는 CAN이다.

CAN은 최대 8바이트로 제한된 한 CAN 프레임 내에 오버로드가 많아 전송대역의 손실이 있긴 하지만, 현재 개발되어 발표되고 있는 2족보행 로봇에서 성공적으로 사용되고 있기도 하다.

그러나, 로봇 시장을 열어나갈 수 있는 현실적인 가격 구현과 사용자의 다양한 요구를 만족시킬 수 있는 다양한 로봇 부품의 개발과 적용을 위해 유연한 확장성과 전문적인 제어망 관리 기능을 제공하는 상위 레벨 프로토콜을 적극적으로 도입할 필요가 있다.

최근에는 제어 유니트들간의 데이터 전송용량이 증가함에 따라 높은 데이터 전송속도를 제공할 수 있는 TDMA 방식에 기초한 TTP가 도입되고 있으므로 이에 대한 검토 또한 지속적으로 이루어져야 할 것이다.

3-5 지능형 로봇의 센서

1) 시각 센서

인간이 외부로부터 얻는 정보의 대부분이 시각을 통하여 얻는 것과 마찬가지로, 로봇에서의 시각 센서는 지각의 중추적인 역할을 담당하고 있다.

시각 센서는 주로 카메라 모듈을 이용하여 실시간으로 영상을 취득하고, 고속 영상처리 모듈을 이용하여 방대한 양의 영상 데이터를 실시간으로 처리를 한다. 영상 데이터를 얻은 후에는 영상으로부터 물체의 크기, 위치, 색깔 등의 정보를 분석하여 물체를 인지한다. 더불어, 사람의 얼굴 특징을 분석하여 개개인을 식별하는 기술 등이 연구 중에 있다.

기술적 측면에서 볼 때 실시간 거리 영상의 생성기술은 지능형 로봇의 안전한 자율주행과 인간에게 더욱 인간다운 서비스를 제공하는데 필수적일 뿐만 아니라 영화, 애니메이션, 방송, 가상현실 등의 여러 분야에서 요소기술로서 응용될 수 있으므로 그 기술적 파급 효과가 크다고 할 수 있다.

(1) 실시간 스테레오 시각 시스템

로봇이 물체 또는 주변환경에 대한 영상정보를 실시간으로 획득하여 작업환경에 대한 정보를 보다 정확하게 판단할 수 있는 수단을 제공하는 시스템이다.

이를 위해서는 아래와 같은 세부기술이 필요하다.

- 소형 양안식 또는 다안식 입체 카메라 시스템
- 입체 카메라의 줌, 초점 주시각 및 자동감지기술
- 입체영상신호 무선화를 위한 부호화 / 복원기술

[그림 1-9] 실시간 스테레오 로봇

(2) 스마트 스테레오 시각 시스템

인간의 시각과 유사한 기능을 로봇에게 부여하기 위한 것으로 로봇이 주변환경 및 대상 물체 사이의 3차원 정보를 측정하여 측정된 정보를 이용하여 주변환경 및 대상 물체를 검출, 인식, 재상, 추적하는 기술이며, 주변환경 및 대상 물체의 3차원 형상을 사람과 같이 실시간으로 인식할 수 있게 하여 로봇이 스스로 판단하여 주어진 임무를 수행할 수 있는 기능을 제공하여야 한다. 이를 위해서는 아래와 같은 세부기술이 필요하다.

- 물체간 3차원 형상정보 실시간 획득기술
- 입체영상정보를 이용한 형상인식 및 추적기술
- 3차원 형상 복원 및 학습기술

(3) 열화상 인식 시스템

화재현상 또는 심야에 주변의 열분포를 인식하여 열함유 물체를 인식하고 위치를 추적하는 기술을 말한다. 이를 위해서는 아래와 같은 세부기술이 필요하다.

- 소형, 경량, 고분해능의 적외선 카메라 시스템 기술
- 적외선을 이용한 물체 감지기술

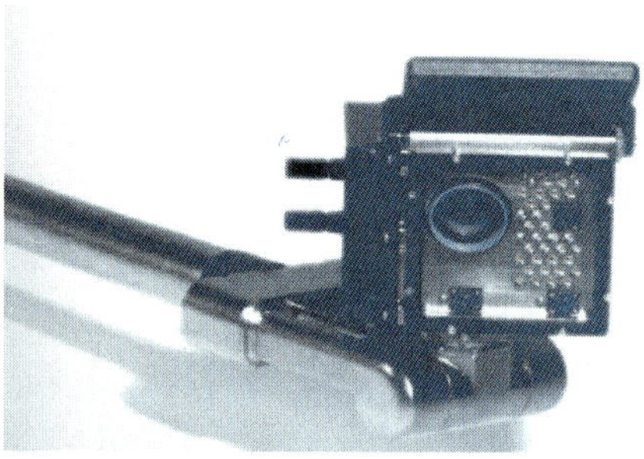

[그림 1-10] 열화상 카메라

2) 청각 센서

청각 센서는 주로 사람의 음성인식을 위한 센서를 말한다. 청각 센서는 음파가 공기를 통하여 센서에 도달하면 센서에서 진동판을 이용하여 음파를 감지하게 된다.

음파를 감지하는 방식에 따라 Dynamic 방식, Condenser 방식, Piezoelectric 방식, Piezoresistive 방식 등으로 나누어진다.

청각 센서와 더불어 청각 시스템에서 중요한 것은 음성인식기술이다. 음성인식기술은 사람이 명령하는 음성을 인식하여 명령에 따라 움직이게 하는 기술로서 여러 가지 잡음 중에서 사람의 명령하는 음성만을 추출하여 인식하는 기술이다. 현재까지의 기술로는 아직까지 인간의 청각과 비교하여 구조와 성능의 보완이 필요하다.

(1) 음성명령 언어 인식기술

로봇이 명령어(Keyword)만을 인식하거나, 명령어 전후에 임의의 음성이 발성되어도 명령어만을 추출하여 인식하거나, 또는 정형화된 문장 형태로 발음된 음성을 인식하여 명령을 수행하는 기술을 말한다. 이를 위해서는 아래와 같은 세부기술이 필요하다.

- 고립음성 인식기술
- 연속음성 인식기술
- 음성명령 차례

(2) 감정 대화 인식기술

로봇 시스템에 효과적으로 적용하기 위하여 로봇에 응용되는 영역을 제한하여 기술을 개발하고, 이를 토대로 응용영역을 확대하고 영역을 전환하는 기술을 말한다.

이를 위해서는 아래와 같은 세부기술이 필요하다.

- 응용영역 제한 감정이해 대화인식기술
- 감정이해·구현 인식·합성기술

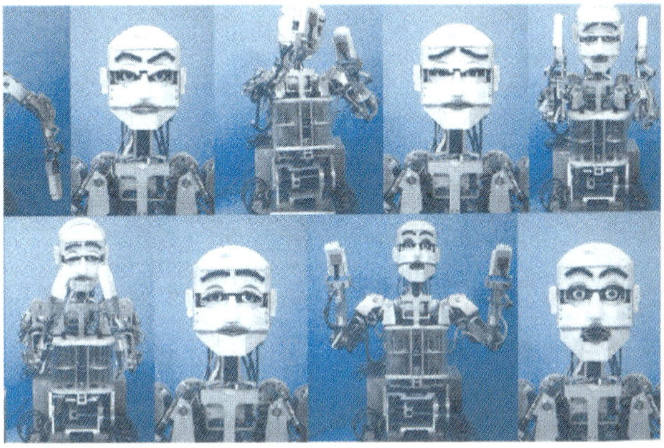

[그림 1-11] 음성인식에 따른 표정변화

3) 촉각 센서

인간 친화적 지능형 로봇을 위하여서는 외부의 접촉 자극을 수용할 수 있는 촉각 센서의 역할이 매우 중요하다. 인간의 고도화된 촉각 시스템 기능을 로봇에게 부여하기 위해서는 매우 복잡하고 정교한 촉각 센서가 필요하다. 이러한 관점에서 촉각 센서는 아직 그 다양성과 정교성이 부족한 것이 현실이다.

촉각 센서는 크게 접촉 센서, 압력 센서, 미끄러짐 센서, 온도 센서 등으로 구분된다. 접촉 센서는 물체와 로봇이 접촉되었을 때 접촉 부위를 검지하는 방법이고 압력 센서는 접촉 센서와 더불어 접촉 부위의 압력 또는 힘을 검지하는 작용을 한다.

미끄러짐 센서는 로봇이 가진 고유의 센서로서 물체를 잡았을 경우 물체의 미끄러짐을 검지하는 센서이고, 온도 센서는 접촉 부위나 주위의 온도를 검지하는 역할을 한다. 물체 접촉에 대한 정보 처리를 위한 네트워크 기반의 촉각 센싱 시스템의 개발은 지능형 로봇뿐만 아니라, 향후 혈관 내의 미세 수술 또는 외과의 미세 절개 수술 등의 원격 의료 진단 및 시술 부문, 장애우 등을 위한 재활 의료 분야에도 적용이 가능할 것으로 기대된다.

또한 접촉에 관한 정교한 정보를 신호화할 수 있는 촉각 센서의 개발은 로봇의 수요자들에게 다양한 기능의 부여를 가능하게 하면서 실버 로봇, 생활 로봇의 효율성을 인식시키며 시장을 창출할 수 있는 핵심요소가 될 것으로 기대된다.

햅틱 인터페이스의 넓은 의미로는 가상환경과 촉각적 상호작용을 하는 시스템 전체를 일컫기도 하지만 좁은 영역의 의미로 사람에게 촉감을 전달하기 위한 물리적 장치(Device)를 말하며, 통상적으로 촉각 디바이스(햅틱 디바이스)라고 부르기도 한다. 원격지에서 로봇을 제어하는 방법으로 촉각 인터페이스를 이용하여 제어를 하게 되며, 주로 정밀도를 요구하는 작업에서 주로 사용된다.

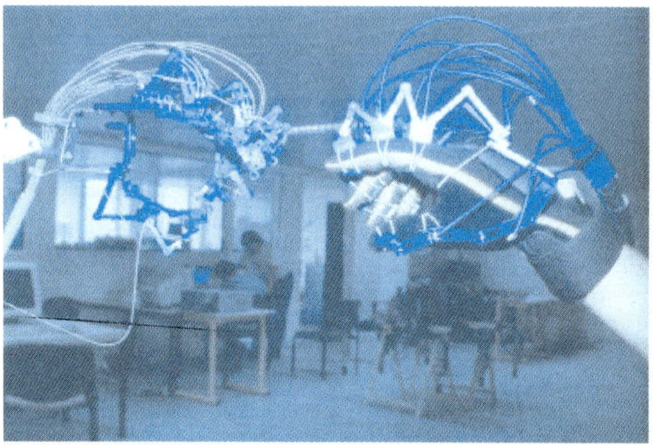

[그림 1-12] 손의 촉각 디바이스

3-6 지능형 로봇의 구동기

1. 구동기의 개요

로봇용 정밀구동 메커니즘과 관련 부품의 핵심은 구동기(Actuator)이며 메커니즘과 구동기를 분리해서 기술하는 것은 불가능하다. 로봇을 위한 구동기의 핵심요소는 Controllable Stiffness, Noise-free, Safety, Scalability, Maintainability로 구분되며 아직까지 이와 같은 특성을 모두 만족하는 구동기가 개발되지 않은 것은 매우 아쉬운 점이다.

로봇에 사용되는 구동기 중 가장 보편적인 것은 모터이다. 현재 50W이하의 출력이 요구되는 용도에서는 대개 DC 서보모터가 사용되고 있으며 그 이상에서 200W정도의 용도에 BLDC 모터가 주로 사용되고 있다.

DC 서보모터나 BLDC 모터의 경우 Encoder나 Resolver와 같이 제어를 위한 센서가 모터에 탑재되어야 한다. 아울러 모터는 고속, 저토크(Torque)의 특성을 가지고 있는 반면에 로봇에 응용하기 위해서는 저속, 고토크의 특성이 요구되므로 모터에는 감속기가 반드시 포함되어야 한다.

따라서 로봇용 모터는 모터, 감속기, 센서 및 이를 구동하기 위한 전력공급회로, 외부와의 통신기능 등이 포함된 전체를 하나의 시스템으로 이해해야 하는 것이다. 이는 로봇의 설계시 구동기의 크기, 중량, 형상, 전력소모 등이 전체 시스템에 미치는 영향에 대한 고려가 우선이 되어야 함을 의미한다. 현재 로봇용 모터의 경우 거의 100%를 수입에 의존하고 있으며 일본, 스위스, 미국이 주요한 부품 공급처이다.

국내의 경우 대개 센서, 모터, 감속기가 포함된 상용화된 모터를 사용하여 구동회로 등을 자체 제작한 후 사용하는 경우가 대부분이다. 국내에서도 일반적인 용도의 상용화된 모터를 찾을 수는 있으나 정밀 서보, 혹은 로봇용의 모터는 찾기가 어렵다. 로봇 기술의 자립을 위해서는 구동기 관련 부품기술의 국산화가 가장 중요하며 이를 위한 부단한 투자와 노력이 필요하다.

모터와 이외에 대출력이 요구되는 용도에는 유압구동기가 많이 사용된다. 유압구동 시스템은 무게, 부피, 청결도, 부대장비 등에 관해서 고출력의 용도가 아닐 경우 모터에 비하여 경쟁력을 상실하게 되는 단점이 있다. 실제로 특수한 용도로 제작된 경우를 제외하고 로봇을 위한 본격적인 유압구동 시스템이 판매되고 있지는 않다. 로봇 기술의 중요한 핵심기술의 하나로 작고, 가벼우면서 효율이 높은 유압구동 시스템의 개발이 시급하게 요구된다.

최근에 유압 시스템을 채용한 로봇 팔, 보행 로봇 등이 발표되고 있으나, 이는 기존에 상용화된 유압부품을 개조해 제작한 것들이며 로봇을 위한 유압구동기의 개발은 아직 진행되고 있지 않다. 유압과 함께 공압구동기도 오랫동안 사용되어 온 구동 시스템의 하나이다.

공압구동기 중에서 Mckibben Muscle이라고 하는 선형 구동기는 일명 공압 인공근육이라고도 불리고 있으며 매우 보편화된 대출력 구동기의 하나이다. 공압구동기는 매우 작고, 견고하며 높은 출력을 생성하는 것이 가능한 장점이 있으나 압축공기를 공급하기 위한 공기압축기 혹은 공기저장 탱크와 같은 부대 장비가 필요하다는 것과 공기 자체가 압축성이므로 빠르고 정밀한 움직임을 생성하기가 어렵다는 단점이 있다.

실제로 Mckibben Muscle을 사용한 로봇 팔이나 보행 로봇 등이 지속적으로 발표되고 있으나 실용화에는 아직까지 시간이 필요하다. 비행체와 같은 응용분야에는 소형 엔진이 사용되기도 한다.

또한, 이보다 소형 혹은 Micro/Nano Scale의 용도에는 Piezo, SMA (Shape Memory Alloy), EAP(ElectroActive Polymer) 등이 응용되고 있다.

특히 EAP의 경우 모터와 같은 기존의 구동기를 대체할 만한 새로운 구동기술로서 최근에 관심을 끌고 있다. EAP의 경우 마이크로/나노 응용에서는 이미 충분하게 실용성이 입증되어 있으며, 최근에 들어서 Milli/Macro Scale의 응용분야에서 본격적으로 모터를 대체하기 위한 구동수단으로 연구가 시작되고 있다.

EAP 중에서 Dielectric Elastomer, Conducting Polymer, IPMC(Ionic Polymer Metal Composite) 같은 구동기들은 Milli / Macro 영역에서도 이미 실용성이 높은 기술로 인정을 받고 있다. 인간의 근육과 같은 큰 힘을 낼 수 있는 응용분야에는 Dielectric Elastomer가 가장 빠른 시일 내에 상용화될 것으로 보이며, 미국의 SRI, 이탈리아의 Pisa대, 국내에서는 성균관대 등에서 가능성이 있는 로봇 응용사례를 보고하고 있다.

IPMC에 관해서는 일본의 EMAX사가 실용화에 나서고 있으며 최근에 마이크로 렌즈 구동기, 인공수족관 등의 제품을 발표하고 있다.

Conducting Polymer의 경우 미국의 MIT대, 캐나다의 British Columbia대학, 일본의 이화학연구소 등에서 연구개발을 수행하고 있으며 빠른 시일내에 응용 가능한 기술의 개발이 가능할 것으로 예상된다.

로봇의 구동 시스템을 설계하기 위해서는 관련되는 요소부품들의 정합(Matching)관계에 대한 고려가 매우 중요하며 이 중에서 구동기 시스템의 선정이 가장 중요한 단계이다. 구동 시스템과 가장 밀접한 관계가 있는 또 하나의 중요한 요소는 에너지 공급원(Power source)이라고 할 수 있다. 전기에너지, 유압에너지, 공압에너지, 화학에너지 등 공급되는 에너지의 종류에 따라서 전체인 시스템의 성능이 결정되므로 로봇 구동 메커니즘은 항상 시스템의 관점에서 조망하는 것이 필수적이다.

2. 모터의 구성

1) 모터의 정의

모터(Motor)는 전기적 에너지를 기계적 에너지로 변환시켜 회전 또는 직선운동 동력을 얻는 기계로 시동 및 운전이 용이하고, 부하에 적합한 기종을 선택하기 쉽고, 소음 및 진동이 작고, 배기공해도 없는 소형 경량의 원동기이다.

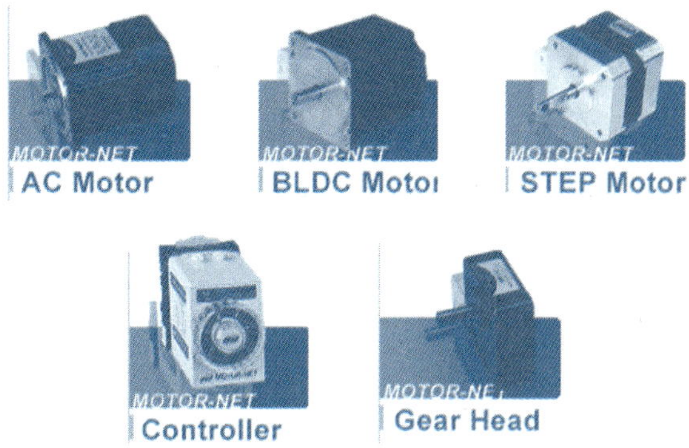

[그림 1-13] 모터의 종류

2) 모터의 종류

(1) 전원종류에 의한 분류

① 교류(AC)전동기 : 교류 전원으로 동작하는 전동기. 예로서 유도전동기, 동기전동기, 교류 정류자 전동기 등이다.

② 직류(DC)전동기 : 전기자에 직류를 공급함으로써 회전하는 전동기. 자극 N과 S사이에 코일을 두고, 이 코일에 전류를 흘림으로써 생기는 토크에 의해 회전시킨다. 이 코일이 중성축을 통할 때마다 전류의 방향을 반전시켜 연속적으로 회전시킨다. 분권전동기, 직권전동기, 타려전동기, 복권전동기 등이다.

(2) 기능에 의한 분류

① 일정한 속도를 내는 모터

(a) 유도전동기(Induction Motor)

회전하지 않는 고정자와 회전할 수 있는 회전자로 이루어지며, 고정자 권선에 회전자계가 발생하는 전류를 공급하면 전자유도에 의해 회전자 권선에 유도전류가 흘러 토크를 발생하여 회전하는 전동기. 유도전동기는 보통 정류자를 갖지 않고, 정상 운전상태에서는 동기속도보다 느린 속도로 회전한다. 단상, 3상의 것이 있으며, 회전자의 구조에 따라 농형, 권선형으로 나뉜다.

(b) Reversible Motor

유도전동기(Induction Motor)의 일종이며, 우회전, 좌회전 어느 방향으로도 같은 특성이 얻어지게 되어 있는 모터이다. 원리도 유도전동기와 같으나 빈번한 정역전에 견디고 큰 시동 토크를 얻기 위해 일반 유도전동기처럼 주코일, 보조코일의 관계는 없다.

② Brake Motor

(a) 전자 Brake 부착 모터

- 무여자 작동형 전자 Brake를 내장한 모터이다.
- 제동이 확실히 작동하여 유지력을 얻을 수 있다.
- 제동의 작동은 전원이 고장일 때에 작동해 안전하게 사용하는 Brake로 적합하다.

(b) Brake Pack SB Series

- Induction 모터, Reversible 모터 전용의 순시제동용 회로의 전자 Brake이다.
- 유접점 Brake Pack과 무접점 Brake Pack 2종류가 있다.

(c) 속도조절 모터

- Unit Type : 속도제어기와 모터를 간단하게 접속하여 사용할 수 있는 Type이다.
- Plug in Type : 속도제어기와 모터를 따로 하여 속도제어기와 모터를 사용용도, 사용목적에 따라 맞게 선택하여 사용할 수 있는 형태이다.

3. 감속기의 개요

1) 감속기의 정의

기어(Gear)를 이용한 속도 변환기로써 구동원(Motor)의 회전수를 필요한 회전수로 감속하는 동시에 큰 토크(Torque)를 얻을 수 있는 기구적인 장치이다.

2) 감속기의 특징

- 소형으로 전달능력이 크다.
- 미끄러짐이 생기지 않아 감속비가 매우 일정하다.
- 내구성이 있다.
- 감속비를 광범위하게 선택한다.

3) 감속기의 종류

(1) 외형의 크기

- 60mm 기어 헤드(Gear Head)
- 70mm 기어 헤드(Gear Head)
- 80mm 기어 헤드(Gear Head)
- 90mm 기어 헤드(Gear Head)

(2) **축교차 방향**

- 2축이 평행한 경우 : 평치차, 헬리칼치차, 내치차 등
- 2축이 한점에서 교차하는 경우 : 베벨치차 등
- 2축이 엇갈리는 경우 : 나사치차, 웜치차 등

4. BLDC(Brushless DC) 모터 기술

1) BLDC 모터의 정의

브러시(Brush)가 부착된 DC모터에서는 정류자와 브러시의 접촉에 의해서 코일에 전류를 흐르게 함과 동시에 전류시키는 기능을 하지만, 브러시가 마모되는 단점이 있다. 그러나 브러시 없는 직류(Brushless DC)모터는 브러시를 사용하지 않고 비접촉의 위치검출기와 반도체 소자로서 통전 및 전류시키는 기능을 바꾸어 놓은 모터이다. 따라서 브러시 없는 직류 모터의 토크 발생원리는 DC모터의 경우와 같은 형태이다.

2) 브러시 없는 직류(BLDC) 모터의 구조

(1) **회전기의 구조**

브러시 없는(Brushless) 직류(DC) 모터를 구조면에서 분류하면 권선으로의 통전은 브러시(Brush) 등 접동요소를 사용하지 않는 고정식으로 하기 때문에 자계를 만드는 마그네트 회전기를 어디에 배치하느냐에 따라서 자로의 구성방법, 권선의 배치방법이 변한다.

(2) **회전자 위치 검출장치**

브러시가 부착된 DC모터와 같은 모양으로 전류의 방향과 자속의 방향을 직교시키기 위해 마그네트 모터 위치를 정확하게 파악해서 그 신호에 의해 권선에 전류를 흐르게 하기도 하고 차단하기도 할 필요가 있다. 그 기능이 회전자 위치 검출장치이다. 검출수단으로서는 광소자와 자기저항소자, 그밖에 다른 것들이 있지만 소형이면서 가격이 싸다는 점에서 홀소자가 가장 실용화되어 있다. 모터의 발열에 의해 고온하에 있기 때문에 온도특성이 좋은 갈륨비소와 같은 것이 주류이다. 홀소자는 반도체에 전류를 흘리고 전류와 직각방향으로 자계를 주면 직각방향으로 홀전압을 발생하는 것이다.

(3) **마그네트**

브러시 없는(Brushless) DC 모터에 사용되는 마그네트로는 소형 모터에 있어서는 그 대부분이 성능과 가격면에서 페라이트 마그네트가 주류이지만 최근에는 그것보다도 한

층 더 성능이 좋은 플라스틱 네어듐을 사용하는 체적효율(경박 단소화)을 보다 높인 방향이 보이고 있다.

[표 1-6] BLDC 모터의 종류 및 특징

종 류	구 조	특 징
Outer Motor형 Brushless DC 모터	모터의 외주측으로 회전자를 배치, 모터의 내주측으로 회전자계를 만든다.	• 회전자의 관성 모멘트가 크므로 정속도 주행에 유리하다. • 마그네트를 비교적 크게 할 수 있으므로 고효율, 고토크화하기 쉽다. • 권선의 1코일 평균길이가 짧게 되어 손실절감, 고효율화하기 쉽다. • 회전자 지지기구가 복잡하다. • 밀폐구조로 하기 어렵다.
Inner Motor형 Brushless DC 모터	모터의 내주측으로 회전자를 배치, 모터의 외주측으로 회전자계를 만든다.	• 회전자의 관성 모멘트가 Outer Motor에 비하여 작다. • 모터 구조를 비교적 간단하게 구성할 수 있다.
Axial Gap형 Brushless DC 모터	축방향의 두께를 비교적 얇게 한 원판상의 모터 회전자의 전기자를 축방향으로 나열한 구조이다.	• 축수간 간격이 짧기 때문에 공작의 정확을 요한다. 축수구조도 복잡, 권선과 전기자를 분리 Slotless 구조로 한다. • 회전율을 저감시킬 필요가 있는 곳에서 많이 사용되고 있지만, 권선의 밸런스를 작게 하여야 할 필요가 있다.

(4) 구동회로

브러시 없는(Brushless) DC모터는 통전, 전류(轉流)의 기능은 반도체로 구성된 구동회로를 모터의 내부 또는 모터의 외부로 접속해서 최초로 회전한다. 회전의 논리는 위치검출을 해서 홀소자에서의 신호를 인버터용 트랜지스터의 베이스로 구동하기 위한 분배기능을 한다. 더욱 이 회전의 논리회로는 회전수에 비례한 펄스를 발생하고 동시에 회전수의 피드백 신호로 해서 이용할 수도 있다.

3) BLDC 모터의 특징

[표 1-7] BLDC 모터의 장 · 단점

장점	기계적 정류기구를 전자화(무접점화)한 것에 대해 • 전기적 노이즈(불꽃), 기계적 노이즈가 작다. • 신뢰성이 높고 수명이 길다. • 고속화가 용이하다. • 기기의 고밀도화에 따른 요청이 용이하게 대응된다. (형상, 구조의 자유도화 → 경박단소화 → 기전일체화) • 기기의 다기능화에 쉽게 대응된다. (일정 속도제어, 가변 속도제어 등)

단점	모터에 영구자석을 사용하므로 • 저관성화에는 제한이 있다. • 일반적으로 페라이트 자석을 사용할 경우가 많으므로 체적당 토크가 적다. (이 결점을 개선하기 위해 예를 들면 에너지곱이 높은 희토류자석을 사용하는데 비용이 높아진다.) • 정류기구를 전산화하기 위해 반도체 회로를 필요로 하여 비용이 높아진다. (이 결점은 최근의 반도체 기술의 진보에 의해 개선되어 가고 있다.)

04 지능형 로봇의 분류

인간은 오랫동안 인간과 닮은 기계를 만들려고 노력하였다. 18세기 유럽에서는 복잡한 기계인형(인조인간)을 만들어 플룻 연주를 하였다고 한다. 그 이후로 기계의 구조를 더욱 개발하여 톱니바퀴를 이용한 자동 기계 인형들이 만들어졌다.

1960년대 초반에 “유니메이트”라는 산업용 로봇이 처음으로 만들어져 본격적인 로봇의 시대가 열렸다. 이 로봇은 세계적인 자동차 회사인 “제너럴 모터스(GM)”에 설치되어 직접 산업현장에서 사용되었으며, 1970년대와 1980년대를 거치면서 컴퓨터의 기술이 발전하여 고기능의 로봇이 실용화되었다.

현재 로봇은 인간이 하기 힘든 작업이나 극한 환경에서의 작업을 대신해 주는 산업 로봇, 몸을 제대로 움직이기 힘든 환자를 도와주는 의료 로봇, 우주탐사에 사용되는 우주 로봇, 군사목적에 사용되는 군사용 로봇 등 다양한 분야에서 사용되고 있다.

로봇은 그 기능이나 생긴 형태에 따라 여러 종류로 분류된다.

1) 제1세대 로봇

단순한 반복 작업만을 수행하는 로봇을 말하며, 현재 산업현장에서 많이 사용되는 로봇들이 여기에 속한다.

2) 지각 판단 로봇

센서에 의해 판단할 수 있는 지각을 가지고 이로부터 얻어진 정보를 기초로 하여 작업 순서나 위치를 어느 정도까지 변경할 수 있는 산업용 로봇으로 용접이나 조립 작업 등에 많이 쓰인다.

3) 지능 로봇

감시기능 및 인식기능에 의해서 행동 결정을 할 수 있는 산업용 로봇으로 지각판단 로봇과 같은 의미로 쓰이고 있으나, 그것보다도 사용범위가 넓은 고급의 로봇들을 말한다. 지능 로봇은 스스로 판단하고 인간과 같은 학습을 통해 지능을 계속 발전시켜 나가지만, 아직은 초기단계이기 때문에 새로운 것을 스스로 창조하여 만들 수 있는 능력은 없다.

4) 직각좌표 로봇

전후, 좌우, 상하와 같이 직각 교차하는 3개의 축 방향의 동작을 조합하여 위치를 결정하는 산업용 로봇이며, 다른 산업용 로봇에 비해 가격이 싸기 때문에 일반적으로 단순한 작업을 하는 것을 목적으로 쓰이고 있다.

5) 원통좌표 로봇

수평면 내의 회전운동과 상하 방향의 승강운동, 반경방향의 신축운동을 조합하여 위치를 결정하는 산업용 로봇이다.

6) 극좌표 로봇

수평면 내의 회전운동과 절구질 운동 및 반경방향의 신축운동을 조합하여 작업하는 위치를 결정하는 산업용 로봇이며, 작업 범위는 비교적 넓고, 동작속도를 상당히 빠르게 할 수 있는 장점이 있다.

7) 다관절 로봇

여러 개의 회전운동(원운동)을 하는 관절을 가지고 있는 산업용 로봇으로 인간의 어깨, 팔의 구조와 유사하여 작업 범위가 넓고 속도가 빨라 여러 용도로 이용되고 있는 로봇이다.

8) 스카라형 로봇

스카라(SCARA)라는 말은 조립 작업에 사용되는 로봇이라는 의미로, 실제 조립과 전자부품의 자동납땜 등에 많이 사용되고 있다.

9) 양팔형 로봇

인간과 같이 2개의 팔을 가진 산업용 로봇으로 팔의 동작을 여러 가지로 조합시켜 생산성을 향상시킬 수 있다. 즉, 동시에 2가지의 작업이 가능하여 지능형 로봇이라고 불리우는 첨단 로봇의 일종이다.

10) 이동 로봇

이동능력을 가진 로봇으로서 주로 바퀴를 이용하여 목적지까지 이동하여 작업한다. 이러한 로봇의 용도는 물건을 운반하거나 자동 안내 등에 사용된다.

11) 보행 로봇

인간처럼 발을 가지고 이동하는 로봇이다. 2개나 그 이상의 발로 장애물을 피해가거나 작업을 하는 로봇으로 다관절 로봇이며, 걸어다니면서 작업을 하는 로봇은 상당히 어려운 기술이 필요하므로 현재 많은 기업, 연구소에서 연구하고 있다.

(a) 탐사 로봇

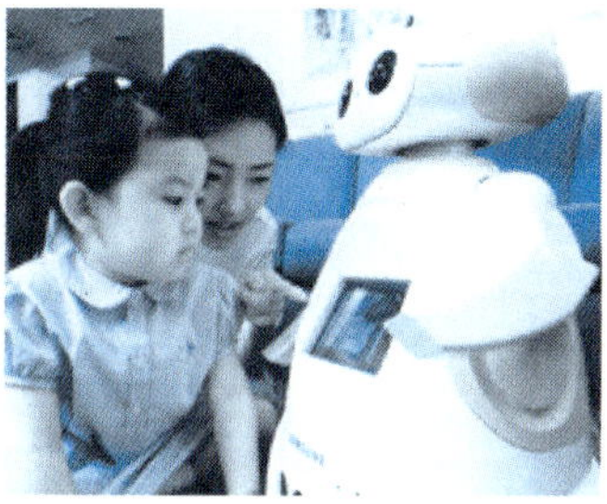

(b) 가정용 로봇

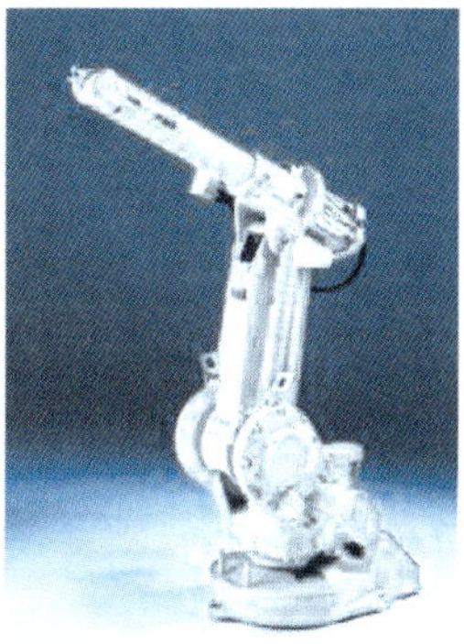

(c) 산업용 로봇

(d) 인간형 보행 로봇

(e) 뱀로봇

(f) 경기중인 배틀 로봇

[그림 1-14] 여러 가지 로봇들

05 휴머노이드 로봇

1) 휴머노이드의 정의

휴머노이드(Humanoid)란 인간의 형태를 모습으로 한 로봇을 의미한다. 형태뿐 아니라 인간과 같은 인식 기능, 운동기능을 구현하기 위해서는 로봇기술의 총체적 발전이 궁극적으로 이루어져야 하기 때문에 가장 고난도의 지능형 로봇이라 할 수 있다.

현재 2족보행을 위주로 연구되어 있으나, 상반신을 이용한 균형잡기, 굴곡이 있는 바닥을 감지하여 안정된 보행기능 등이 좀 더 보강되어야 하며, 가사노동 등 인간의 다양한 작업을 수행하는 동작제어에 관한 연구로 발전할 것으로 보인다.

2) 휴머노이드 로봇의 종류

(1) 2족보행 로봇(Biped Walking Robot)

- 두 개의 다리 구조로 걸어 다니는 로봇
- 인간의 보행 패턴을 구사

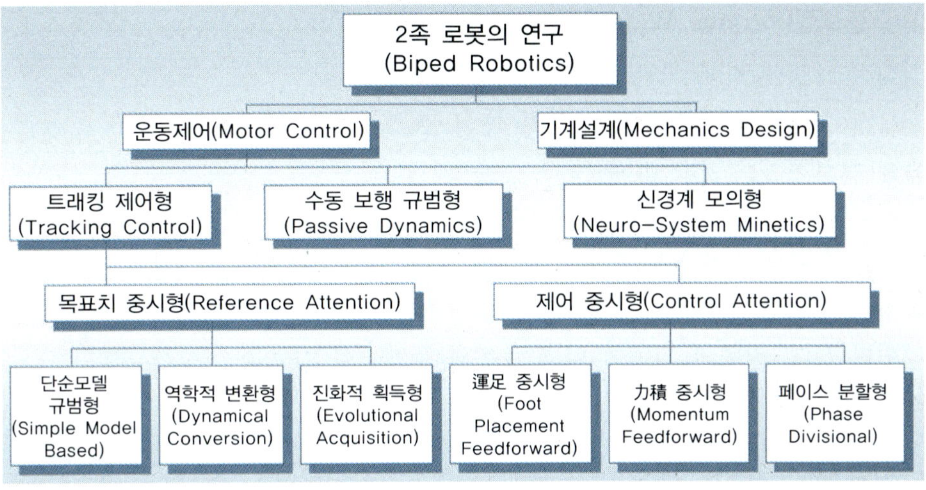

[그림 1-15] 2족 로봇의 구성

- 로봇의 무게중심 이동을 이용한 균형유지

(2) 인간형 로봇(Humanoid Robot)

- 팔, 다리 등 인간의 모습과 흡사하게 구현한 로봇
- 자립보행 - 지면의 상태에 따라 스스로 보행을 제어

3) 휴머노이드의 보행개념

(1) 정보행(Static Walking Method)

- 무게중심의 이동이 작다.
- 보행의 속도가 느리다.
- 동작마다 지속적인 무게 균형을 유지한다. (Statically Stable State)
- 일반적인 2족보행 로봇의 기본 보행방법에 적용

(2) 동보행(Dynamic Walking Method)

- 인간의 보행 패턴과 같다.
- 스스로 무게 균형을 깨고, 넘어지듯이 보행
- 무게중심의 이동이 크며, 보행속도가 빠르다.
- 구현 예 : 일본 혼다(Honda)의 아시모(ASIMO)

(3) **수동보행**(Passive Walking Method)

- 정해진 보행 패턴에 의한 동작
- 시뮬레이션에 의한 자세 로봇 동작 제어 구조
- 보행 로봇의 기초적인 단계

(4) **능동보행**(Active Walking Method)

- 위치 감지센서(압력 센서, 자이로센서, 가속도 센서 등)부착
- 지면의 상태, 자세의 이동에 따른 로봇의 무게중심 이동을 실시간 처리
- 빠른 프로세서 능력과 모터 제어가 필요

4) 휴머노이드 로봇의 변화

세계최초 인간형(휴머노이드) 로봇 '아시모'는 일본의 혼다가 2000년 11월 세계 최초로 걸어다니는 '자율 2족보행' 로봇으로 만들면서 세계의 주목을 받았으며, 2004년 12월엔 걷는 것은 물론 시속 6km로 달릴 수 있는 기능까지 갖춘 차세대 아시모가 선을 보였다. 차세대 아시모는 음성인식 기능과 함께 물 컵을 집거나 전기 스위치 작동, 문을 열고 닫는 동작 등 30여 가지 몸동작 기능까지 갖췄다. 이후 이 후 한국과학기술원(KAIST)에서는 아시모보다 세밀한 동작이 가능한 휴보를 개발하였으며, 이후 휴보 2세를 개발하고 있다.

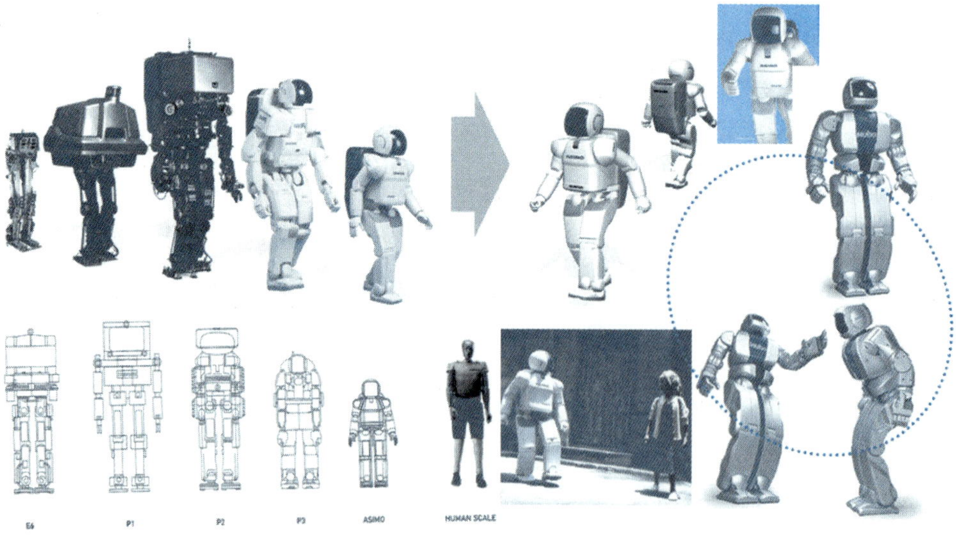

[그림 1-16] 휴머노이드 로봇의 변화 유형

[표 1-8] 휴머노이드 비교

항 목		ASIMO	HUBO	마루-1	마루-2
플랫폼	개발자/연도	일본 Honda/2005	KAIST/2005.12	KAIST/2005.1	KAIST/2006.1
	신장/무게	120cm/53kg	125cm/55kg	150cm/67kg	150cm/70kg
	자유도	총 26자유도 (팔10+다리12+손2+머리2)	총 41자유도 (팔12+다리12+손10+머리6+몸통1)	총 35자유도 (팔12+다리12+손8+머리2+몸통1)	총 32자유도 (팔12+다리12+손4+머리3+몸통1)
	센서	F/T센서, 자세 센서, 스테레오 카메라	F/T센서, 경사 센서, 스테레오 카메라	F/T센서, 경사 센서, 스테레오 카메라	F/T센서, 경사 센서, 스테레오 카메라
동작	기본보행	0~6.0km/h (가변속도, 가변보족, 계단보행, 곡선달리기)	최대 1.2km/h (고정속도, 고정보족)	최대 10.9km/h (고정속도, 고정보족)	최대 1.2km/h (고정속도, 고정보족)
	전방향 보행	○	×	×	대각선 보행
	계단보행	○	×	×	×
	팔유연제어(악수)	○		○	○
	시각기반 물체조작	×	×	×	○
인식	음성/음원인식	○	×	○/×	○
	목표물 감지 · 추적	○		○	○
	물체인식(삼차원)	×	×	○	○
	얼굴인식	×	×	○	○
	제스처 인식	○(40)	×	○(60)	○(80)
	장애물 감지(시각)	×	×	○	○
	장애물 회피	○	×	×	○
	자기위치인식	○	×	×	○
응용	사람 알아보고 악수	?	×	○	○
	물건을 집어 전달	○	?	×	○
특징	주요 특징 (동작 및 지능)	유연한 동작 원격제어	보행/손가락 동작 원격제어	네트워크 기반지능	네트워크 기반지능

[표 1-9] 소형 휴머노이드 비교

항 목		QRIO	SNBH-1
플랫폼	개발자/연도	일본 Sony/2004 사양	2006.1
	신장/무게	58cm/7kg	60cm/7kg
	자유도	총 26자유도 (팔10+다리12+손2 +머리2)	총 25자유도 (팔8+다리12+허리1 +손2+머리2)
	센서	스테레오 비전, 압력 센서(각 발에 4개씩), 기울기 센서, 마이크 7개(음원추적), 터치센서	컬러카메라 1대, 압력 센서(각 발에 4개씩), 기울기 센서
동작	직진 보행속도 (변속능력)	최대 0.9km/h (가변속도, 가변보폭)	최대 0.3km/h (고정속도, 가변보폭)
	전방향 보행	○	○
	비평지/계단보행	○/○	×/×
	달리기속도	최대 1.6km/h	최대 0.6km/h
인식 및 상호작용	얼굴인식	○	×
	제스처 인식/사람추적	×/×	×/○
	장애물 감지/회피	○	×
	단어인식	○	×
	감정표현	×	×
	환경 모델링 및 자기위치 추정	○	×
특징	연산처리방식	내장형 제어기 (64비트 RISC 프로세서)	네트워크 기반
	사업화 전략	완제품으로 일반대상 (시스템 비공개)	연구용 플랫폼으로 1차 상품화

02장 메탈 파이터 특징 및 구성

01 메탈 파이터의 특징

이 장은 마벨 모나한(Monahan) PXA320 기반의 X-Hyper320MINI 보드를 탑재하고 있는 메탈 파이터의 주요 특징 및 구성과 하드웨어 사양에 대해서 서술하였다.

메탈 파이터는 고성능의 임베디드 프로세서인 PXA320 프로세서 기반으로 제작되어 보다 강력한 성능과 지능형 휴머노이드 로봇의 개발과 교육을 목적으로 활용되기 위한 충분한 하드웨어 구성을 가지고 있다.

메탈 파이터는 17관절 휴머노이드 로봇으로 고성능의 임베디드 프로세서를 탑재하여 보다 지능형에 가까운 휴머노이드 로봇을 설계하고 개발할 수 있도록 구성되어 있다.

17관절의 메탈 파이터는 안정적인 하드웨어 구성과 메탈 파이터를 위한 프로그램 지원으로 보다 쉽고 강력한 기능을 구현할 수 있는 지능형 휴머노이드이다.

메탈 파이터의 주요 특징은 다음과 같다.

- 메탈 파이터는 고성능 PXA320을 탑재하여 지능형 휴머노이드 로봇을 설계하기에 적합하도록 구성되어 있다.
- 메탈 파이터에는 266MHz DDR 메모리가 탑재되어 빠른 구동이 가능하다.
- PXA320 프로세서가 탑재된 MF-AI2 임베디드 보드의 사용으로 다양한 외부 장치 사용 및 지능형 로봇의 설계가 가능하다.
- 메탈 파이터는 1.3M Pixels의 CMOS 카메라가 부착 되어 카메라 인식을 통한 영상 처리 구현이 가능하도록 설계되어 있다.
- 메탈 파이터의 전면에는 320x240의 LCD가 탑재되어 있어 LCD를 이용한 메탈 파이터의 구동 및 비주얼한 동작을 구현할 수 있다.
- 무선(Wireless) LAN과 블루투스(Bluetooth)가 기본으로 내장되어 무선 네트워크 환경 구축이 가능하다.

- AL 금속 재질의 프레임을 사용하여 견고함은 물론 가벼운 중량으로 메탈 파이터의 자유로운 동작이 가능하다.
- 슈퍼 엔지니어링 플라스틱 소재의 기어를 사용하여 내구성 향상 및 정확한 동작의 구현이 가능하다.
- 적외선 멀티ID 리모콘 사용으로 리모콘 제어 및 손쉬운 동작 테스트가 가능하다.

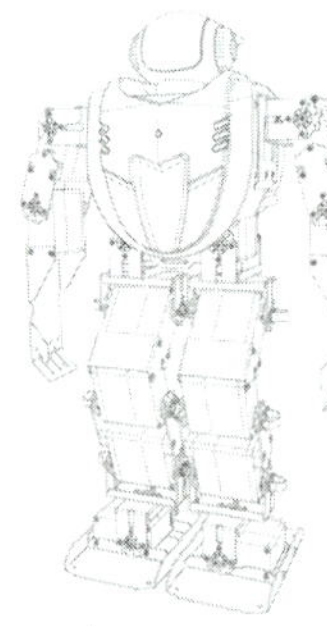

[그림 2-1] 메탈 파이터의 외형

02 메탈 파이터의 구성

메탈 파이터는 17관절 휴머노이드 로봇으로 17개의 서보모터를 가진 메탈 파이터의 바디에는 LCD, 카메라, 각종 센서가 탑재되어 있어 지능형 휴머노이드 로봇으로써의 강력한 기능을 구현할 수 있도록 구성되어 있다.

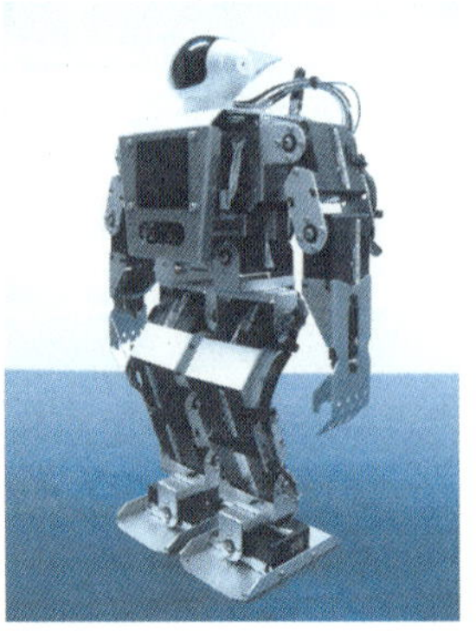

[그림 2-2] 메탈 파이터 구성

- 프로세서 : X-Hyper320M(Marvell PXA320-P(Core : 806MHz))
- 메모리 : 266MHz DDR SDRAM 128MByte, Nand Flash 128MByte
- 컨트롤러 : MR-C3024FX(UART, AD, I/O, 유저메모리 56kbyte)
- 카메라 : CMOS 카메라 1.3M 픽셀
- 디스플레이 : 320×240 TFT LCD
- 관절수(서보모터수) : MRS-D2009SP 17EA(6V-9kg, 0.2s/60°)
- 적외선 거리 센서 : 3EA
- 리모콘 : 적외선 멀티 ID 리모콘(4명이 동시게임 사용 가능)
- 배터리 : NIMH 6V-1400mA
- 크기 : 325mm * 200mm * 100mm(배터리 포함 약 1.4kg)

2-1 메탈 파이터 전면

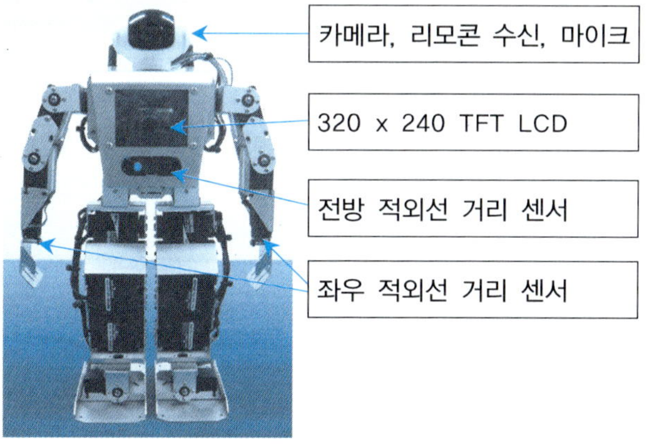

[그림 2-3] 메탈 파이터 전면

[그림 2-3]은 메탈 파이터의 전면 사진이다. 메탈 파이터의 머리 부분에는 1.3M 픽셀(Pixels)의 CMOS 카메라와 리모콘 수신을 위한 IR 수신 보드 마이크가 탑재되어 있다. 가슴 부분에는 320×240의 TFT LCD가 탑재되어 있으며 LCD 안쪽에는 MF-AI2보드가 탑재되어 있다. LCD 아래쪽과 양쪽 팔에는 적외선 거리 센서가 있어서 좌, 우, 전방의 거리를 감지할 수 있도록 구성되어 있으며, 전면에는 금속 재질의 프레임으로 구성하여 LCD와 MF-AI2 보드의 보호 및 견고성을 향상시켰다.

2-2 메탈 파이터 후면

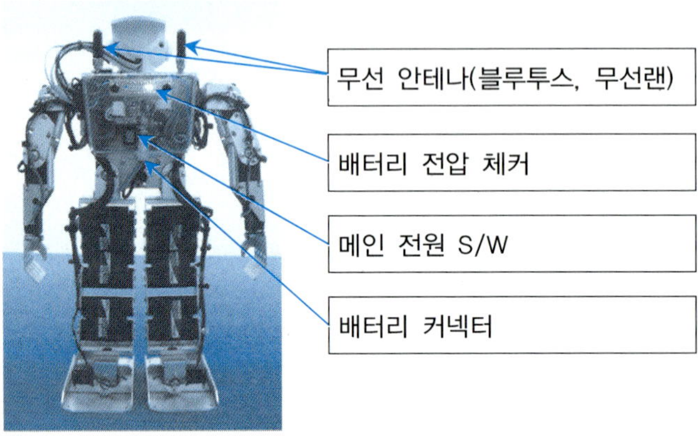

[그림 2-4] 메탈 파이터 후면

[그림 2-4]는 메탈 파이터의 후면 사진으로 메탈 파이터의 후면의 어깨에는 무선랜과 블루투스(Bluetooth) 사용을 위한 안테나가 탑재되어 있고, 등부분에는 메탈 파이터의 전원을 담당하는 배터리 체커 LED와 전원 스위치, 5V 어댑터 커넥터가 구성되어 있다. 전원부 안쪽에는 MR-C3024FX 컨트롤러가 내장되어 있으며 메탈 파이터의 전원부는 고강도 플라스틱으로 덮여져 있어 외부의 충격으로부터 전원부 회로를 보호한다.

2-3 메탈 파이터 윗면

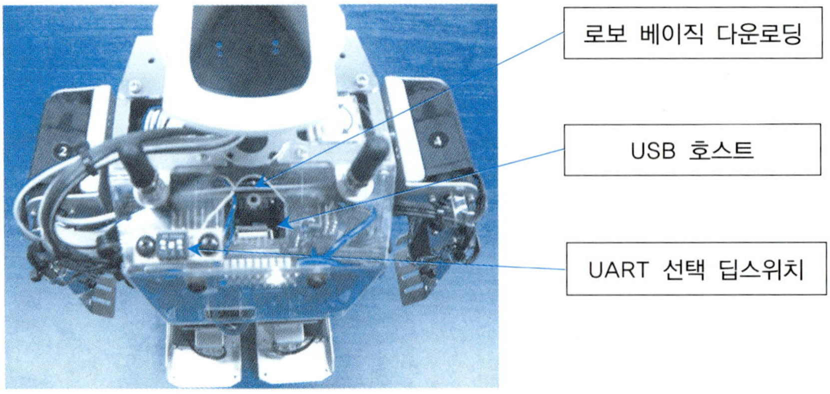

[그림 2-5] 메탈 파이터 윗면

[그림 2-5]는 메탈 파이터의 후면 위쪽 사진이다. 후면 위쪽에는 RoboBASIC에서 작성한 프로그램을 다운로드하기 위한 3극 2.5파이 다운로드 포트와 USB Host, UART 선택 딥 스위치로 구성되어 있다. 각각의 포트와 사용방법은 다음 장에서 설명하도록 하겠다.

03 메탈 파이터의 하드웨어

메탈 파이터의 하드웨어는 크게 17개의 서보모터(MRS-D2009SP)와 서보모터의 제어를 담당하는 MR-C3024FX 마이컴 보드, 주변 입·출력 장치와 메탈 파이터를 제어하는 임베디드 보드(MF-AI2)로 구성된다.

3-1 서보모터(MRS-D2009SP)

메탈 파이터는 17관절의 휴머노이드 로봇으로 각각의 관절을 동작시키기 위한 17개의 서보모터를 사용한다. 메탈 파이터에서 사용한 MRS-D2009SP의 서보모터의 사양과 모양은 [그림 2-6]과 같다.

①
②
③

- 인터페이스 : 고기술-미니로봇 멀티 프로토콜 인터페이스
- 카보나이트 기어
- 출력측에 더블 볼베어링 지지
- 180도 회전범위
- 전압, 전류, 위치 데이터 통신기능
- 다양한 종류 부속을 지원 : 위케이스×1, 아래케이스×2, 혼×2추가
- 인간형태 로봇을 비롯한 다양한 관절형 로봇 제작에 적합한 형태

〈기본 사양〉
- 토크 : 7.4kg/cm(6.0V동작), 9.0kg/cm(7.4V동작),
  동작전압 6.0~7.4V
- 속도 : 0.2sec/60°(6.0V동작), 0.18sec/60°(7.4V동작)
- 중량 : 55g
- 크기(L×W×H) : ① 40×20×47mm ② 40×20×37mm
  ③ 40×20×37mm

[그림 2-6] 서보모터의 사양과 모양

메탈 파이터는 총 3가지 모양의 서보모터를 사용하며 서보모터의 기능과 위치에 따라 적합한 모양의 서보모터를 적용함으로써 지능형 휴머노이드 로봇으로서의 최상의 상태를 구현할 수 있도록 구성되었다.

3-2 MR-C3024FX

MR-C3024FX는 다관절 로봇 제어를 위하여 설계된 컨트롤러 보드로 서보모터의 동시 제어기능 및 각종 I/O 포트제어, 센서 I/F, 플래시 메모리 등을 탑재하여 메탈 파이터를 제어하는데 최적의 환경을 제공해 준다. 메탈 파이터에 탑재된 MR-C3024FX의 실물 사진이며 그 기능과 특징은 [그림 2-7]과 같다.

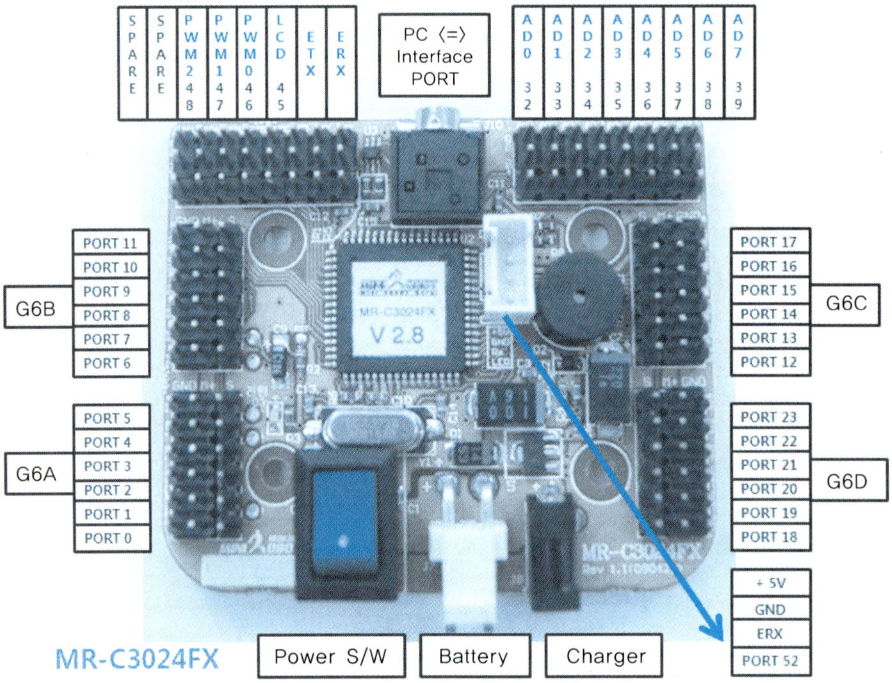

[그림 2-7] 다관절 로봇 제어 컨트롤러 보드

- ATMEL RISC 8Bit 마이크로컨트롤러 탑재
- 64KB 플래시 메모리(유저 프로그램 메모리 56KB)
- 최대 24개 서보모터 동시 제어 가능
- 32개 Digital I/O 포트
- 8채널 ADC 포트
- 3극 2.5파이 프로그램 다운로드 포트

3-3 MF-AI2 임베디드 보드(PXA320)

메탈 파이터에는 LCD, 카메라, 무선 LAN 등 지능형 휴머노이드를 구현할 수 있는 많은 주변장치들로 구성되어 있다.

MF-AI2 임베디드 보드는 임베디드 프로세서인 PXA320을 탑재하여 이러한 주변장치를 제어하고 서보모터를 제어하는 MR-C3024FX와 통신함으로써 서보모터의 제어를 할 수 있도록 구성되어 있다. MF-AI2 임베디드 보드는 [그림 2-8]과 같이 구성되어 있다.

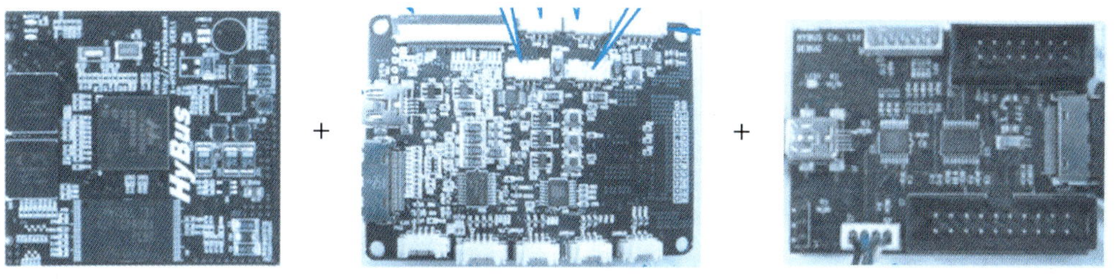

X-Hyper320MINI　　X-Hyper320MINI　　Debbuging Board

[그림 2-8] MF-AI2 임베디드 보드

메탈 파이터에 탑재되어 있는 MF-AI2 보드의 구성은 위의 사진과 같이 구성되어 있으며 X-Hyper320M은 CPU 모듈로 X-Hyper320MINI 보드에 모듈 형식으로 탑재된다. X-Hyper320MINI 보드는 외부 인터페이스 I/O와 무선(Wireless) LAN, 블루투스(Bluetooth) 등의 외부 장치를 지원하는 칩셋으로 구성되어 있으며 PC와 데이터 전송 및 디버깅하기 위해 디버깅 보드(Debuging Board)와 연결하여 사용한다.

1) CPU 모듈(X-Hyper320M)

X-Hyper320M은 고성능 임베디드 프로세서인 PXA320과 메모리가 탑재되어 있는 CPU 모듈로서 Marvell PXA320 프로세서를 탑재하고 DDR SDRAM과 NAND 플래시 메모리를 탑재하여 지능형 휴머노이드 로봇을 설계하는데 있어 충분한 성능을 제공할 수 있도록 구성되어 있다. X-Hyper320M의 세부적인 하드웨어 사양과 모양은 [표 2-1], [그림 2-9]와 같다.

[표 2-1] CPU 보드 사양

분 류	항 목	내 용
CPU	PXA320(806MHz)	Monahan-P
메모리	NAND Flash memory 128MByte	
	266MHz DDR SDRAM 128MByte	
PMIC	PMIC	MAX8660

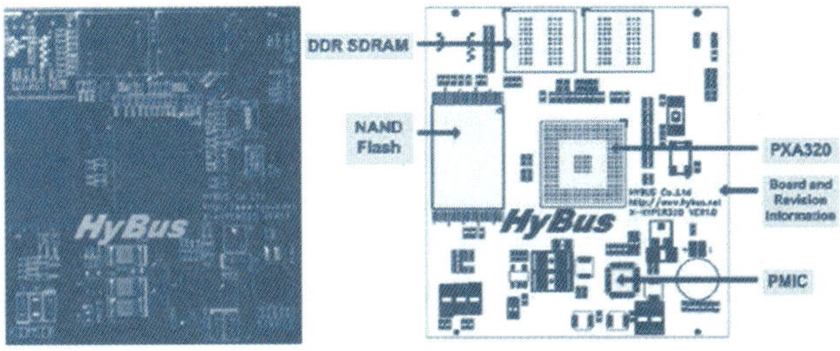

[그림 2-9] CPU 보드

2) X-Hyper320MINI 보드

X-Hyper320MINI 보드는 X-Hyper320M CPU 모듈을 장착할 수 있는 메인보드로 무선(Wireless) LAN, 블루투스(Bluetooth), TFT LCD, AUDIO 등 고급 디바이스들이 장착되어 메탈 파이터의 지능형 휴머노이드 설계가 가능하다. X-Hyper320MINI 보드의 하드웨어 사양 및 실제 모습은 [그림 2-10]과 같다.

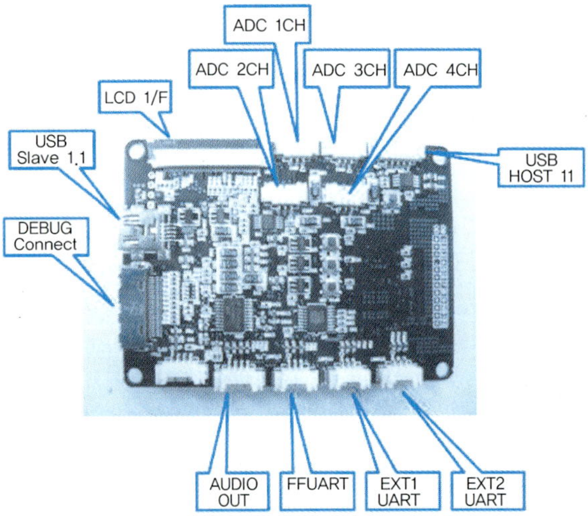

[그림 2-10] X-Hyper320MINI(전면)

[그림 2-10]은 H-Hyper320MINI 보드의 전면부 그림으로 외부 장치를 연결할 수 있는 각종 포트로 구성되어 있다. ADC4Port, LCD I/F, USB Host/Slave, AUDIO IN/OUT, UARTs 등으로 구성되어 있다.

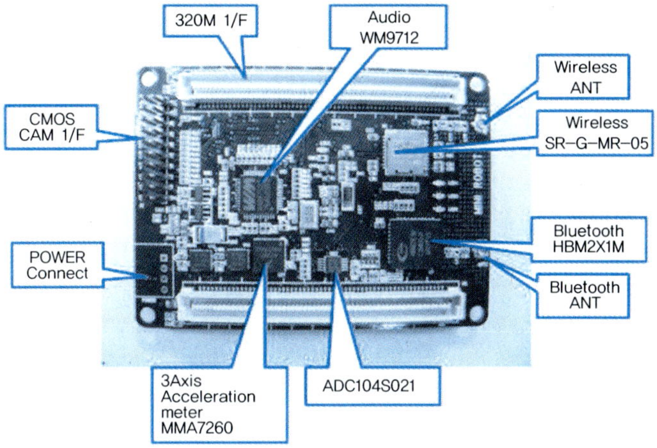

[그림 2-11] X-Hyper320MINI(후면)

[그림 2-11]은 X-Hyper320MINI 보드의 후면부 그림이다. 보드의 후면부에는 무선 LAN, 블루투스, ADC, 3축 가속기를 사용하기 위한 칩셋이 탑재되어 있으며 CPU 모듈

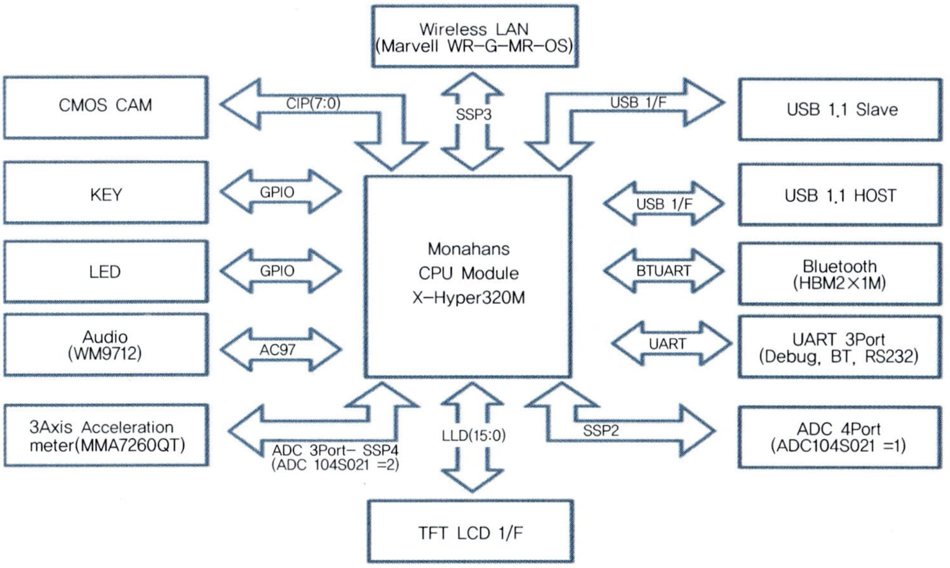

[그림 2-12] 전체 블록도

을 장착하기 위한 320M I/F와 CMOS CAM I/F, 안테나 커넥터, 전원 커넥터 등으로 구성되어 있다. X-Hyper320MINI 보드의 전원은 MR-C3024FX 보드와 연결되어 전원을 공급받기 때문에 따로 전원을 연결할 필요가 없다.

[표 2-2] 하드웨어 사양

분 류	항 목	내 용
외부 장치	디스플레이	2.5″ TFT LCD(320x240)
	무선 LAN	Max 54Mbps, IEEE 802.11g/b
	Audio-AC97 (WM9712)	Speaker 내장
	IR 거리 센서	ADC 4Port
	3축 액추에이터	ADC 3Port
	카메라	CMOS Camera 1.3M Pixels
	USB	USB Host 1.1 1Port
		USB Slave 1.1 1Port
	UART	Debug(RS232), GPS(TTL), FFUART(RS232) 1Port(3EA)
		Bluetooth(RS232), IrDA(TTL), RS232, TTL 1Port(4EA)
	키 버튼 / LED	GPIO 3EA
	마이크, 스피커	각 1Port

3) 디버깅 보드

디버깅 보드(Debuging Board)는 임베디드 프로세서가 장착된 X-Hyper320MINI와 호스트 PC간의 디버깅(Debuging) 및 파일 전송을 위하여 제작된 보드이다.

디버깅 보드의 경우 메탈 파이터에 탑재되어 있지 않고 외부에서 연결하여 사용한다. 디버깅 보드의 구성과 실제 모습은 [그림 2-13]과 같다.

[그림 2-13] 디버깅 보드

디버깅 보드(Debuging Board)는 USB to Ethernet을 사용하기 위한 USB Slave, 디버깅을 위한 디버그 시리얼(Debug Serial), 메탈 파이터와의 연결을 위한 디버그(Debug)케이블 커넥터로 구성되어 있다. 디버깅 보드는 프로그램 개발시에 디버깅 및 이미지와 파일을 전송하는데 사용되어진다.

04 메탈 파이터의 배터리 교체방법

메탈 파이터는 NIMH 6V-1400mA의 배터리를 사용하고 있다. 배터리는 충전이 가능하며 별도의 드라이버나 장비 없이 손쉬운 교체가 가능하도록 되어 있다. 메탈 파이터의 배터리는 메탈 파이터의 배부분에 위치하고 있으며 메탈 파이터 뒷부분의 손나사를 풀어서 교체한다. 여기에서는 메탈 파이터의 배터리를 교체하는 방법을 설명하겠다.

① 메탈 파이터 후면의 배터리 커넥터를 MR-C3024FX 보드와 분리시킨다.

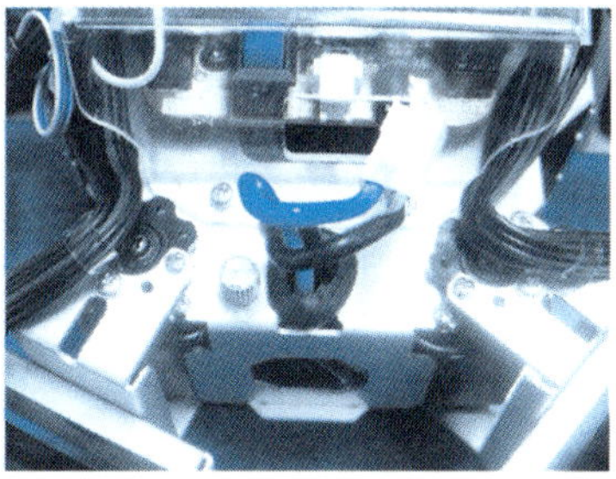

[그림 2-14] 배터리 커넥터를 MR-C3024FX 보드와 분리

② 배터리 고정 인서트볼트를 풀어준다.

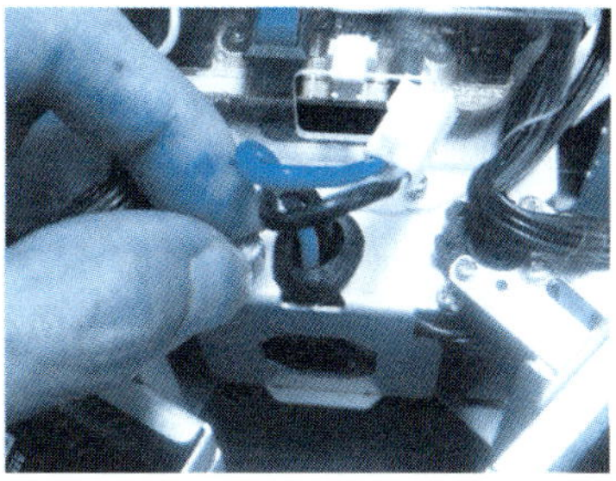

[그림 2-15] 배터리 고정 인서트볼트 해체

③ 인서트 볼트를 풀었으면 배터리 고정 브라켓을 밑으로 빼낸다.

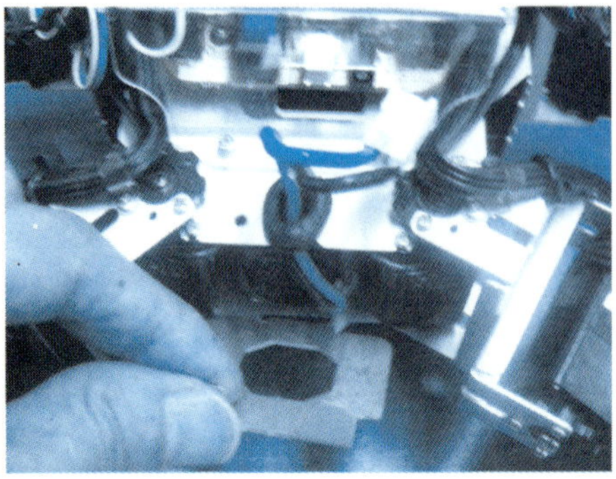

[그림 2-16] 배터리 고정 브라켓 분리

④ 배터리 전선 보호용 고무캡을 밑으로 빼낸다.

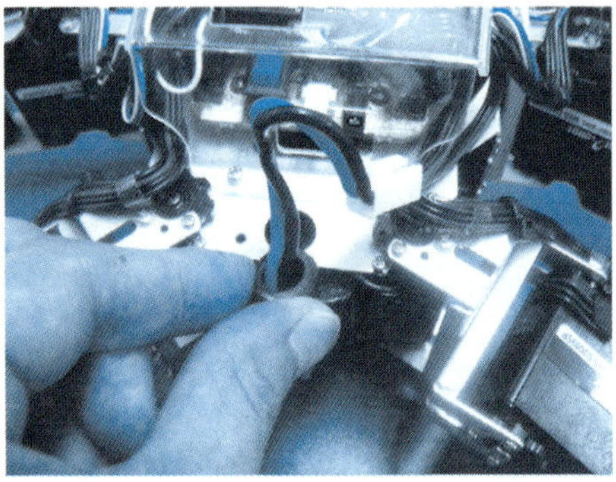

[그림 2-17] 배터리 전선 보호용 고무캡 분리

⑤ 배터리를 밑으로 빼낸다.

[그림 2-18] 배터리 분리

05 MF-IR 리모콘

메탈 파이터는 멀티 ID의 리모콘을 지원한다. 리모콘을 통하여 메탈 파이터의 간단한 동작을 실행시킬 수 있으며 리모콘을 이용하여 프로그래밍한 내용을 리모콘을 통하여 구동할 수 있다. 리모콘은 기본 구성에 포함되어 있으며 별도의 프로그래밍 없이 기본적으로 제공되는 RoboBASIC 소스로 리모콘 테스트 및 메탈 파이터의 동작이 가능하다.

MF-IR 리모콘의 특징은 [그림 2-19]와 같다.

MF-IR 리모콘
- 4개의 멀티 ID지원
- 간단한 키조작으로 ID변경 가능
- 별도의 리모콘을 위한 MCU
- 33개의 버튼
- 2개의 AAA배터리 사용
- 리모콘 출력상태 표시를 위한 LED 구성

[그림 2-19] 멀티 ID의 리모콘

MF-IR 리모콘은 4개의 멀티 ID를 지원하고 있어 같은 공간에서 4대의 로봇을 리모콘으로 제어가 가능하다. 메탈 파이터는 리모콘 사용에 따른 다른 동작에 방해가 되지 않도록 별도의 MCU를 장착하여 리모콘에서 입력되는 내용만을 처리하므로 원활한 리모콘 제어가 가능하도록 구성되어 있다.

5-1 리모콘 ID 변경방법

MF-IR 리모콘의 ID는 [그림 2-20]과 같이 구성되어 있다.

리모콘의 ID가 1번일 경우 리모콘의 버튼은 1~32의 값을 사용하며, 2번일 경우 33~64, 3번일 경우 65~96, 4번일 경우 97~128이란 값을 리모콘 값으로 사용한다.

(MR-C3000,MR-C3024) IR3 적외선 리모콘 코드표
수신센서(AD7 포트사용)

ID 설정방법
(P1 & 1,2,3,4 key를 약 2초간 동시에 누른다.)

NO	FUNCTION	DATA			
		ID-1	ID-2	ID-3	ID-4
K01	P1	25	57	89	121
K02	P2	19	51	83	115
K03	POWER	16	48	80	112
K04	1	1	33	65	97
K05	2	2	34	66	98
K06	3	3	35	67	99
K07	4	4	36	68	100
K08	5	5	37	69	101
K09	6	6	38	70	102
K10	7	7	39	71	103
K11	8	8	40	72	104
K12	9	9	41	73	105
K13	*	22	54	86	118
K14	0	10	42	74	106
K15	#	24	56	88	120
K16	▲	11	43	75	107
K17	◀	14	46	78	110
K18	■	26	58	90	122
K19	▶	13	45	77	109
K20	▼	12	44	76	108
K21	A	15	47	79	111
K22	△	21	53	85	117
K23	B	20	52	84	116
K24	◁	28	60	92	124
K25	□	29	61	93	125
K26	▷	30	62	94	126
K27	C	17	49	81	113
K28	▽	31	63	95	127
K29	D	27	59	91	123
K30	E	18	50	82	114
K31	F	32	64	96	128
K32	G	23	55	87	119

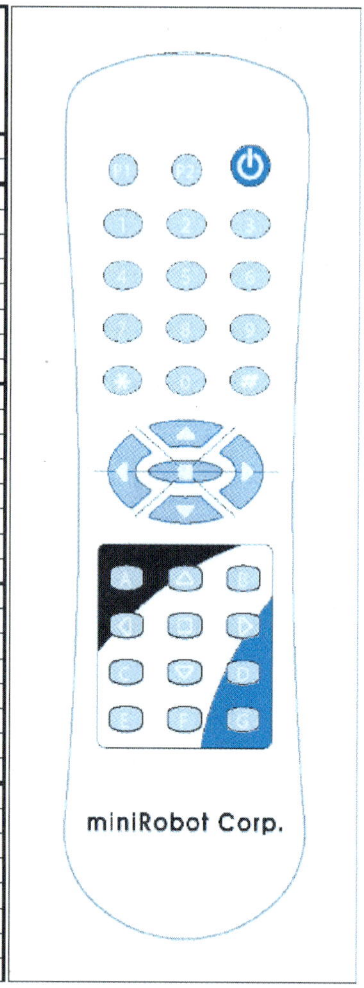

[그림 2-20] MF-IR 리모콘의 ID 구성

[그림 2-20]에서 ID당 버튼에 대한 리모콘 값을 확인할 수 있다. MF-IR 리모콘의 ID 변경방법은 다음과 같다.

① 리모콘의 “P1” 버튼을 누른다.

② “P1” 버튼을 누른 상태에서 1, 2, 3, 4번 중 하나의 버튼을 누른다.
(1번을 누를 경우 ID1로 설정, 2번을 누를 경우 ID2로 설정.......)

③ 두 버튼을 누른 상태를 3초간 유지한다.

④ 3초후 리모콘의 LED가 두 번 깜빡이며 ID설정이 완료됨을 표시한다.

리모콘의 ID를 변경하고 메탈 파이터의 전원을 넣으면 메탈 파이터는 최초의 입력을

받은 리모콘의 ID를 기억하고 다른 ID의 리모콘 신호는 무시하게 된다. 따라서 같은 공간에서 4대의 메탈 파이터를 다른 ID로 설정한다면 서로 충돌없이 메탈 파이터를 리모콘으로 제어할 수 있다.

MF-IR 리모콘의 경우 적외선 송수신 방식이기 때문에 실외, 혹은 전원이 낮은 경우에는 수신이 불안정할 수 있으므로 이점에 유의하여 리모콘 사용을 하여야 한다.

5-2 리모콘 테스트

메탈 파이터는 기본적으로 리모콘으로 제어할 수 있는 내용을 포함하여 출고되기 때문에 별도의 프로그래밍 없이 기본적인 동작 테스트가 가능하다. 기본적으로 메탈 파이터에 탑재되어 있는 프로그램의 내용은 3장에 나올 로보 베이직(RoboBASIC)이란 프로그램을 통하여 프로그래밍되어 다운로드되어 있다. 로보 베이직에 대한 자세한 내용은 3장에서 다루도록 하겠다.

메탈 파이터의 기본적인 동작 테스트를 하기 위해서 부록에 포함되어 있는 메탈 파이터 리모콘 코드표를 참고하여 테스트하면 된다. 기본적으로 제공되는 소스에는 총 5가지의 모드로 구성하여 제공되며 약 120여 가지의 동작을 테스트해볼 수 있다.

기본 프로그램 모드 구성으로는 엔터테인먼트 모드, 파이트 모드, 게임 모드, 축구 모드, 장애물 달리기 모드가 있으며 각각에 모드의 전환방법은 다음과 같다.

① 메탈 파이터의 전원은 켠다.

② 리모콘에서 전원 버튼을 누르면 메탈 파이터의 머리쪽의 적색 LED가 깜빡거린다.

③ LED가 깜빡거리고 있는 상황에서 리모콘의 C, D, E, F, G의 버튼 중 한 개의 버튼을 누른다.

④ 버튼을 누르면 모드가 변경되며 메탈 파이터에서 사운드 출력과 함께 모드에 맞는 포즈를 취한다.

⑤ 리모콘의 (■)버튼을 눌러서 설정을 완료한다.

⑥ 모드 변경이 완료되면 리모콘 코드표를 참고하여 동작을 테스트 해본다.

* C, D, E, F, G에 대한 모드 변경 내용은 리모콘 코드표를 참고하여 사용한다.

03장 로보 베이직 프로그램

01 로보 베이직 프로그램 소개

로보 베이직(RoboBASIC)은 휴머노이드 로봇 개발을 위한 로봇 제어용 베이직(BASIC Language For Robot Control)으로, 일반 베이직(BASIC) 언어에 로봇 제어를 위한 다양한 명령어가 포함되어 보다 효과적이고 쉽게 로봇을 제어할 수 있도록 제작된 베이직 언어이다.

로보 베이직은 메탈 파이터의 동작을 구성하기 위한 프로그램으로 17개의 서보모터를 개별적으로 제어 및 부분별 동작 테스트가 가능하고, 이를 통하여 손쉽게 메탈 파이터의 구동을 제어하는 프로그램을 제작할 수 있다.

로보 베이직의 특징은 다음과 같다.

1) 명령어가 다국어를 지원한다.

로보 베이직은 명령어가 한글, 영어 등을 지원하기 때문에 영어에 익숙하지 않은 청소년 및 프로그래밍에 익숙하지 않은 사람도 쉽게 사용할 수 있다.

2) 자동 문법 색상 처리를 지원한다.

로보 베이직으로 프로그래밍할 때 자동으로 문법에 맞는 색상으로 변경되어 표시되기 때문에 오타의 의한 프로그램의 오류를 쉽게 알아낼 수 있다.

3) 멀티 편집창을 지원한다.

로보 베이직의 편집창은 여러 개의 파일을 동시에 열어 편집이 가능하기 때문에 다른 프로그램 소스의 내용을 참조해 가며 프로그래밍이 가능하다.

4) 명령어 사용 팁을 제공한다.

로보 베이직으로 프로그래밍할 때 명령어에 대한 사용법을 간단한 팁(Tip)형태로 보여줌으로써 프로그램을 쉽게 작성할 수 있도록 도와준다.

5) 모터 실시간 제어창을 지원한다.

서보모터로 구성된 로봇을 쉽게 제어할 수 있도록 실시간으로 모터를 직접 제어할 수 있는 창(Window)을 지원하기 때문에 관절형 로봇에 대한 동작 프로그램을 쉽게 작성할 수 있다.

02 로보 베이직 프로그램 개발환경

2-1 로보 베이직 PC 권장사항

- CPU : 펜티움(Pentium) III 600MHz 이상
- RAM : 128MB 이상
- HDD : 50MB 이상의 여유 공간
- VGA : 1024×768 이상의 해상도 지원 VGA
- 시리얼 : 1포트(* usb to serial 사용가능)
- CD-ROM : 32×배속 이상

로보 베이직 프로그램은 제품 구매시 제공되는 CD 또는 로보 베이직 홈페이지(http://www.robobasic.com)에서 다운받아 사용할 수 있다.

2-2 로보 베이직 프로그램 설치

1 "Setup.exe" 파일을 실행한다.

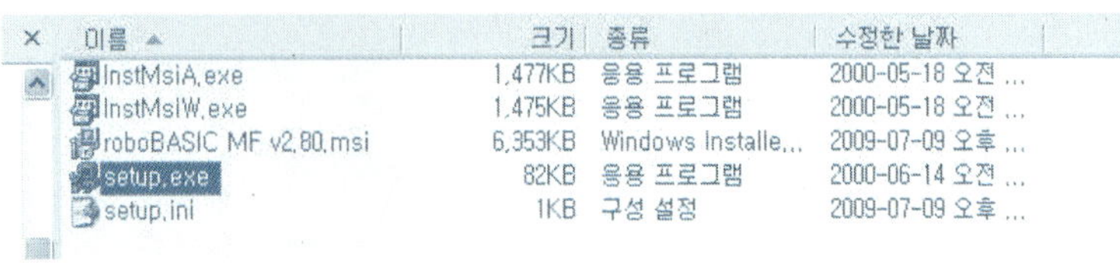

[그림 3-1] "Setup.exe" 파일을 실행

② 설치 팝업창이 뜨면서 환영 메시지가 나온다. "Next"를 클릭한다.

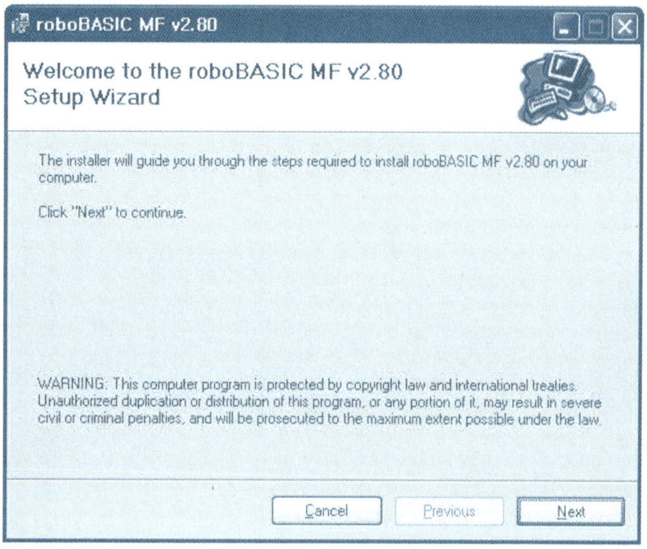

[그림 3-2] 설치 팝업창이 뜨면서 환영 메시지

③ 로보 베이직을 설치할 경로(Folder)를 선택하고, "Next"를 누른다.

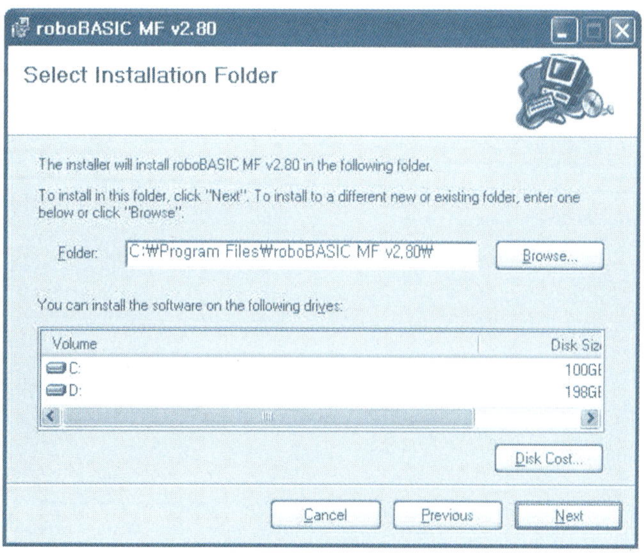

[그림 3-3] 설치할 경로를 선택

CHAPTER 03

④ 로보 베이직의 설치가 진행된다.

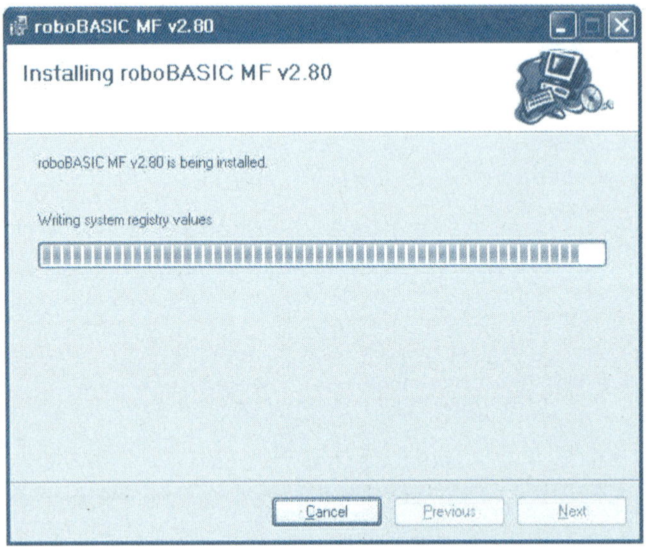

[그림 3-4] 설치 진행

⑤ 로보 베이직의 설치가 모두 완료되었다.

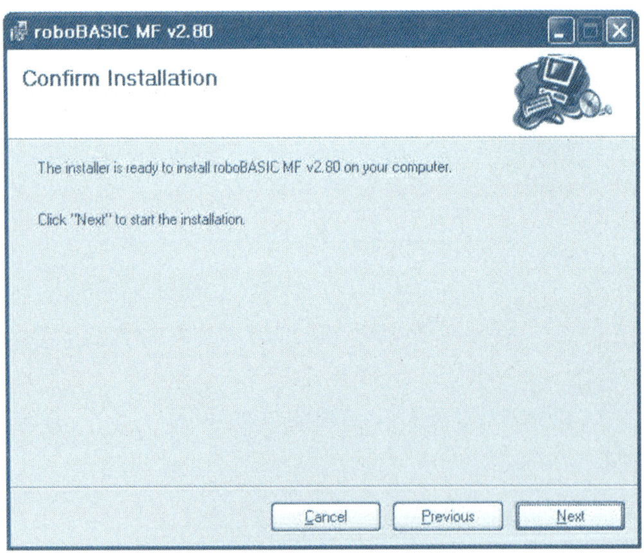

[그림 3-5] 설치 완료

⑥ 바탕 화면에 roboBASIC MF v2.8 버전의 단축 아이콘이 나타난다.

[그림 3-6] roboBASIC MF v2.8 버전의 단축 아이콘

⑦ 프로그램을 실행하면 [그림 3-7]과 같은 프로그램의 메인 화면이 나타난다.

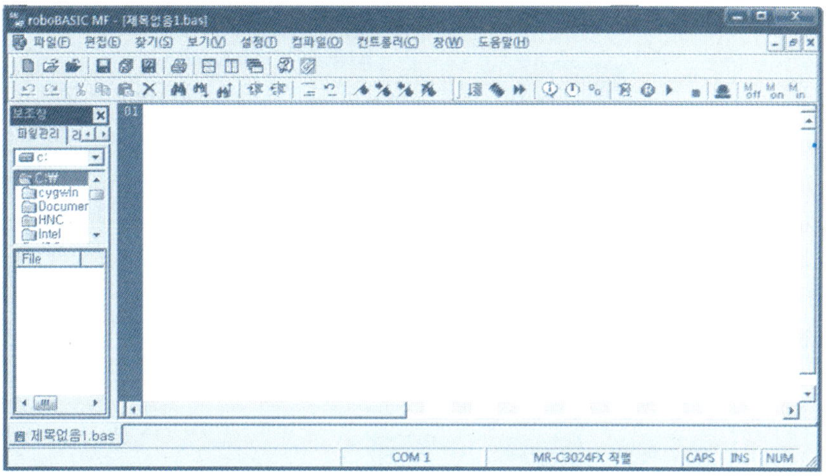

[그림 3-7] 프로그램의 메인 화면

2-3 로보 베이직 프로그래밍을 위한 메탈 파이터 연결

로보 베이직으로 메탈 파이터의 동작 프로그램을 작성하기 위해서는 로보 베이직이 설치된 PC와 메탈 파이터가 서로 연결되어 있어야 한다. 즉, 컴퓨터에 설정한 직렬통신 포트와 메탈 파이터의 MR-C3024FX 컨트롤러 간에 인터페이스 케이블(모델명 : MR-SC15)이 연결되어 있어야 하며, 메탈 파이터에 전원이 켜져(ON)있어야 로보 베이직으로 작성한 프로그램이 MR-C3024FX 컨트롤러에 탑재되어 메탈 파이터가 동작하게 되는 것이다.

[그림 3-8] MR-SC15

① 컴퓨터의 시리얼 포트와 MR-SC15 케이블의 연결은 [그림 3-9]와 같이 한다. MR-SC15 케이블 한쪽 단의 시리얼 포트를 로보 베이직이 설치된 PC의 시리얼 포트와 연결한다.

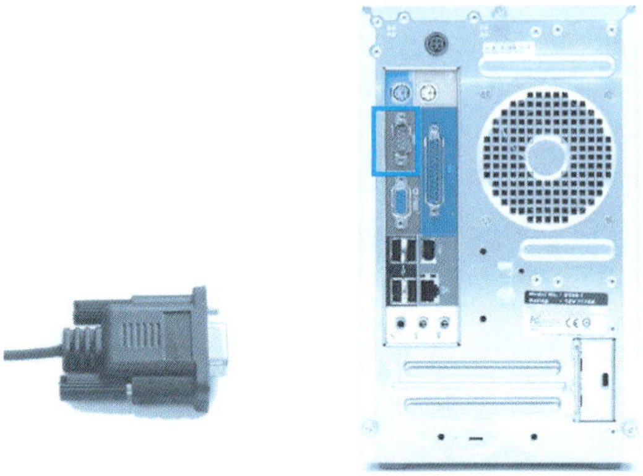

[그림 3-9] PC의 시리얼 포트와 연결

② MR-SC15 케이블의 다른쪽 2.5파이 연결 잭은 메탈 파이터의 머리 뒤쪽에 있는 MR-C3024FX 보드에 장착된 인터페이스 연결 단자에 꽂는다.

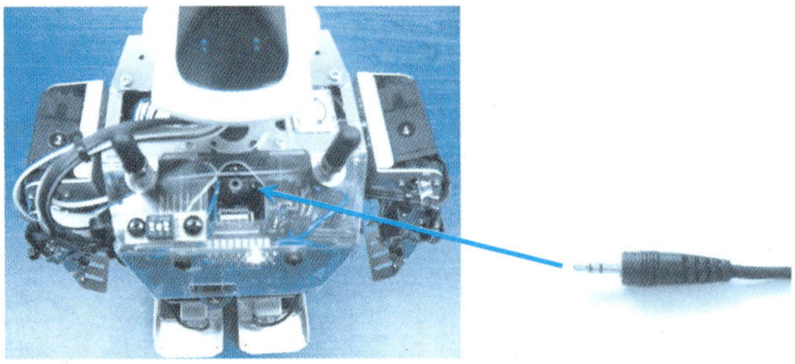

[그림 3-10] 인터페이스 연결 단자에 꽂음

③ 메탈 파이터의 전원을 켠다(Power ON).

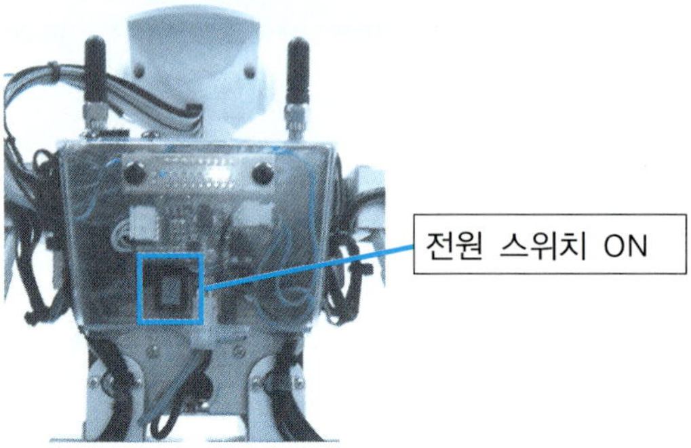

[그림 3-11] 전원 ON

④ 메탈 파이터와 컴퓨터가 정상적으로 연결되었다면 로보 베이직 프로그램에서 [컨트롤러(C) → 컨트롤러 정보] 또는 단축 아이콘( )을 클릭한다.

⑤ 화면에 컨트롤러 정보창이 나타나고, 각 항목에 맞게 컨트롤러의 정보가 보여진다.

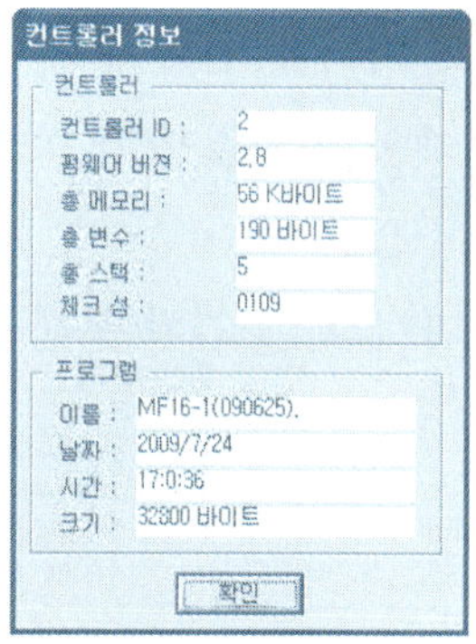

[그림 3-12] 컨트롤러 정보창

컨트롤러의 펌웨어 버전 및 기타 정보는 기능 개선을 위해 달라질 수 있다.

만일 설정이 제대로 되어 있지 않거나, 메탈 파이터의 전원이 켜져 있지 않다면 [그림 3-13]과 같은 에러 메시지창이 뜨게 된다.

[그림 3-13] 에러 메시지창

⑥ 통신 포트 설정을 다시 하고자 한다면 로보 베이직에서 [그림 3-14]와 같이 한다. [설정(T) → 포트 설정]을 차례로 클릭한다.

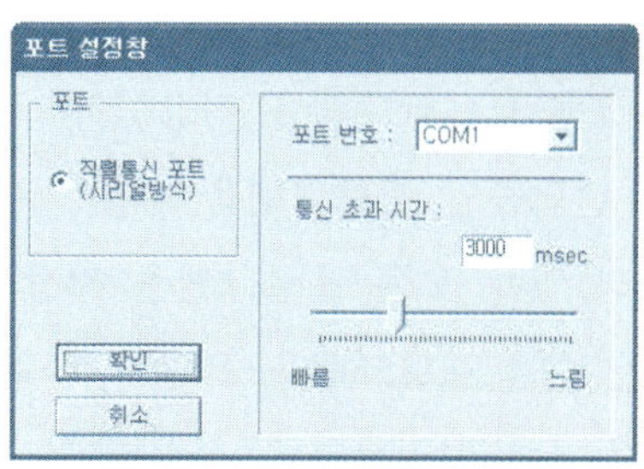

[그림 3-14] 통신 포트 설정

⑦ 사용할 포트를 선택한 후에 확인 버튼을 눌러 사용 포트 변경을 완료한다.

CHAPTER 03

⑧ 통신 문제 발생

PC와 메탈 파이터의 통신에 문제가 발생하면 다음과 같은 사항을 체크해본다.

• 전원이 제대로 연결되었는가?
  –배터리 연결, 배터리 충전 상태 확인
• 인터페이스 시리얼 인터페이스 케이블 연결 상태 확인
  –포함된 시리얼 인터페이스 케이블 연결 상태 확인
• 통신 포트 설정이 제대로 되어 있는가?
  –로보 베이직상에 통신 포트가 실제 연결된 통신 포트로 설정이 되어 있는지 확인

2-4 로보 베이직 메뉴 구성

1) 파일(F)

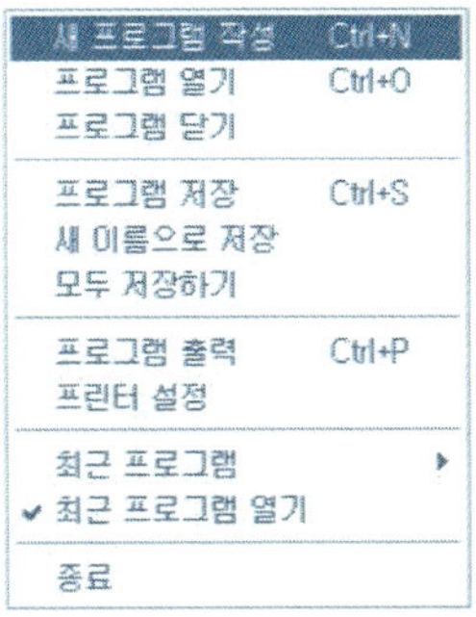

[그림 3-15] 로보 베이직 메뉴 구성

• 새 프로그램 작성 : 새로운 프로그램을 작성한다.
• 프로그램 열기 : 기존에 작성된 프로그램을 불러온다.
• 프로그램 닫기 : 현재 편집중인 프로그램을 닫는다.
• 프로그램 저장 : 현재 편집중인 프로그램을 저장한다.
• 새 이름으로 저장 : 현재 편집중인 프로그램을 다른 이름으로 저장한다.
• 모두 저장하기 : 현재 열려 있는 모든 프로그램을 저장한다.
• 프로그램 출력 : 현재 편집중인 프로그램을 프린터로 출력한다.
• 프린터 설정 : 출력할 프린터를 설정한다.
• 최근 프로그램 : 최근에 작업한 프로그램을 선택한다.
• 최근 프로그램 열기 : 프로그램을 실행할 때 최근에 작업한 프로그램을 오픈한다.

- 종료 : 로보 베이직 프로그램을 종료한다.

2) 편집(E)

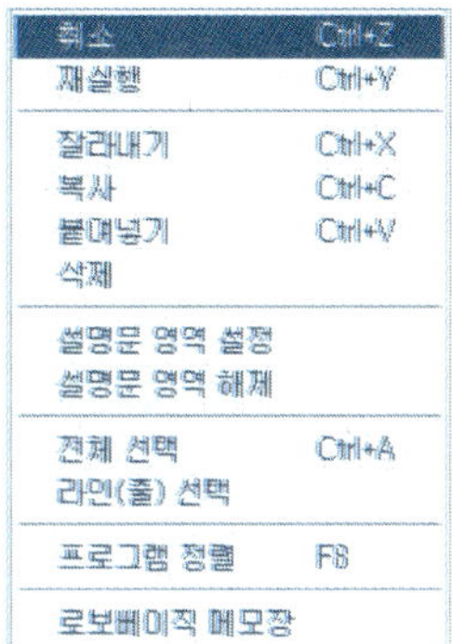

[그림 3-16] 편집(E) 구성

- 취소 : 방금 실행한 편집 명령을 취소한다.
- 재실행 : 이전 취소한 편집 명령을 재실행한다.
- 잘라내기 : 현재 편집창에서 선택한 부분을 잘라낸다.
- 복사 : 현재 편집창에서 선택한 부분을 복사한다.
- 붙여넣기 : 현재 편집창의 커서 위치에 이전에 잘라냈거나 복사한 부분을 붙여 넣는다.
- 삭제 : 현재 편집창에 선택한 부분을 삭제한다.
- 설명문 영역 설정 : 현재 편집창에 선택한 부분을 모두 설명문으로 바꾼다.
- 설명문 영역 해제 : 현재 편집창에 선택한 부분이 설명문이면 모두 해제한다.
- 전체 선택 : 현재 편집창 전체를 선택한다.
- 라인(줄) 선택 : 현재 편집창 커서 위치 라인을 선택한다.
- 프로그램 정렬 : 현재 편집 내용의 소스 라인 정렬 및 라벨 목록에 등록시킨다.
- 로보 베이직 메모장 : 최상위 화면의 메모장이 실행된다.

3) 찾기(S)

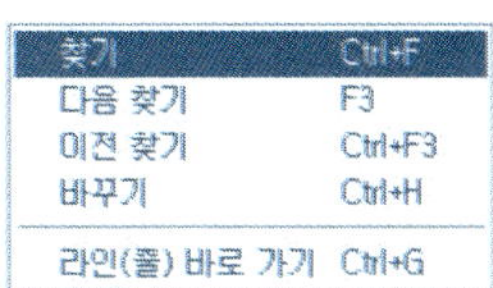

[그림 3-17] 찾기(S)의 구성

- 찾기 : 원하는 문자열을 찾는다.
- 다음 찾기 : 찾은 문자열을 다음 부분부터 찾는다.
- 이전 찾기 : 찾은 문자열을 이전 부분부터 찾는다.
- 바꾸기 : 원하는 문자열을 찾아 다른 문자열로 바꾼다.
- 라인(줄) 바로가기 : 원하는 라인(줄)로 이동한다.

4) 보기(V)

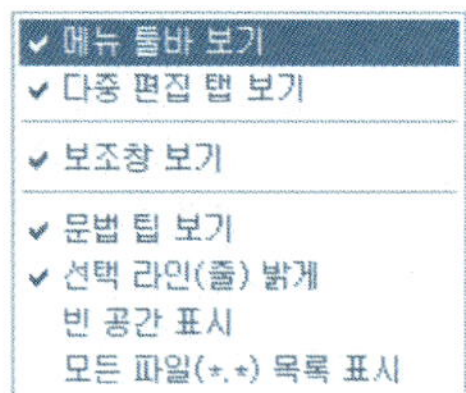

[그림 3-18] 보기(V)의 구성

- 메뉴 툴바 보기 : 로보 베이직의 메뉴 툴바를 보이거나 감춘다.
- 다중 편집 탭 보기 : 로보 베이직 편집창 하단의 다중 멀티 탭을 보이거나 감춘다.
- 보조창 보기 : 로보 베이직 왼쪽의 보조창을 보이거나 감춘다.
- 문법 팁 보기 : 편집창에 프로그램 작성시 명령어 입력 후 명령어 문법에 대한 팁을 보이거나 감춘다.
- 선택 라인(줄) 밝게 : 편집창에서 선택한 부분을 밝게 표시하거나 표시하지 않는다.
- 빈 공간 표시 : 프로그램의 빈 공간(공백)을 표시하거나 감춘다.
- 모든 파일(*.*) 목록 표시 : 로보 베이직 왼쪽 보조창의 파일 목록에서 모든 파일(*.*)을 보이거나 베이직 파일(*.bas) 파일만 보이는 것을 선택한다.

5) 설정(S)

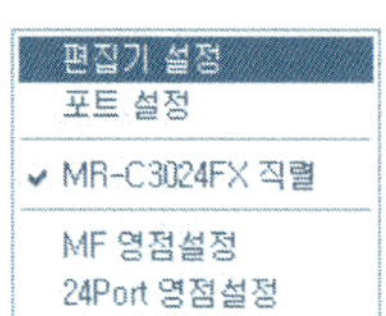

[그림 3-19] 설정(S)의 구성

- 편집기 설정 : 편집창의 속성을 설정한다.
- 포트 설정 : 컨트롤러와 연결되는 컴퓨터의 포트를 설정한다.

- MR-C3024FX 직렬 : 연결되어 있는 컨트롤러의 종류를 선택한다.
- MF 영점설정 : 메탈 파이터 기본형의 영점설정창을 실행한다.
- 24Port 영점설정 : 컨트롤러 기준의 모든 모터 영점 및 방향설정창을 실행한다.

6) 컴파일(O)

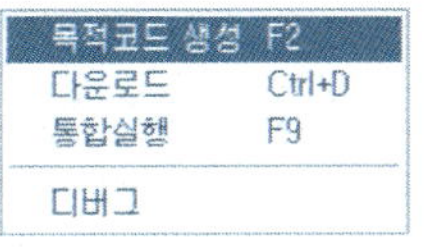

[그림 3-20] 컴파일(O)의 구성

- 목적코드 생성 : 작성한 베이직 프로그램을 컴파일하여 컨트롤러에 다운로드할 목적 코드를 생성한다.
- 다운로드 : 생성된 목적코드를 컨트롤러에 전송한다.
- 통합실행 : 목적코드 생성과 다운로드를 동시에 실행한다.
- 디버그 : 다운로드한 프로그램의 수행을 추적하면서 실행상태를 확인한다.

7) 컨트롤러(C)

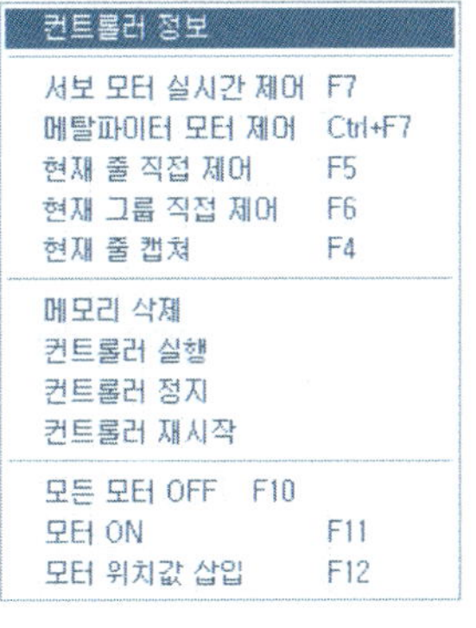

[그림 3-21] 컨트롤러(C)의 구성

- 컨트롤러 정보 : 연결되어 있는 컨트롤러의 정보를 보여준다.
- 서보모터 실시간 제어 : 컨트롤러를 통해 서보모터를 실시간으로 제어하면서 로봇의 동작 프로그램을 쉽게 한다.
- 현재 줄 직접 제어 : 현재 편집창의 커서 위치의 명령을 직접 실행한다.
- 메모리 삭제 : 연결된 컨트롤러에 탑재된 프로그램을 삭제한다.

- 컨트롤러 실행 : 연결된 컨트롤러에 탑재된 프로그램을 실행한다.
- 컨트롤러 정지 : 현재 실행중인 컨트롤러 프로그램을 정지한다.
- 컨트롤러 재시작 : 현재 컨트롤러 프로그램을 재시작한다.
- 모든 모터 OFF : 연결된 로봇의 모든 모터를 OFF시킨다.
- 모터 ON : 연결된 로봇의 모든 모터에 위치값을 피드백받고 ON을 시킨다.
- 모터 위치값 삽입 : 연결된 로봇의 현재 위치값을 소스상에 삽입시킨다.

8) 창(W)

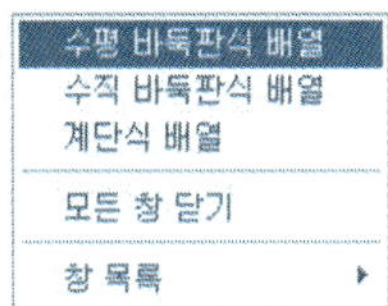

[그림 3-22] 창(W)의 구성

- 수평 바둑판식 배열 : 열려진 소스 화면들을 수평 배치로 배열시킨다.
- 수직 바둑판식 배열 : 열려진 소스 화면들을 수직 배치로 배열시킨다.
- 계단식 배열 : 열려진 소스 화면을 계단식 배치로 배열시킨다.
- 모든 창 닫기 : 열려진 소스 화면들을 모두 닫는다.
- 창 목록 : 현재 열려진 소스 화면들의 목록을 확인한다.

9) 도움말(H)

[그림 3-23] 도움말(H) 의 구성

- 도움말 : 로보 베이직 도움말을 오픈한다.
- 로보 베이직에 대하여 : 로보 베이직에 대한 등록정보를 본다.

03 로보 베이직 프로그래밍

3-1 로보 베이직 Quick Start

로보 베이직 설치 및 설정이 끝났다면 프로그래밍 작업을 한다. 새로운 프로그램을 작성하거나 기존에 작성해두었던 파일을 불러온다. 파일은 [*.bas] 형식으로 저장된다.

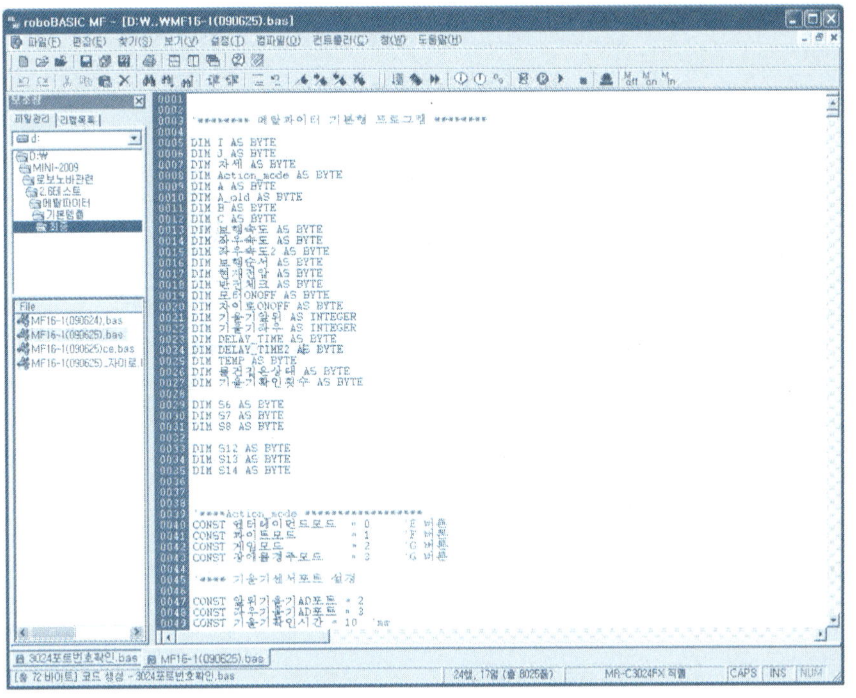

[그림 3-24] 프로그래밍 작업창

작성한 프로그램을 컨트롤러에 저장시키기 위해서는 먼저 컴파일(Compile) 과정을 통해 목적코드로 만들고 그 후에 다운로딩 과정을 통해 컨트롤러의 롬(ROM)에 저장시킬 수 있다. 각 과정을 따로 수행해도 되지만 통합실행으로 한 번에 작업을 할 수도 있다.

① 목적코드 생성(F2) 또는 [컴파일(O) → 목적코드 생성(F2)]를 실행

[그림 3-25] 컴파일 과정

② 다운로드 또는 [컴파일(O) → 다운로드]를 실행

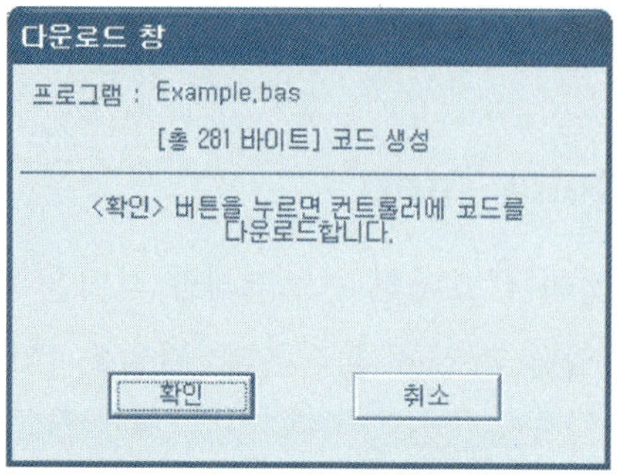

[그림 3-26] 다운로드를 실행

③ 통합실행(F9) 또는 [컴파일(O) → 통합실행(F9)]를 실행

[그림 3-27] 통합실행

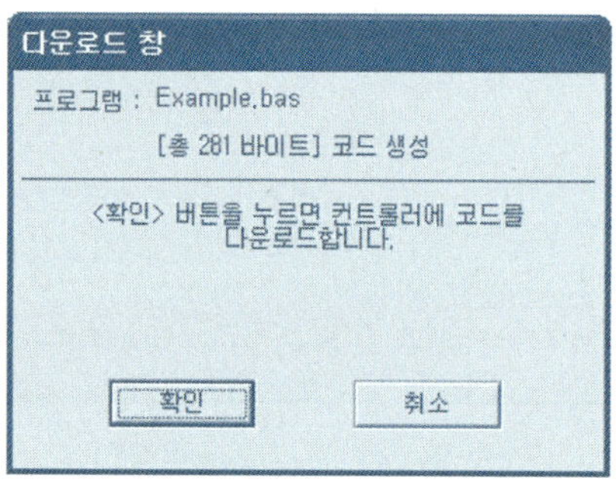

[그림 3-28] 다운로드창

위와 같이 코드의 크기가 표시되고 확인을 누르면 다운로딩창이 뜨면서 컨트롤러에 저장된다.

- 한번 다운로딩된 프로그램은 메모리 삭제 및 다른 프로그램을 다운로딩하기 전에는 전원을 OFF, ON시켜도 저장이 지워지지 않는다.
- 전원이 너무 낮은 상태 혹은 사용자의 잘못된 호출 루틴의 프로그램을 작성하는 경우에는 오동작과 같은 현상이 있을 수 있다.

3-2 로보 베이직 프로그램 문법

로보 베이직은 일반 베이직 문법에 기초를 두고 있으므로, 많은 부분 베이직 언어와 같거나 유사하며, 로봇 제어를 위한 명령어가 추가되어 있다. 여기서는 로보 베이직의 명령어와 사용 문법에 대해서 설명하겠다.

1) 문자 집합

로보 베이직의 문자 집합은 한글(MS 윈도우즈에서 지원하는 모든 한글/한자 포함), 영문자 (A~Z, a~z), 숫자 (0~9) 및 몇 가지의 특수문자로 이루어진다. 또한, 다음에 나타내는 문자들은 로보 베이직에서 특별한 의미를 가진다.

2) 식과 연산자

식은 상수, 변수, 숫자 등을 연산자를 이용하여 서로 결합해서 구해진 값으로 이루어질 수 있다. 연산자는 주어진 값에 대해서 산술연산이나 논리연산을 실행한다. 로보 베이직에서 연산자는 다음과 같이 분류할 수 있다.

(1) 산술연산자

산술연산자는 산술적인 계산을 하기 위해서 이용되는 기호이며, 덧셈(+), 뺄셈(−), 곱셈(*), 나눗셈(/), 나머지(% 또는 MOD) 등 일반 베이직에서 사용되는 산술연산 기호의 사용이 가능하다. 로보 베이직에서는 산술연산에 있어 일반 베이직과는 다른 두 가지 주의할 점이 있다.

① 연산자에 우선순위가 없다.

산술연산에 연산 순서를 임의로 결정하는 괄호( )를 사용할 수 없으며, 연산자의 순위에 상관없이 사용된 연산자의 순서에 따라 산술 계산한다. 예를 들어 A + B * C는 일반 베이직의 경우 B와 C를 먼저 곱한 그 결과에 A를 더하지만, 로보 베이직에서는 A와 B를 먼저 더한 다음 그 결과에 C를 곱한다.

예 A = 1, B = 2, C = 3일 때

베이직>　　A + B * C = 1 + 2 * 3 = 1 + 6 = 7

로보 베이직>　　A + B * C = 1 + 2 * 3 = 3 * 3 = 9

② 너무 복잡한 산술계산을 사용하게 되면 예기치 못한 에러가 발생할 수 있다. 이 경우에는 2~3번 정도 나누어서 계산하면 된다.

CHAPTER 03

예 D = A * B + C(올바른 사용)

F = A * B / C * D + E(너무 복잡한 계산은 피한다.)

로보 베이직은 바이트형, 정수형만을 지원하기 때문에 나눗셈 연산에서는 결과의 소수점은 무시된다. 나머지의 연산은 나머지 연산자인 % 또는 MOD를 사용하며, 나머지의 연산자는 몫이 아닌 나머지를 계산결과로서 구한다.

(2) 관계연산자

관계연산자는 두 개의 값을 비교할 때 사용된다. 비교의 결과는 “참(TRUE)”이나 “거짓(FALSE)”이 되며, 이 결과는 IF문(만약)에서 프로그램의 흐름을 제어하기 위해서 사용된다.

[표 3-1] 관계연산자의 구성

연산자	관 계	식
=	같다	X = Y
<>	같지 않다	X <> Y
<	보다 작다	X < Y
>	보다 크다	X > Y
<=	보다 작거나 같다	X <= Y
>=	보다 크거나 같다	X >= Y

한 개의 식 안에 산술연산자와 논리연산자가 결합되어 있을 경우 산술연산이 먼저 실행된다.

(3) 논리연산자

논리연산자는 복합조건의 비교를 위해 사용하며, 계산결과로서 “참”이나 “거짓”을 되돌린다. 이 결과는 IF문(만약)에서 프로그램의 흐름을 제어하기 위해서 사용될 수 있다.

[표 3-2] 논리연산자의 구성

연산자	의 미
AND	논리곱
OR	논리합
XOR	배타적 논리합

각 연산자는 [표 3-3]과 같은 계산결과를 갖는다. [표 3-3]에서 “T”는 참을 나타내고, “F”는 거짓을 나타낸다.

[표 3-3] 논리연산자의 결과

X, Y 값		논리 연산자가 되돌리는 값 (계산결과)		
X	Y	X AND Y	X OR Y	X XOR Y
T	T	T	T	F
T	F	F	T	T
F	T	F	T	T
F	F	F	F	F

(4) 비트 연산자

비트 연산자는 미니로봇컨트롤러가 입출력포트를 통해 비트 제어를 편리하게 하기 위해 사용하는 변수의 각 비트에 대해서 연산을 행한다. 전체 비트에 대한 연산에는 비트합(OR), 비트곱(AND), 배타적 비트합(XOR)이 있으며, 로보 베이직에는 비트를 전체적으로 좌(<<), 우(>>)로 이동(시프트)시키기 위한 연산기호와 변수의 특정 비트를 지정하기 위한 “.” 연산자가 추가되어 있다.

A의 값이 33(2진수로 00100001)이고, B의 값이 15(2진수로 00001111)이면, 비트 연산자에 의한 [표 3-4]와 같은 결과를 나타낸다.

[표 3-4] 비트 연산자의 결과

연산자	결 과
A AND B	1 (00000001)
A OR B	47 (00101111)
A XOR B	46 (00101110)
A ≪ 1	66 (01000010)
A ≫ 1	16 (00010000)
A.0	1 (A의 0번째 비트)

같은 명령문 안에서 여러 개의 연산자가 사용되고 있을 때 다음과 같은 순서로 연산이 실행된다.

① 산술연산자 / 비트연산자
② 관계연산자
③ 논리연산자

3) 수, 변수/상수 및 기타 문법 설명

로보 베이직은 하드웨어 제어를 위해 만들어진 베이직 언어이기 때문에 일반 베이직에서 사용되는 문자열에 관계된 변수나 상수, 변수의 배열형은 지원하지 않는다.

(1) 숫자의 형

숫자의 종류에는 바이트형(BYTE), 정수형(INTEGER)이 있으며, 각 숫자의 형에 따른 수의 범위는 [표 3-5]와 같다.

[표 3-5] 숫자의 형 종류

숫자형	크기	범위
바이트(BYTE)	1 바이트(8비트)	0~255
정수(INTEGER)	2 바이트(16비트)	0~65535

로보 베이직은 음수를 지원하지 않는다. 그러므로 숫자 앞에 부호 + 또는 −를 첨가하게 되면 잘못된 연산을 수행하거나 에러를 발생하게 된다. 또한 선언된 변수의 경우 연산 도중 숫자의 범위를 벗어나게 되면 에러를 발생하지는 않지만 수행결과가 올바르지 않으므로 항상 적당한 범위의 숫자형으로 선언하여야 한다.

(2) 진 수

로보 베이직은 하드웨어 제어를 위한 언어이기 때문에 일반적으로 사용하는 10진수의 숫자형 표기 외에 16진수 등의 기타 진수로 숫자를 표현하는 것이 프로그램의 작성시에 편리할 경우가 있다. 로보 베이직은 2진수(Bin), 8진수(Oct), 10진수(Dec), 16진수(Hex) 등의 다양한 숫자 표기가 가능하며, 측정 진수표현을 사용하기 위해서는 "&" 기호로 진수를 선언하며, 10진수의 숫자형에 대해서는 별다른 선언을 하지 않는다.

10진수로 61의 수를 각 진수에 대해 표현하면 [표 3-6]과 같이 나타낼 수 있고, 진수 표현시 사용가능한 숫자의 범위를 벗어나게 되면 에러가 발생하므로, 항상 범위내의 숫자를 사용하여야 한다.

[표 3-6] 진수 표시방법

진수	표기	사용가능 숫자	예
2진수	&B	0, 1	&B111101
8진수	&O	0, ... , 7	&O75
10진수	없음	0, ... , 9	61
16진수	&H	0, ... , 9, A, ... F	&H3D

(3) 상수와 변수

상수는 프로그램의 수행 중에 값이 변하지 않는 것을 말한다. 로보 베이직은 바이트형, 정수형의 숫자에 대한 상수를 정의할 수 있다. 상수의 형은 정의할 때 사용되는 숫자의 범위에 의해 자동 결정되며, 한번 정의된 상수는 다시 정의할 수 없다. 정의된 상수는 사용되는 곳에 정의된 값으로 바로 바뀌기 때문에 프로그램의 크기 등에는 전혀 영향을 미치지 않으며, 자주 사용하는 숫자를 상수로 정의하여 두면 프로그램의 수정이 편리하다.

미니로봇컨트롤러의 하드웨어 제어를 위해 주로 사용되는 상수 정의 예를 들면 다음과 같다.

예
```
CONST OFF = 0
CONST 모터_1 = 3
CONST 모터_1속도 = 200
```

변수는 프로그램에서 사용할 데이터의 기억장소에 대한 이름을 말한다. 미니로봇컨트롤러에서 사용할 수 있는 변수의 개수는 한정되어 있으므로 사용되는 목적에 따라 변수의 크기를 최소화할 수 있는 변수형으로 선언하여야 한다. 미니로봇컨트롤러에서 주로 사용되는 변수 선언의 예는 다음과 같다.

예
```
DIM 모터_1_지연 AS INTEGER
DIM 센서_왼쪽 AS BYTE
```

변수와 상수를 선언할 때는 다음과 같은 규칙을 반드시 지켜야 한다.

① 변수명 / 상수명에는 한글(한자), 영문, 숫자, "_" 등의 문자를 사용할 수 있으며, 첫 문자는 반드시 한글이나 영문이 와야 한다.

② 변수명/상수명의 길이는 최대 64자를 넘을 수 없다(한글, 영문 구분 없이 1글자는

CHAPTER 03

1자로 인식한다).

③ 변수명/상수명은 같은 이름으로 중복 선언할 수 없으며, 대소문자의 구분이 없으므로 주의해서 사용하여야 한다.

④ 상수를 선언할 때는 정수형의 범위인 65535 이하의 값을 지정하여야 하며, 이 값을 넘을 경우에는 에러가 발생한다.

(4) 비트 지정

로보 베이직은 사용하는 변수에 대해서 비트 단위로 조작이 가능하다. 비트 단위로 조작하기 위해서는 비트 지정 연산자(".")를 사용하며, 바이트형 변수에 대해서는 0~7까지, 정수형 변수에 대해서는 0~15까지의 비트 지정이 가능하다. 비트 지정에는 반드시 숫자나 상수를 사용한다. 비트 지정의 예를 보면 다음과 같다.

예
```
DIM A AS INTEGER
CONST BIT_2 = 2
A.1 = 1
A.BIT_2 = 0
A.3 = IN(1)       ' 1번 포트의 값을 읽어 정수형 변수 A의 3번째 비트에 넣음
OUT 2, A.1        ' 2번 포트에 변수 A의 1번째 비트의 값을 출력
```

(5) 설명문

프로그램의 효율적인 작성과 관리를 위해서 프로그램을 작성하는 중간에 프로그램에 대한 설명을 기입해야 할 필요가 있다. 설명문에 대해서는 맨 처음에 설명문 기호(')를 사용하며, 프로그램에는 수행에는 어떠한 영향도 주지 않는다.

(6) 대입문(=)

대입문은 변수에 값을 대입할 때 사용하며, 단순히 수학에서 사용하는 "="를 사용한다. 대입기호(=)의 좌측에는 항상 변수가 오며, 우측에는 변수, 문자열, 계산식 또는 함수 등이 올 수 있다. 다음은 대입문이 사용되는 몇 가지 예이다.

예
```
A = B             '변수끼리 대입
A.1 = 1           '비트지정 대입
A = ADIN(0)       '함수 대입
A = 3 * 2 - 1     '수치 계산식 대입
```

A = C + B − A '변수 계산식 대입

A = "1" '문자의 아스키코드 대입

(7) 행라벨

행라벨(Label)은 프로그램에서의 위치를 지정할 때 사용하며, 문자나 숫자의 사용이 가능하다. 라벨명을 정할 때는 다음의 몇 가지 규칙이 있다.

① 문자 라벨명은 최대 64자를 넘을 수 없으며, 반드시 첫 자는 한글/영어로 써야 한다.

② 문자 라벨명 뒤에는 반드시 라벨 기호(:)를 붙여야 한다.

③ 숫자 라벨명은 0~65535안의 숫자만 가능하며, 라벨 기호를 붙이지 않는다.

④ 라벨명은 같은 이름으로 중복 선언할 수 없으며, 대소문자의 구분이 없으므로 주의해서 사용하여야 한다.

라벨은 주로 GOTO(가기)나 GOSUB(호출) 등의 프로그램 흐름제어 명령어에 사용된다. 라벨이 사용된 예를 보면 다음과 같다.

예

```
    DIM A AS INTEGER

    ON INT GOSUB 10

    START:
         A = IN(0)
         IF A = 0 THEN GOTO START
END

    10   A = 0
ON INT GOSUB INT_PROCESS
RETURN
```

4) 로보 베이직 명령어 요약

로보 베이직은 일반적인 베이직 언어 (BASIC Language)에 로봇을 동작하는데 필요한 명령어가 추가된 로봇 제어 전용의 베이직 언어로, ㈜미니로봇에서 개발하여 등록한 소프트웨어이다. (괄호)안은 한글 명령어이다.

(1) 선언/정의에 관련된 명령

DIM(선언)	변수를 선언한다.
AS(는)	변수 선언(DIM)시에 변수형을 지정한다.
CONST(상수)	상수를 선언한다.

BYTE(바이트)	변수 선언(DIM)시에 바이트형으로 지정한다.
INTEGER(정수)	변수 선언(DIM)시에 정수형으로 지정한다.

(2) 흐름제어 명령

IF(만약)	조건판단문을 시작한다.
THEN(이면)	조건판단문의 조건이 참이면 다음 실행문을 실행한다.
ELSE(아니면)	조건판단문의 조건이 거짓이면 다음 실행문을 실행한다.
ELSEIF(그렇지 않고 만약)	다른 조건판단문을 시작한다.
ENDIF(만약끝)	조건판단문을 끝낸다.
FOR(반복)	반복문을 시작한다.
TO(부터)	반복변수에 대한 반복 범위를 지정한다.
NEXT(다음)	반복문을 끝낸다.
GOTO(가기)	무조건 프로그램의 흐름을 분기한다.
GOSUB(호출)	서브루틴(SUB ROUTINE)을 호출한다.
RETURN(복귀)	서브루틴으로부터 복귀한다.
END(끝)	프로그램의 수행을 끝낸다.
STOP(정지)	프로그램의 수행을 일시 정지한다.
RUN(실행)	프로그램의 수행을 계속 실행한다.
WAIT(대기)	명령어의 수행이 끝날 때까지 대기한다.
DELAY(지연)	프로그램의 수행을 일정시간 지연시킨다.

(3) 디지털 신호 입출력 명령

IN(입력)	입력 포트로부터 신호를 읽는다.
OUT(출력)	출력 포트로 신호를 내보낸다.
BYTEIN(바이트 입력)	바이트 단위의 입력 포트로부터 바이트 신호를 읽는다.
BYTEOUT(바이트 출력)	바이트 단위의 출력 포트로 바이트 신호를 내보낸다.

(4) 메모리 관련 명령

메모리 관련 명령어는 있지만 펌웨어 영역을 손상시킬 수 있어 사용을 제한한다.

(5) LCD 관련 명령

LCDINIT(화면초기)	LCD모듈을 초기화한다.

CLS(화면지움)	LCD모듈의 글자를 모두 지운다.
LOCATE(화면위치)	LCD모듈에 글자를 출력할 위치를 설정한다.
PRINT(화면출력)	LCD모듈에 글자를 출력한다.
FORMAT(형식)	LCD모듈에 출력할 변수의 형식을 설정한다.
CSON(커서보임)	LCD모듈에 커서를 나타나게 한다.
CSOFF(커서감춤)	LCD모듈에 커서를 보이지 않게 한다.
CONT(글자밝기)	LCD모듈에 나타난 글자의 밝기를 설정한다.
DEC(십진)	LCD에 변수를 10진수로 출력한다.
HEX(십육진)	LCD에 변수를 16진수로 출력한다.
BIN(이진)	LCD에 변수를 2진수로 출력한다.

(6) **연산 관련 연산자**

AND(그리고)	논리적인 AND 조건식에 사용한다.
OR(또는)	논리적인 OR 조건식에 사용한다.
MOD(나머지)	산술연산 나머지를 구한다.
XOR(배타합)	논리적인 XOR 조건식에 사용한다.
NOT(부정)	산술연산으로 모든 비트를 반전한다.

(7) **모터 제어 명령**

ZERO(영점)	서보 모터의 영점(기준각도)를 설정한다.
MOTOR(모터설정)	출력포트에 대해 모터 사용여부를 설정한다.
MOTOROFF(모터해제)	출력포트에 대해 모터 사용여부를 해제한다.
MOVE(동작)	동시에 여러 모터를 동작시킨다.
SPEED(속도)	모터의 동작속도를 설정한다.
DIR(방향)	모터 동작방향을 설정한다.
PTP(점대점)	모터의 동시동작제어 기능 ON/OFF한다.
SERVO(서보)	서보모터를 제어한다.
PWM(펄스폭)	DC모터제어를 위한 펄스폭 제어를 한다.
HIGHSPEED(고속동작)	서보모터의 동작을 빠른 모드로 설정/해제한다.
MOVEPOS(동작위치)	POS로 선언된 모터 위치값 그룹을 동작시킨다.
FPWM(주파수 펄스)	펄스의 폭, 주파수를 가변하여 출력한다.

MOVE24(동작 24)	24개의 서보모터를 동시에 동작한다.
INIT(초기)	로봇의 초기 동작 자세를 설정한다.
MOTORIN(모터입력)	서보모터의 현재 위치값을 읽어온다.
SETON(사용설정)	기능 설정의 사용을 설정한다.
SETOFF(사용해제)	기능 설정의 사용을 해제한다.
ALLON(모두설정)	모든 모터에 대한 기능설정의 사용을 설정한다.
ALLOFF(모두해제)	모든 모터에 대한 기능설정의 사용을 해제한다.
GETMOTORSET(모터 입력설정)	현재 서보모터의 값을 읽어들여 현재 상태를 유지한다.
OFFSET(옵셋)	현재 설정된 모터의 영점값을 변경한다.
MOTORMODE(모터모드)	모터의 속도와 토크를 값을 변경한다.

(8) 모터 그룹 지정 파라미터

G6A(그룹6A)	서보모터 0번~5번까지 그룹 지정을 위해 사용한다.
G6B(그룹6B)	서보모터 6번~11번까지 그룹 지정을 위해 사용한다.
G6C(그룹6C)	서보모터 12번~17번까지 그룹 지정을 위해 사용한다.
G6D(그룹6D)	서보모터 18번~23번까지 그룹 지정을 위해 사용한다.
G6E(그룹6E)	서보모터 24번~29번까지 그룹 지정을 위해 사용한다.
G8A(그룹8A)	서보모터 0번~7번까지 그룹 지정을 위해 사용한다.
G8B(그룹8B)	서보모터 8번~15번까지 그룹 지정을 위해 사용한다.
G8C(그룹8C)	서보모터 16번~23번까지 그룹 지정을 위해 사용한다.
G8D(그룹8D)	서보모터 24번~31번까지 그룹 지정을 위해 사용한다.
G12(그룹12)	서보모터 0번~11번까지 그룹 지정을 위해 사용한다.
G16(그룹16)	서보모터 0번~15번까지 그룹 지정을 위해 사용한다.
G24(그룹24)	서보모터 0번~23번까지 그룹 지정을 위해 사용한다.

(9) 소리 제어 명령

MUSIC(음악)	PIEZO에 음악을 연주한다.
TEMPO(박자)	음악을 연주할 박자를 설정한다.

(10) 외부통신 명령

ERX(데이터 수신)	RX포트를 이용하여 RS-232 신호를 수신한다.

ETX(데이터 송신) TX포트를 이용하여 RS-232 신호를 송신한다.

(11) 아날로그 포트 신호처리 명령

AD(변환) AD포트에서 아날로그 신호를 읽어온다.
REMOCON(리모콘) 적외선 리모콘의 눌린 키 값을 읽어온다.
SONAR(초음파) 초음파 포트에서 거리를 읽어온다.
RCIN(조종기입력) RC용 조정기의 수신장치로부터 입력값을 읽어온다.
GYRODIR(자이로 방향) 자이로 센서처리 서보모터의 동작 방향을 설정한다.
GYROSET(자이로 설정) 서보모터에서 처리할 자이로센서를 설정한다.
GYROSENSE(자이로 감도) 자이로 센서의 감도를 설정한다.

(12) 처리 명령 및 기타 명령

ON...GOTO(처리...가기) 변수의 값에 따라 조건분기한다.
RND(난수) 난수(무작위 수)를 발생한다.

(13) 의사 명령

'$DEVICE(컨트롤러) 현재 작성하는 프로그램이 동작하는 컨트롤러를 설정한다.
'$LIMIT(제한) 모터의 동작 각도 범위를 제한한다.

3-3 메탈 파이터 기초 영점 잡기

정상적으로 조립된 메탈 파이터라고 관절을 이루고 있는 로봇의 17개의 서보가 정확한 중립의 위치를 설정해 주어야 한다. 로보 베이직을 통한 영점설정이 이루어져야 정확한 기본 모션 동작이 가능하다.

로보 베이직 프로그램에서 메뉴 '설정 → MF 영점설정 메뉴를 클릭하면 [그림 3-29]와 같이 메탈 파이터의 영점설정창이 띄워진다. 기본 영점설정창은 기본 메탈 파이터와 같은 관절 구조를 갖고 있어 지능형 메탈 파이터에서도 같은 영점설정을 사용할 수 있다.

메탈 파이터와 PC의 컴포트를 연결하는 인터페이스 케이블이 연결되어 있고, 로봇에 전원을 켠 상태에서 설정값 읽기 버튼을 누르면 현재 설정되어 있는 로봇의 영점값을 읽어 온다. 각 관절의 파란색과 빨간색의 위치값을 눌러 다음과 같은 영점을 잡는다.

완료가 되면 설정값 기록 버튼을 눌러 컨트롤러에 영점값을 삽입한다.

만약 소스 상태의 영점값을 삽입하려는 경우에는 소스창의 원하는 위치에 커서를 두고 삽입 버튼을 누르면 영점에 대한 소스 삽입도 가능하다.

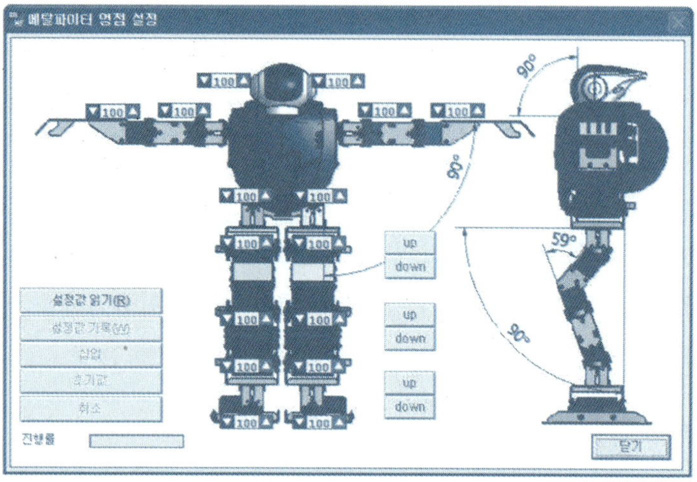

[그림 3-29] 메탈 파이터 기초 영점 잡기

3-4 모션 캡처를 이용한 티칭 프로그램 기초

로보 베이직 프로그램의 설치와 메탈 파이터의 조립방법, 연결방법은 별도의 설명서를 참조한다. 여기에서는 로보 베이직의 설치가 완벽하게 되었으며, 메탈 파이터의 조립이 완벽하게 되어 원할하게 프로그램할 수 있는 환경이 갖추어졌다는 전제하에 설명한다. 만약, 원활한 프로그램 환경구축에 어려움이 있거나, 모르는 사항이 있으면 별도의 설명서 또는 구입처에 문의하기 바란다.

이 절에서는 메탈 파이터 프로그램의 가장 기초 단계인 모션 캡처(Motion Capture) 기능을 이용하여 로봇을 동작하는 방법에 대해서 설명한다. 메탈 파이터와 같이 다관절(多關節)로 구성된 로봇의 경우 로봇의 동작을 프로그램하기 위해 모든 관절 모터를 움직여 보는 방법으로 프로그램(수동형 티칭) 방법은 많은 시간이 필요하고, 충분한 숙련이 필요하다.

그러나, 메탈 파이터에 사용되는 관절 모터는 HMI 프로토콜이 지원되며, 이를 이용한 현재 모터 값의 피드백(Feedback)이 가능하기 때문에, 로봇 프로그램을 하기 위해 로봇의 동작을 먼저 취한 다음, 이 동작에서의 모터 값을 직접 프로그램상에 삽입할 수 있는 모션 캡처(Motion Capture) 기능을 사용한다. 이 기능을 이용하면 단 시간에 다이나믹한 동작 프로그램이 가능하다.

3-5 메탈 파이터 프로그램의 시작

메탈 파이터를 프로그램하기 위해서 연결된 모터에 대해서 알아보도록 한다. 메탈 파이터의 뒷면 등에 부착하는 컨트롤러 (MR-C3024FX)에 모터 연결선을 연결하게 되며, 각 연결되는 모터 포트에 따라 모터 번호가 부여된다(자세한 사항은 메탈 파이터 조립 설명서 참조).

또한, 인간과 같은 구조를 갖고 있는 메탈 파이터는 양 팔과 양 다리별로 각 모터를 그룹으로 묶어 동시 제어를 한다. 이러한 동시 제어는 여러 개의 모터를 동작할 때, 한 동작을 하기 위한 모터의 변화량(움직임 각도)이 다르더라도, 움직임의 시간을 동시에 시작하여 동시에 종료하는 제어방법을 말한다. 여기에서는 이 방법을 점대점 선형 제어 (Point To Point) 또는 PTP 제어라고 한다.

메탈 파이터의 모터 번호와 모터 그룹 번호를 [그림 3-30]에서 볼 수 있다.

모터 그룹 번호인 G6A, G6B, G6C, G6D는 6개를 그룹으로 묶어 첫번째 A, 두번째 B, … 식으로 이름지어진 것을 의미한다.

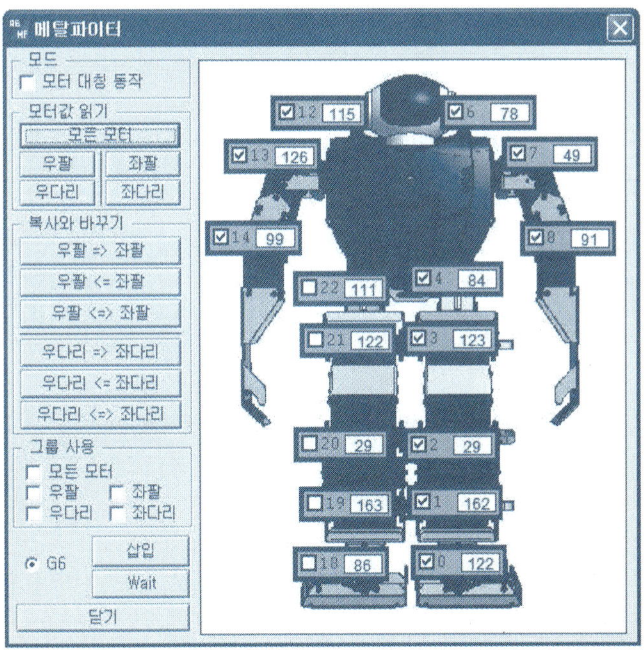

- G6A(다리) : 0~4번 포트
- G6B(팔) : 6~8번 포트
- G6C(팔) : 12~14번 포트
- G6D(다리) : 18~22번 포트

[그림 3-30] 메탈 파이터의 모터 번호 및 모터 그룹 번호

1) 메탈 파이터와 PC의 인터페이스

메탈 파이터와 PC와는 시리얼 인터페이스 케이블(Serial Interface Cable)로 연결한다. 메탈 파이터에 프로그램을 하기 위해 모션 캡처 기능을 사용하려면 항상 메탈 파이터와 케이블로 연결되어 있어야 하고, 메탈 파이터에 전원이 ON되어 있어야 한다.

메탈 파이터와 PC의 케이블 연결법은 메탈 파이터 조립 설명서를 참조한다. 연결한 후에는 로보 베이직을 실행하여 포트 설정과 메탈 파이터의 정보가 제대로 통신되는지 확인한다. 확인하는 방법은 다음과 같다.

① 컨트롤러의 종류가 MR-C3024(또는 MR-C3024F)로 설정되어 있어야 한다.

② 연결된 PC의 시리얼 포트를 정확히 설정하여야 한다. 혹시, PC의 통신 포트 번호를 모를 경우에는 MS Windows의 제어판→시스템→장치관리자에서 확인할 수 있다.

③ 로보 베이직의 <컨트롤러 정보> 메뉴가 제대로 실행되는지 확인한다.

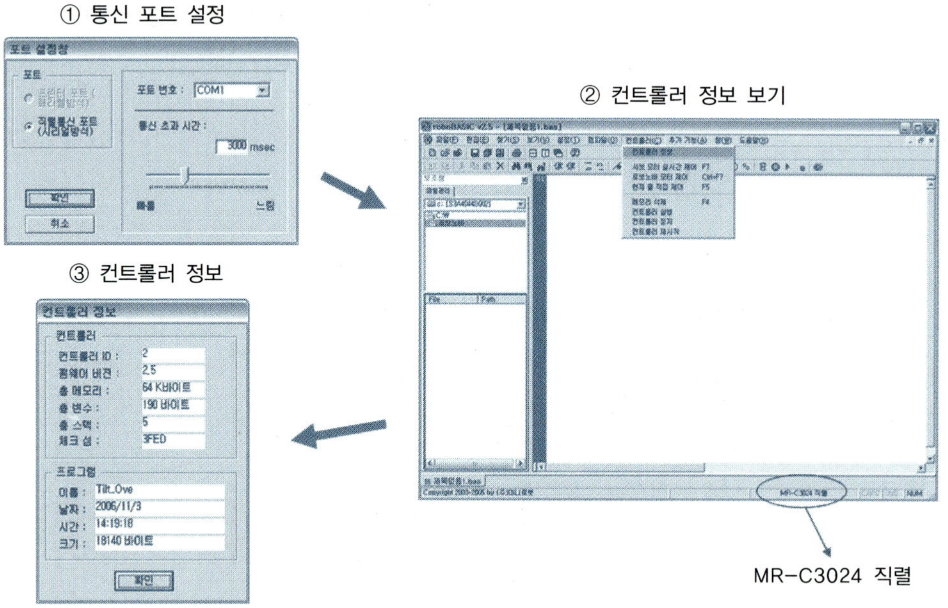

[그림 3-31] 메탈 파이터와 PC의 연결 및 상태 확인

위의 [그림 3-31]과 같이 모든 동작에 이상이 없으면 메탈 파이터 프로그램 준비가 완료된 것이다. 혹시 문제가 발생하면 다음 사항을 체크해 보기 바란다.

✓ 전원이 제대로 연결되었는가?

–배터리 연결, 배터리 충전 상태 확인

✓ 인터페이스 케이블이 제대로 연결되었는가?

- 포함된 시리얼 인터페이스 케이블 연결 상태 확인(PC측 시리얼 포트, 메탈 파이터 측 단자)

✓ 통신 포트 설정이 제대로 되어 있는가?

- 로보 베이직상에 통신 포트가 실제 연결된 통신 포트에 설정되었는지 확인

3-6 메탈 파이터 프로그램 헤더

로보 베이직은 여러 다관절 로봇을 구동하기 위한 프로그램이므로, 메탈 파이터를 위한 프로그램을 작성하기 위해서는 프로그램 작성의 맨 처음 부분(Header)에 다음 부분을 입력한다.

```
'PTP 기능 설정 (로봇 동시 제어)
PTP SETON
PTP ALLON

'모터 방향 설정 (메탈 파이터용)
DIR G6A,1,0,0,1,0,0
DIR G6B,1,1,1,1,1,1
DIR G6C,0,0,0,0,0,0
DIR G6D,0,1,1,0,1,0

'모터 동작 시작위치 설정 (급격한 모터 동작 방지)
'HMI 프로토콜 가능 모터의 위치 피드백 기능
GETMOTORSET G6A,1,1,1,1,1,0
GETMOTORSET G6B,1,1,1,0,0,0
GETMOTORSET G6C,1,1,1,0,0,0
GETMOTORSET G6D,1,1,1,1,1,0

'기본 모터 속도 설정
SPEED 5

'모터를 전부 동작
MOTOR G24
```

① PTP 기능설정 : PTP는 앞서 설명한 것과 같이 로봇의 모든 관절 모터를 동시에 제어하기 위한 기능이며, "PTP SETON"과 "PTP ALLON"으로 메탈 파이터를 구성하고 있는 모든 모터에 대해 동시제어 기능을 가능하게 한다.

② 모터 방향설정 : 모터의 방향은 모터의 값이 증가하는 방향과 메탈 파이터 안쪽으로 움직이는 방향이 일치하면 "1", 반대방향이면 "0"으로 설정하게 되며, 왼쪽 팔(G6B)과 오른쪽 팔(G6C), 왼쪽 다리(G6A)와 오른쪽 다리(G6D)가 서로 대칭이므로 방향도 서로 반대로 되어 있음을 알 수 있다.

③ 모터 동작 시작위치 설정 : 컨트롤러에 처음 전원이 인가되면 연결된 모터에 초기 모터 값인 (100)이라는 위치로 이동하게 되는데, 이때 로봇이 급격한 위치 이동을 하게 된다. 이를 방지하기 위하여 로봇에 전원 투입하기 전의 자세를 전원 투입 후에 로봇 동작 프로그램을 시작할 때, 그대로 유지하기 위하여 현재 모터의 값을 읽어와 다시 그 모터의 값으로 이동하는 "GETMOTORSET" 명령어를 사용한다.

④ 기본 동작속도 설정 : 로봇을 동작할 기본 동작속도를 설정한다.

⑤ 모터를 전부 사용 : 위에서 설정된 대로 메탈 파이터에 연결된 모터를 모두 ON하고, 사용한다. 여기서 G24는 24개의 모터(0번부터 23번)를 사용한다는 의미이다.

혹은 아래와 같이 각 6개 그룹씩으로 모터 전체사용을 정의할 수도 있다.

```
MOTOR_ON:
        MOTOR G6A
        MOTOR G6B
        MOTOR G6C
        MOTOR G6D
        RETURN
```

3-7 서서 인사하는 프로그램 작성

메탈 파이터의 프로그램 가장 처음 단계로 서서 인사하는 프로그램을 작성해 보도록 한다.

1 "3. 메탈 파이터 프로그램 헤더(Header)"를 편집창에 입력한다.

2 실시간 제어창(메탈 파이터 그림)을 클릭한다.

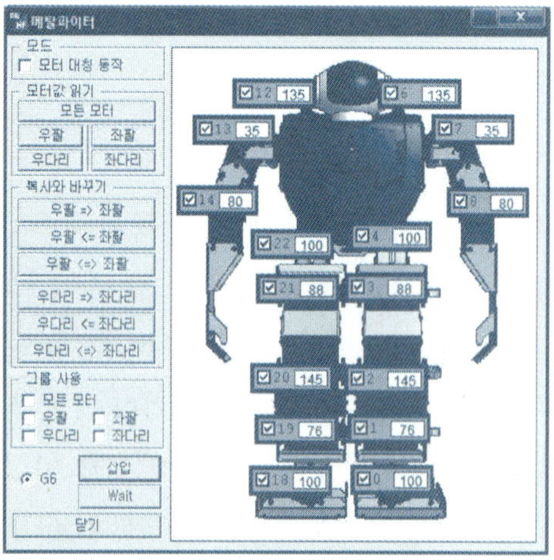

[그림 3-32] 메탈 파이터 실시간 제어창

③ 현재 메탈 파이터가 서 있는 자세에서의 모터 값을 <삽입>한다.

④ "그룹 사용"에서 R_Leg와 L_Reg를 풀어준다(체크 해제).

⑤ 직접 메탈 파이터를 손으로 "서서 인사하는 자세"를 만든다.

⑥ 다시 "그룹 사용"에서 R_Leg와 L_Reg를 체크한다.

⑦ 현재 인사하는 자세의 모터 값이 읽어지면 모터 값을 <삽입>한다.

⑧ <닫기>를 한다.

여기까지 프로그램을 정리하고 각 동작마다 적당한 시간 지연을 두어 편집하면 다음과 같다.

```
'모터 동작 시작위치 설정 (급격한 모터 동작 방지)
GETMOTORSET G6A,1,1,1,1,1,0
GETMOTORSET G6B,1,1,1,0,0,0
GETMOTORSET G6C,1,1,1,0,0,0
GETMOTORSET G6D,1,1,1,1,1,0

'기본 모터 속도 설정
SPEED 5

'모터를 전부 동작
MOTOR G24

'메탈 파이터 서 있는 자세
MOVE G6A, 100,  76, 145,  93, 100
MOVE G6D, 100,  76, 145,  93, 100
MOVE G6B, 100,  30,  80
MOVE G6C, 100,  30,  80

'모든 모터의 동작이 완료될 때까지 대기
WAIT

'약 3초간 시간 지연 (서 있는 자세 유지)
DELAY 3000
'Down
MOVE G6A, 101, 133,  24, 162, 100
MOVE G6D, 105, 135,  23, 160,  94
MOVE G6B, 100,  30,  80
MOVE G6C, 100,  30,  80

DELAY 3000
'Stand
MOVE G6A, 100,  76, 145,  93, 100
MOVE G6D, 100,  76, 145,  93, 100
MOVE G6B, 100,  30,  80
MOVE G6C, 100,  30,  80

'PTP 기능 설정 (로봇 동시 제어)
PTP SETON
PTP ALLON
```

```
'모터 방향 설정 (메탈 파이터용)
DIR G6A,1,0,0,1,0,0
DIR G6B,1,1,1,1,1,1
DIR G6C,0,0,0,0,0,0
DIR G6D,0,1,1,0,1,0
```

04장 메탈 파이터 시스템 개발환경구축

01 메탈 파이터의 개발환경

1-1 개발환경의 개요

마벨(Marvel) PXA320 프로세서(Processor)를 탑재하고 있는 메탈 파이터에 리눅스 BSP를 설치, 컴파일하는 방법을 작성한 것이다.

1) 호스트(Host) PC 사양

(1) 소프트웨어 설치

리눅스 배포판(권장배포판 : Asianux open edition3)을 호스트 PC에 설치한다.

(2) 하드웨어 구성

- CPU : 펜티움 2.4G이상 혹은 AMD 셈트론(sempron) 2400이상
  (x64인 경우 64bit-용 배포판을 설치하여 사용한다.)
- RAM : 256MB 이상
- VGA : 리눅스 드라이버 호환 모델 (ATI, NVIDIA, Matrox 등)
- HDD : 1.5GB 이상의 여유공간
- USB : 1포트(Port) (USB to Serial 사용시 2 포트)
- 시리얼 : 1포트(*USB to Serial 사용가능)
- CD-ROM : 32X 이상

2) 배포판 설치시 주의사항

- 파티션은 일반 ext3로 포맷해서 사용하며 보안관련 체크를 하게 될 경우 tftp 등의 문제가 발생할 수 있다.

- xinetd, tftp, minicom 등의 패키지는 개발시 꼭 필요하므로 최초 설치시 같이 설치하는 것이 좋다.

주의 가상머신(VMware)을 이용하여 리눅스를 설치할 경우 Host PC 자원 분리로 컴파일 시간이 오래 걸리고, 가상 PC내에서 실제 디바이스 제어가 정상적으로 되지 않을 수도 있기 때문에 사용하는 것을 권장하지 않는다.

3) 메탈 파이터 사용시 주의사항

메탈 파이터에 탑재되어 있는 CPU, 메모리 등의 소형 칩셋은 작은 충격에도 손상이 될 우려가 있기 때문에 항상 조심히 다루어야 하고, 전원이 인가된 후에는 케이블 및 기타 장치 등에 유의하기 바란다. 특히 전면의 LCD의 경우 외부 충격에 쉽게 파손될 수 있으므로 각별히 유의해서 사용해야 한다.

1-2 리눅스 설치

개발환경구축을 위하여 우선 호스트(Host) PC에 리눅스를 설치해야 한다.

이 교재에서 권장하는 리눅스 배포판은 Asianux open edition3이며 리눅스 설치에 대한 부분은 Asianux open edition3을 기준으로 설명한다.

리눅스 개발환경을 구축하기 위해서 호스트 PC에 리눅스를 직접 설치하여 사용하는 것이 PC 자원 사용에는 유리하지만 메탈 파이터의 지능형 휴머노이드를 설계하기 위하여 3장의 로보 베이직을 함께 사용하여 개발해야 하기 때문에 윈도우 환경에서 가상머신(VMware)을 사용하여 리눅스 설치하는 방법을 알아본다.

1) 가상머신 다운로드

우선 가상머신(VMware)을 설치하기 위하여 VMware 평가판을 다운받기 위해서 http://www. vmware.com으로 이동한다. 기존에 사용하던 VMware가 설치되어 있다면 그대로 사용하여도 무방하다.

1. http://www.vmware.com에 접속하면 초기 페이지에 [그림 4-1]과 같은 화면이 나타난다.

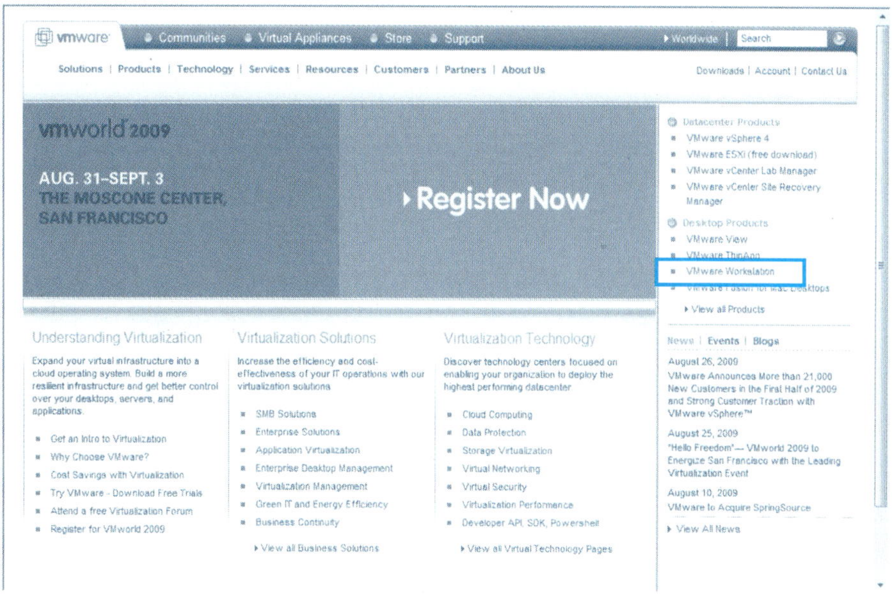

[그림 4-1] VMware를 초기 화면

② [그림 4-1]에서 오른쪽에 Desktop Product에 보면 WMware Workstation을 클릭하여 WMware를 다운받을 수 있는 화면으로 이동한다.

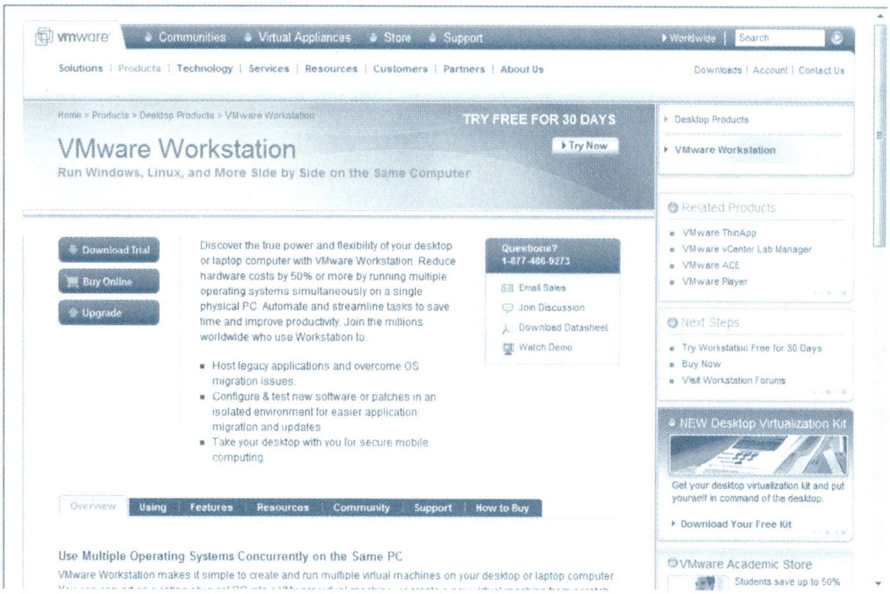

[그림 4-2] VMware를 다운 화면

CHAPTER 04

③ Download Trial 버튼을 눌러서 VMware 평가판 버전을 다운받을 수 있는 화면으로 이동한다.

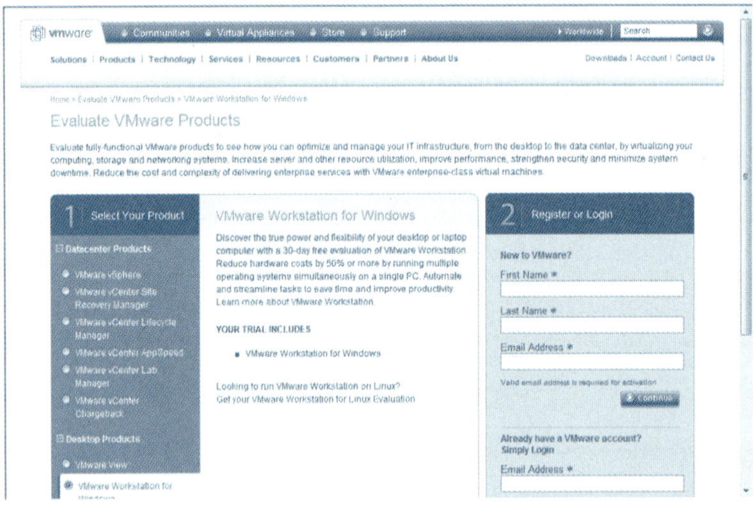

[그림 4-3] VMware 평가판 버전

④ 다음에 나타난 [그림 4-4]에서 기본적인 정보를 입력하고 Continue 버튼을 누른다.

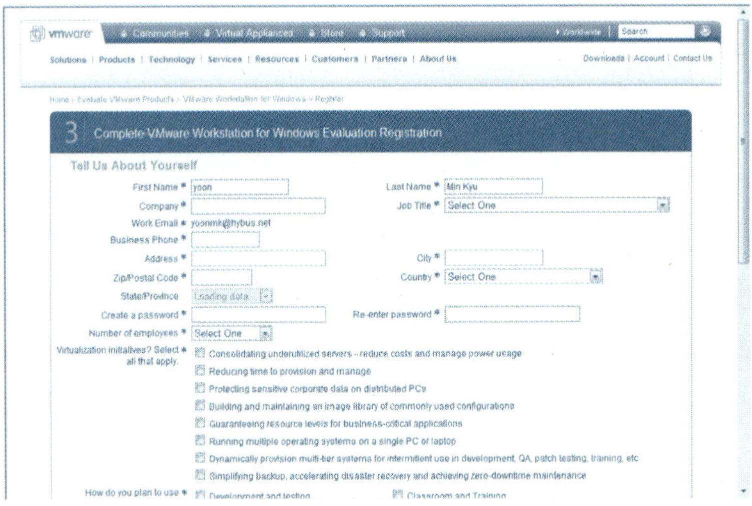

[그림 4-4] 기본 정보를 입력

⑤ "*"가 체크되어 있는 항목을 모두 기입한 후에 아래쪽의 동의란에 체크를 한다.

* ☐ I agree to the terms and conditions outlined in the VMware Workstation 6.5 End User License Agreement.

[그림 4-5] 동의란에 체크

⑥  버튼을 누르면 최종적으로 VMware를 다운받을 수 있는 페이지가 나타난다.

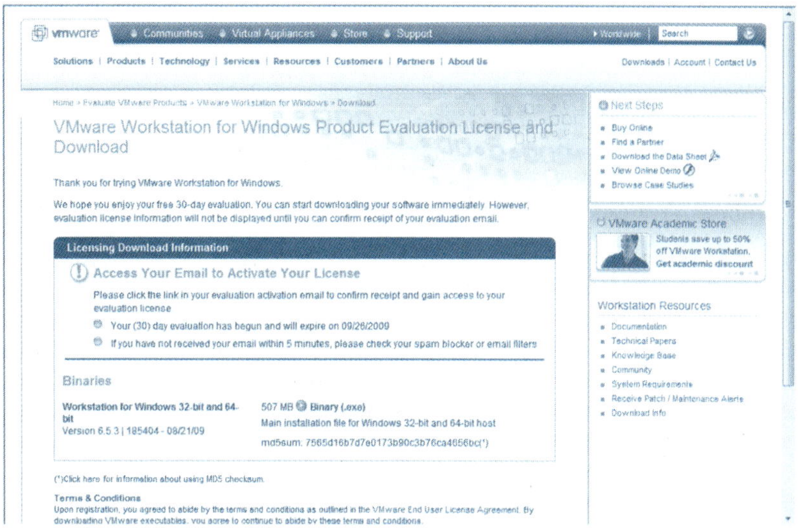

[그림 4-6] VMware 다운 화면

⑦ 위의 [그림 4-6]에서 "Binary(.exe)"를 클릭하면 VMware 다운로드 여부를 묻는 팝업창이 나타난다.

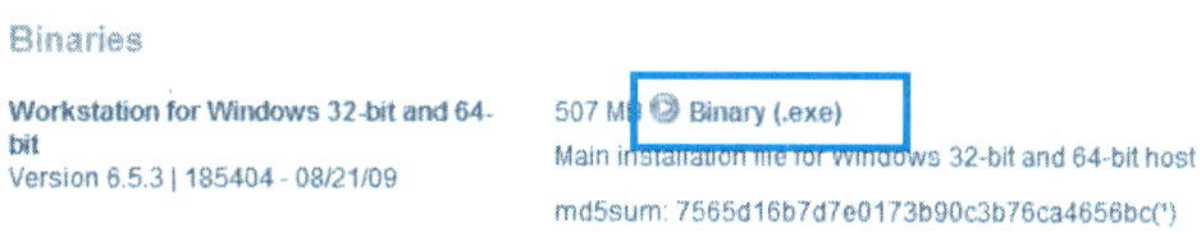

[그림 4-7] VMware 다운로드 여부를 묻는 팝업창

⑧ 다음에서 저장을 클릭한 후에 파일 경로를 지정하여 다운로드받는다.

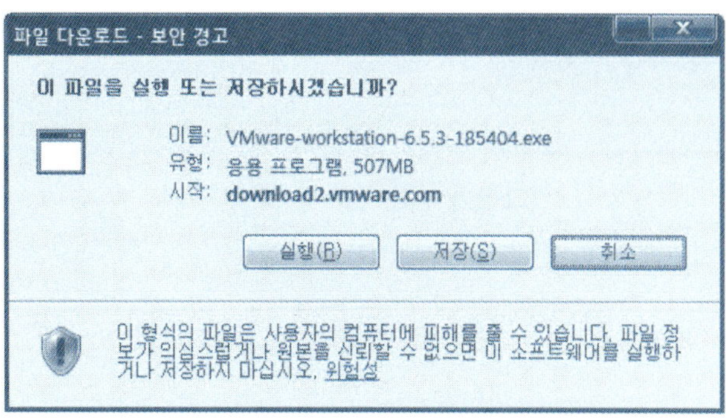

[그림 4-8] 파일 경로를 지정하여 다운로드

주의 다운로드받은 VMware를 Trial Version으로 VMware를 설치한 후 30일 동안 사용할 수 있다. 추후 개발환경을 구축하려면 정식으로 VMware를 구입하여 사용하여야 한다.

2) VMware 설치

VMware에 리눅스를 설치하기 위해 우선 위에서 다운받은 VMware를 설치해야 한다. 위에서 VMware를 다운로드받은 폴더로 이동하여 "VMware-workstation-6.5.3-185404.exe"를 더블 클릭한다.

[그림 4-9] VMware 설치 파일

1 아이콘을 더블 클릭하면 설치를 준비하는 과정이 진행되고 설치 준비가 모두 되었으면 [그림 4-10]과 같은 설치를 진행하는 화면이 나타난다. "Next"를 클릭하여 다음 화면으로 이동한다.

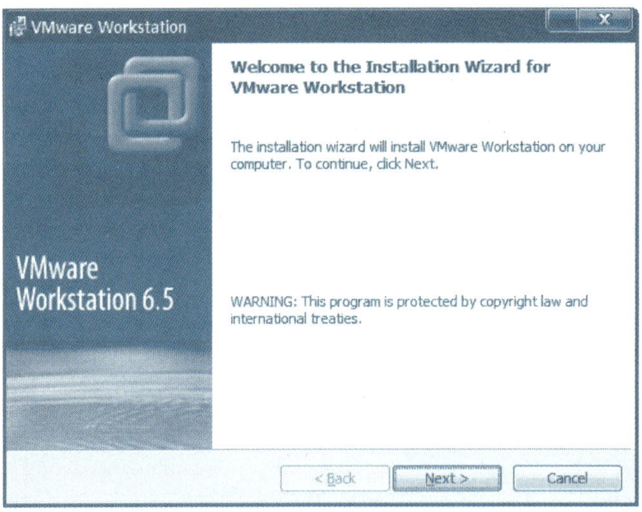

[그림 4-10] 설치 진행 화면

2 Ttypical을 선택하고 "Next"버튼을 누른다.

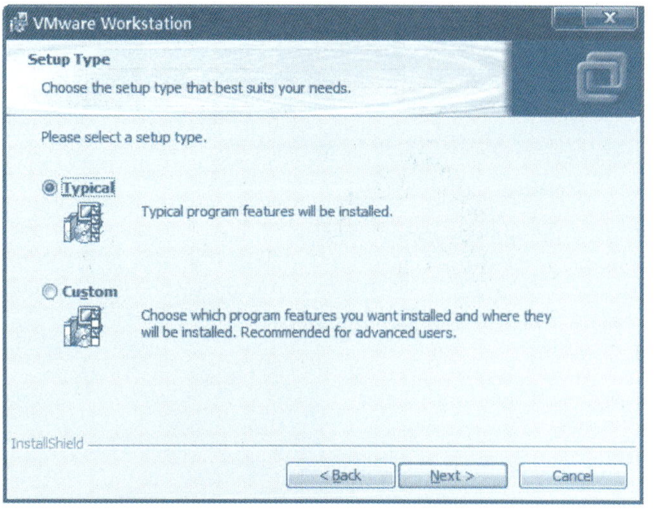

[그림 4-11] Typical을 선택

3 설치 폴더는 특별한 경우 아니면 바꿀 필요 없으므로 "Next" 버튼을 누른다.

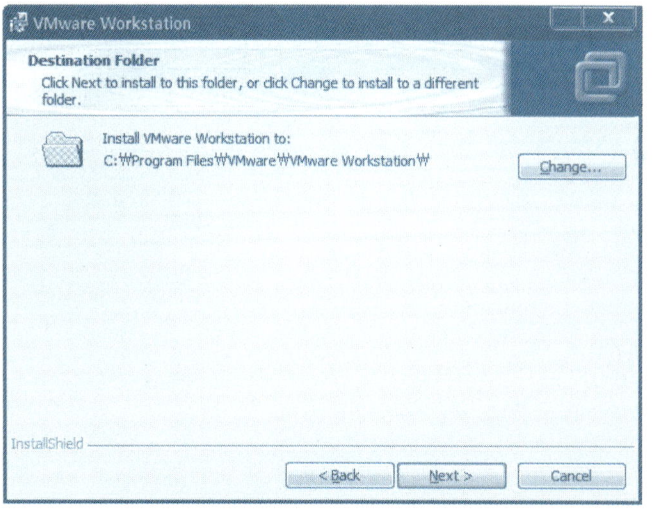

[그림 4-12] 설치 폴더 선택

④ [그림 4-13]에서 사용자에게 맞는 설정을 체크한 후 “Next” 버튼을 누른다.

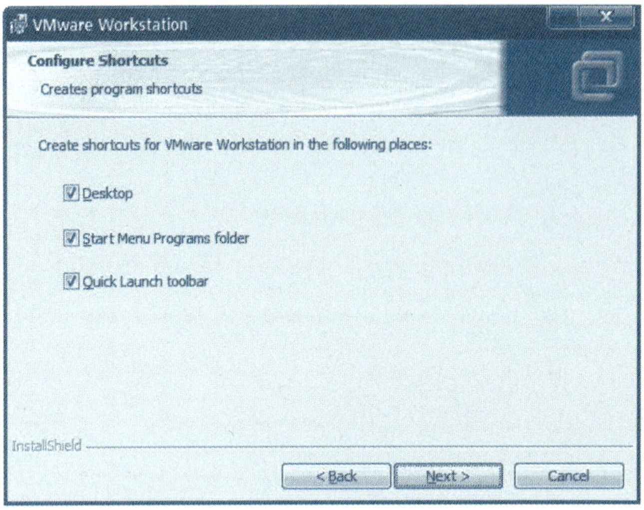

[그림 4-13] 화면 사용자에게 맞는 설정

⑤ 최종적으로 Install 여부를 묻는다. “Install” 버튼을 누르면 설치가 진행된다.

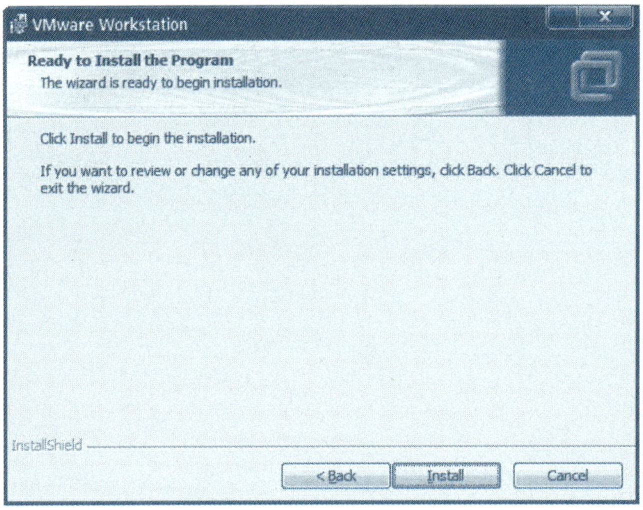

[그림 4-14] Install 설정

⑥ VMware의 설치가 진행된다.

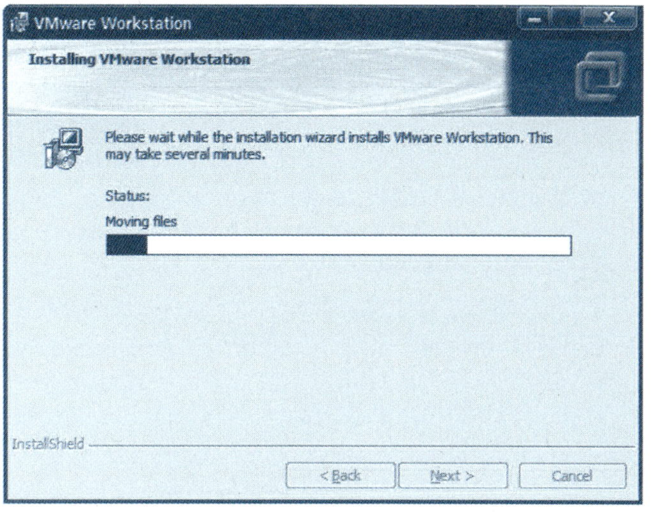

[그림 4-15] VMware의 설치 진행

⑦ 설치가 완료되면 [그림 4-16]과 같은 화면이 나타난다.

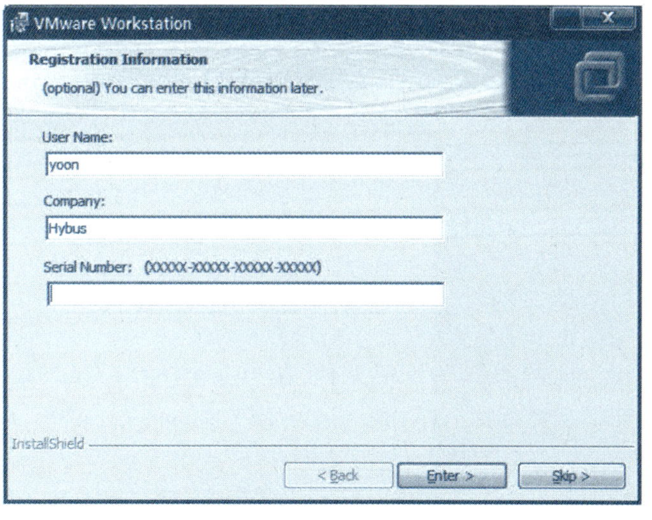

[그림 4-16] 설치 완료

⑧ VMware Trial Version의 시리얼 번호인 A822U-M9339-G4KAL-4JKTH를 입력하고, “Enter >”를 클릭한다.

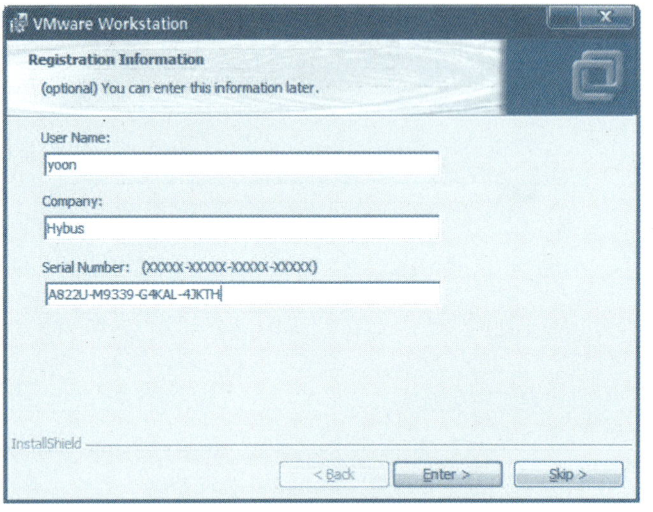

[그림 4-17] 시리얼 번호 A822U-M9339-G4KAL-4JKTH 입력

⑨ “Finish”를 클릭하면 설치가 완료되며, 설치를 완료하면 [그림 4-18]과 같이 재부팅 메시지가 뜬다.

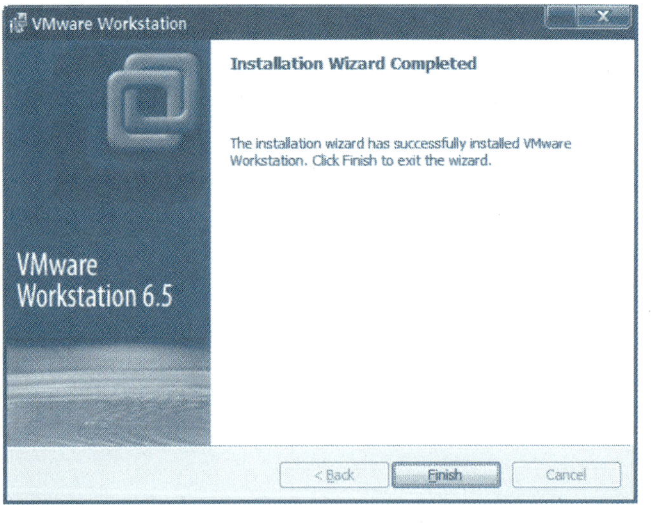

[그림 4-18] 설치 완료

⑩ "Yes"를 클릭하여 컴퓨터를 재부팅한다.

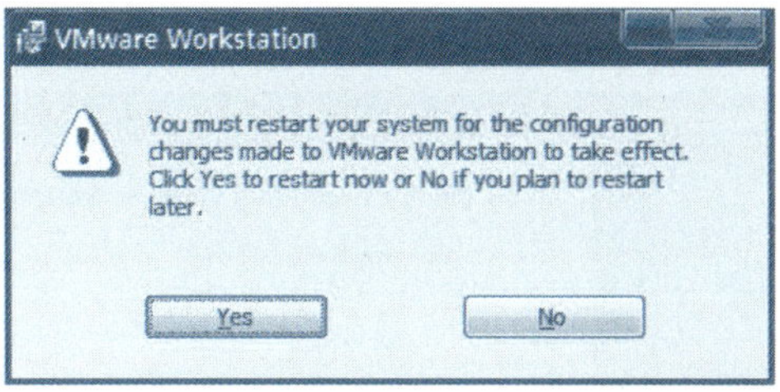

[그림 4-19] 컴퓨터 재부팅 설정

⑪ 재부팅이 완료되었으면 VMware 설치시 바탕화면에 설치된 VMware 아이콘을 더블 클릭한다.

[그림 4-20] VMware 아이콘 더블클릭

⑫ VMware를 설치하고 처음 실행하게 되면 [그림 4-21]과 같이 License 동의 화면이 뜬다. 아래에서 Yes를 체크하고 "OK"를 클릭한다.

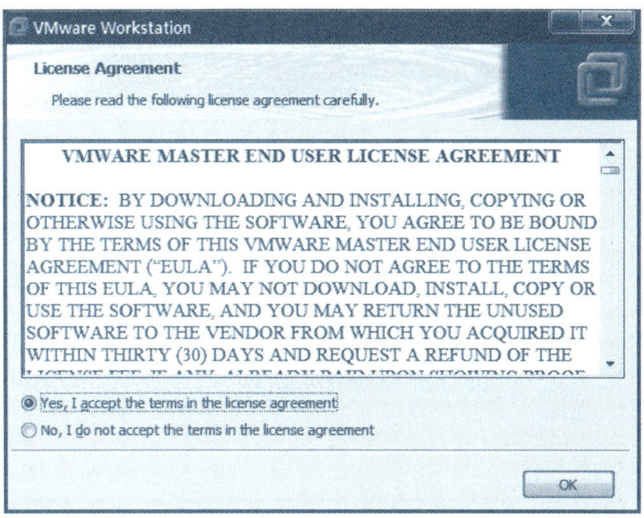

[그림 4-21] License 동의 설정

CHAPTER 04

⑬ [그림 4-22]에는 현재 Trial Version의 남은 사용일 수를 표시하는 화면이 뜬다. 여기서 "Remind Me Later"를 클릭한다.

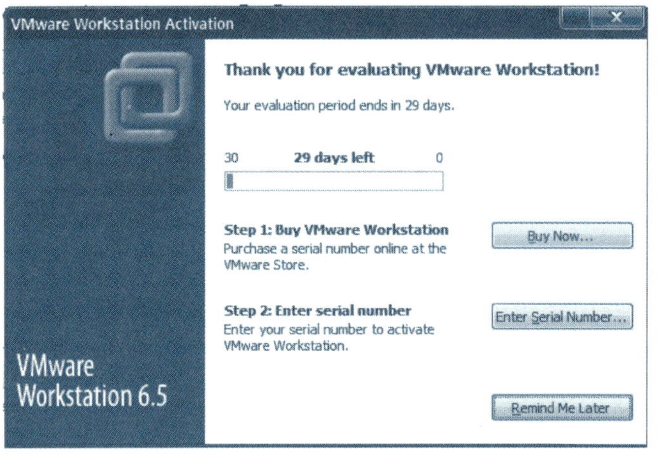

[그림 4-22] Trial Version 남은 사용일 수 표시 설정

⑭ [그림 4-23]과 같이 VMware의 메인 화면이 나타난다.

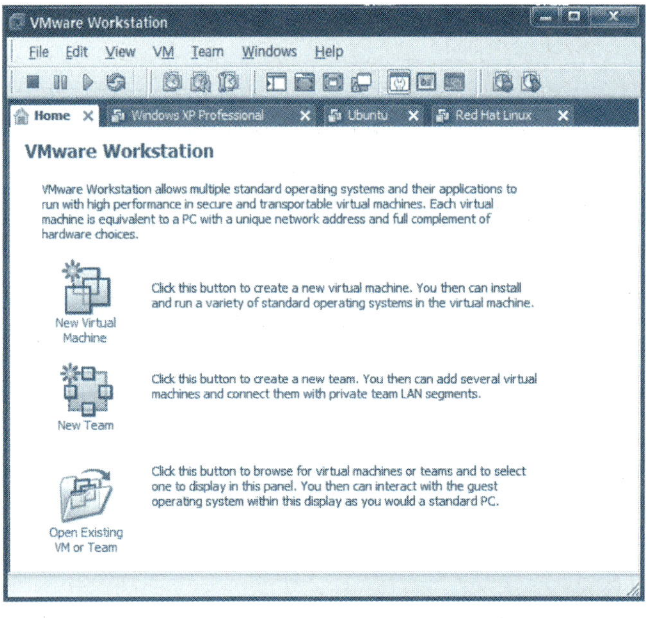

[그림 4-23] VMware 메인 화면 표시

3) 리눅스 배포판 다운로드

리눅스를 설치하기 위해서 리눅스 배포판을 다운로드받아야 한다. 이 교재에서는

Asianux open edition3를 다운로드받아서 설치하는 방법을 설명한다.

1 Asianux open edition3을 다운받기 위해서 http://www.asianux.co.kr/로 접속한다.

[그림 4-24] Asianux open edition3를 다운 접속

2 홈페이지 상단의 메뉴에서 "다운로드"를 클릭한다.

[그림 4-25] "다운로드" 클릭

3 이동한 페이지에서 "오픈프로젝트 오픈에디션"을 클릭한다.

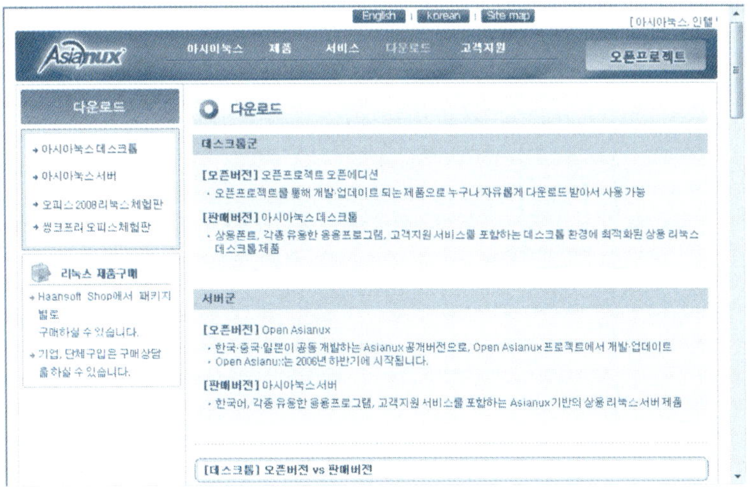

[그림 4-26] "오픈프로젝트 오픈에디션" 클릭

④ 다음에 나타나는 [그림 4-27]에서 i386 DVD 버전을 다운받는다.

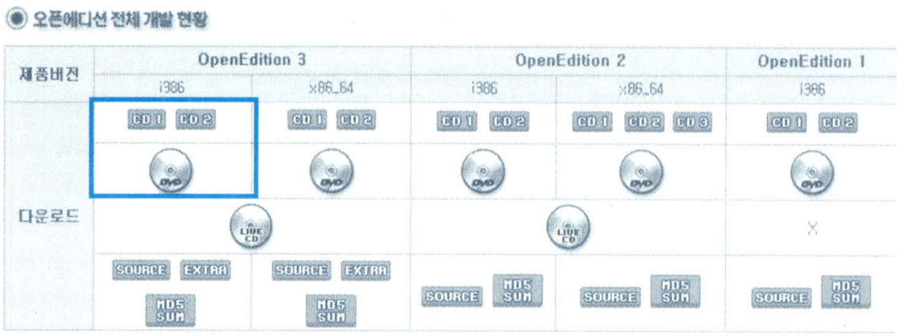

[그림 4-27] i386 DVD 버전 다운

[그림 4-27]에서 i386 DVD그림을 클릭하면 다운로드 팝업창이 뜨며 "저장"을 클릭하여 경로를 지정하고 PC에 저장한다. 저장된 파일은 ISO 파일이며 ISO 파일을 DVD에 버닝하여 다음의 리눅스 설치의 내용을 진행한다.

4) 리눅스 설치

리눅스를 설치하기 위해서 위에서 다운로드받은 Asianux open edition3 ISO 파일을 CD 또는 DVD에 버닝해야 하며 디스크에 버닝을 모두 마쳤으면 아래와 같이 리눅스 설치를 진행한다.

① VMware를 실행시키고 Asianux open edition3 DVD를 CD-ROM에 넣는다. VMware의 Home 메뉴에서 New Virtual Machine을 클릭한다.

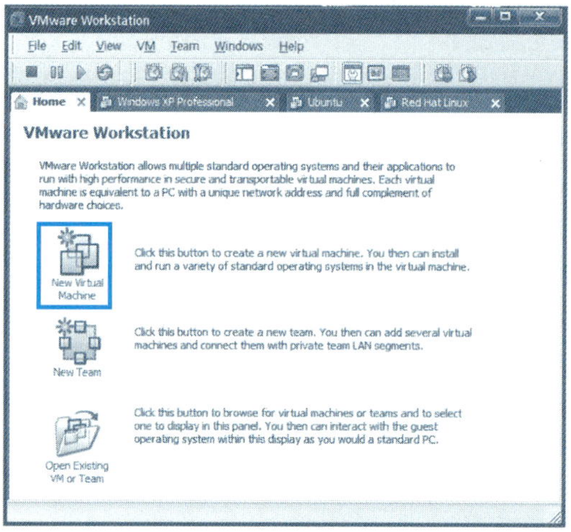

[그림 4-28] New Virtual Machine 클릭

② 다음에 나타나는 [그림 4-29]에서 “Typical”를 체크하고 “Next” 버튼을 클릭한다.

[그림 4-29] “Typical” 체크

③ [그림 4-30]에서 Asianux open edition3 DVD를 넣은 드라이브를 선택하고 “Next”를 클릭한다.

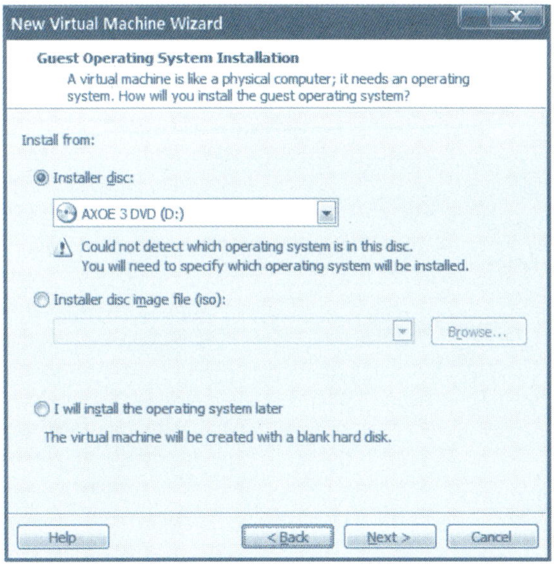

[그림 4-30] DVD 드라이브를 선택

④ [그림 4-31]에서 "Guest operating system"에서 "Linux"를 체크하고 "Version"에서 "Asianux 3"를 선택 후 "Next"를 클릭한다.

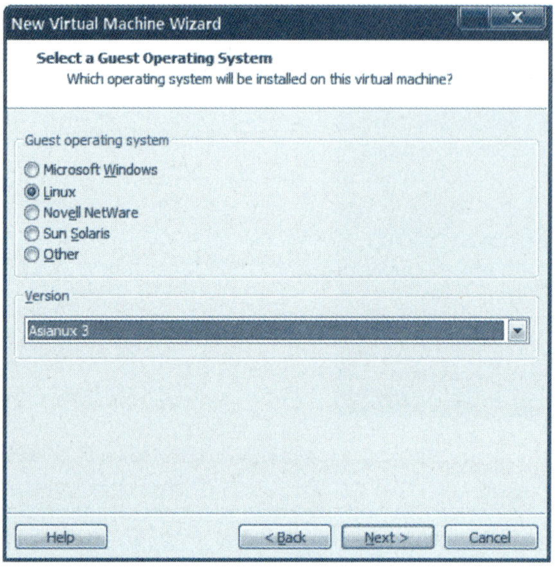

[그림 4-31] 운용체제 및 버전 설정

⑤ [그림 4-32]는 사용할 Virtual Machine의 이름과 경로를 설정하는 창으로 수정할 필요 없이 "Next"를 클릭한다.

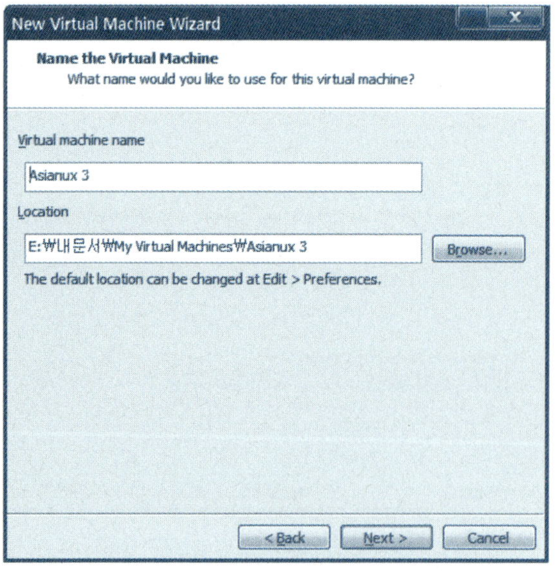

[그림 4-32] Virtual Machine의 이름과 경로설정

⑥ 다음은 설치할 Asianux open edition3에서 사용할 디스크의 용량을 지정하는 화면이다. 기본적으로 8Gbyte로 설정되어 있으며 수정없이 "Next"를 클릭한다.

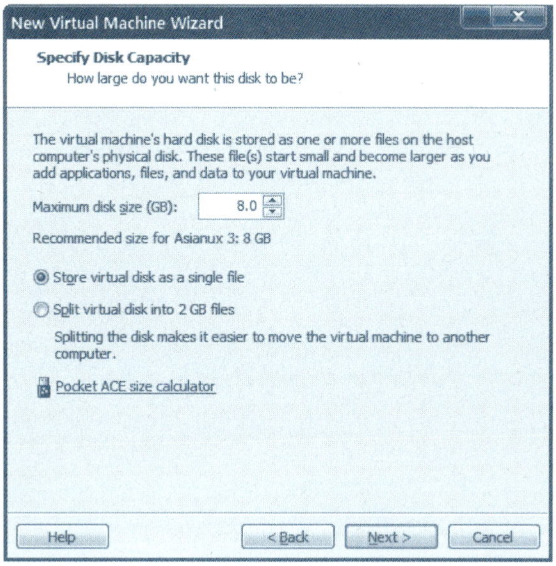

[그림 4-33] 디스크의 용량 지정

⑦ 다음으로 최종적으로 설정된 내용이 화면에 표시되며 확인 후 "Finish"를 클릭한다.

[그림 4-34] 설정된 내용 화면에 표시 확인

⑧ 리눅스를 설치하기 위하여 VMware에서 DVD의 내용을 읽어서 VMware의 화면에 디스플레이하며 [그림 4-35]와 같이 Asianux open edition3 초기 화면이 나타난다. 다음 화면에서 설치되는 모드를 설정할 수 있으며 3개의 메뉴는 Graghical mode 설치, Text mode 설치, 정보표시를 볼 수 있는 선택 메뉴이다.

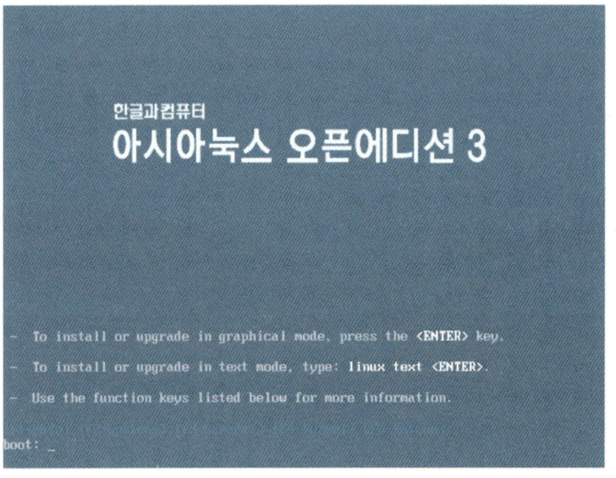

[그림 4-35] Asianux open edition3 초기 화면

⑨ Graghical mode로 설치하기 위해서 "Enter" 키를 입력한다.

* VMware 사용시에는 "Ctrl + Alt"를 입력해서 MOUSE를 VMware에서 나오게 할 수 있다.

⑩ Graghcal mode의 설치를 하기 위한 초기 화면이 나타난다. "Next"를 클릭한다.

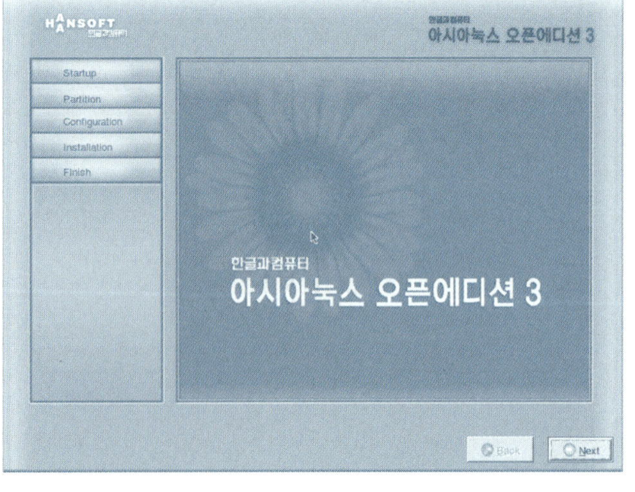

[그림 4-36] Graghcal mode의 설치 초기 화면

⑪ 다음은 언어 설정창으로 "Korean(한국어)"를 선택하고 "Next"를 클릭한다.

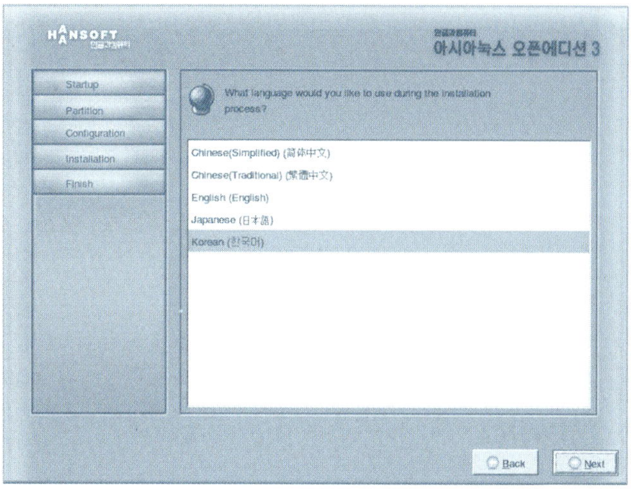

[그림 4-37] 언어 설정창

⑫ [그림 4-38]은 키보드 언어 설정창으로 "U.S. 영어"를 선택하고 "Next"를 클릭한다.

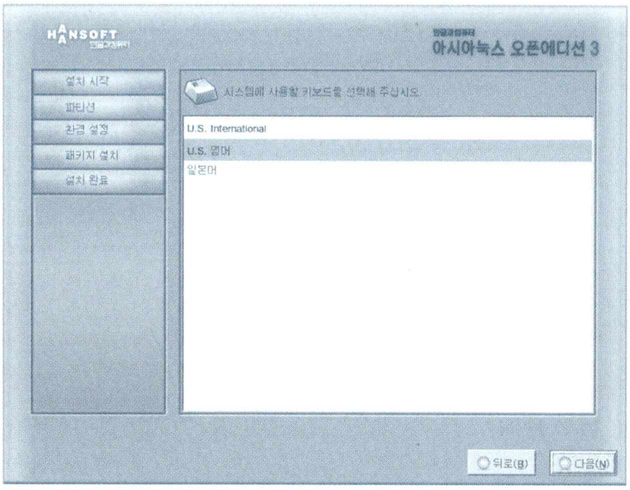

[그림 4-38] 키보드 언어 설정창

⑬ 다음에 뜨는 경고창은 Virtual Machine을 사용하므로 Window 환경의 파티션 정보가 정상적으로 인식이 되지 않아 나오는 경고창으로 "예"를 클릭한다.

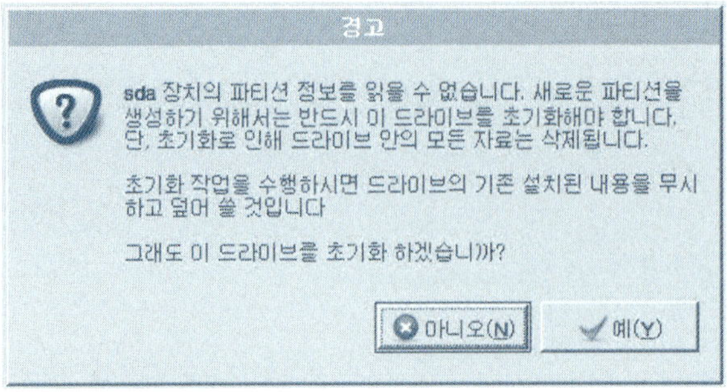

[그림 4-39] 경고창으로 "예" 클릭

⑭ 다음은 리눅스를 설치할 드라이브를 선택하는 창이다. [그림 4-40]과 같이 설정한 후에 "다음"을 클릭한다.

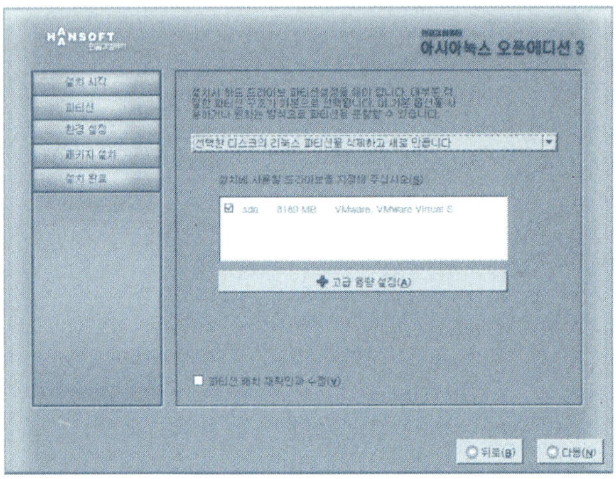

[그림 4-40] 리눅스 설치할 드라이브 선택창

⑮ 다음은 파티션을 새로 설정하여 디스크의 모든 내용이 지워진다는 경고창으로 VMware에서 할당된 디스크의 내용에만 영향을 미치므로 이전에 사용하던 데이터에는 영향을 미치지 않는다. 다음으로 진행하기 위해서 "예"를 클릭한다.

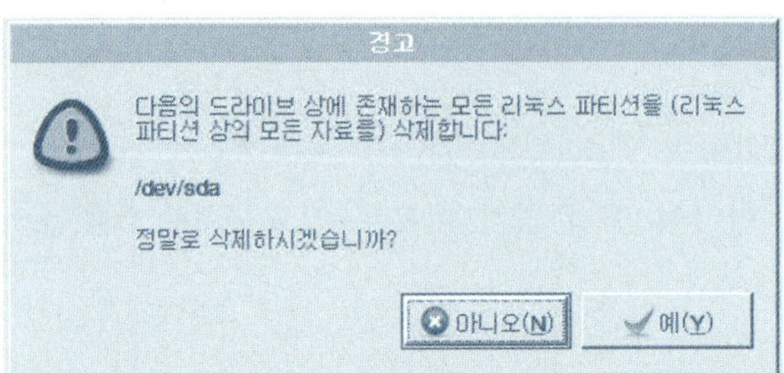

[그림 4-41] 디스크 모든 내용이 지워진다는 경고창

⑯ [그림 4-42]는 네트워크 장치를 설정하는 내용으로 별다른 수정없이 "다음"을 클릭한다.

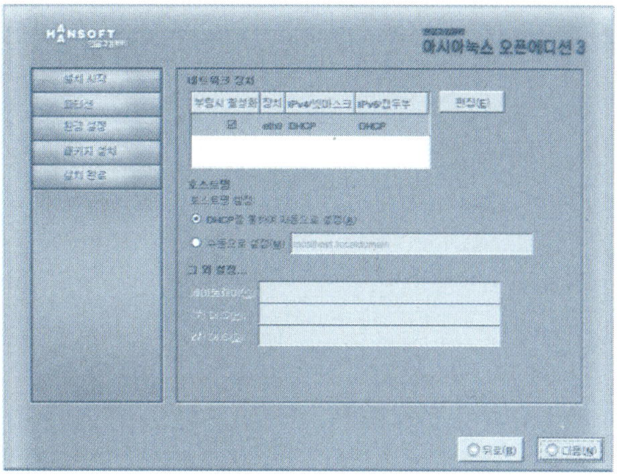

[그림 4-42] 네트워크 장치를 설정

⑰ [그림 4-43]은 시간대를 설정하는 화면이다. "아시아/서울"을 선택하고 "다음"을 클릭한다.

[그림 4-43] 시간대 설정 화면

⑱ [그림 4-44]는 리눅스를 사용할 때 입력할 암호를 설정하는 창이다. 여기서 설정하는 암호는 리눅스를 사용할 때 꼭 입력해야 하므로 기억해야 한다. 암호를 입력하고 "다음"을 클릭한다.

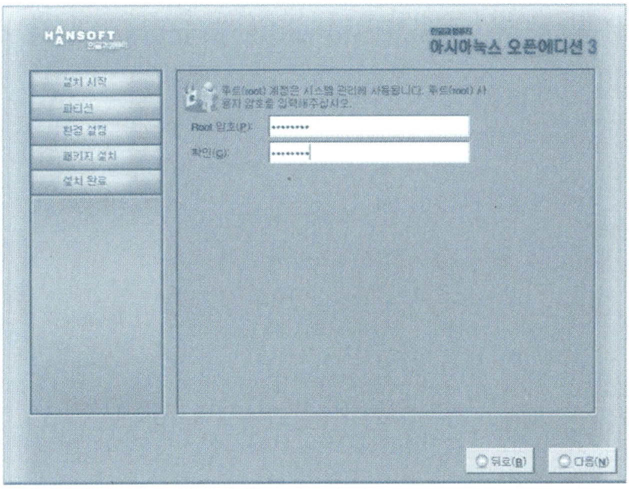

[그림 4-44] 암호 설정 창

⑲ 다음은 패키지 설치 내용을 설정하는 부분이다. 여기서는 메탈 파이터의 개발을 위하여 사용하기 때문에 "전체 설치"를 선택하여 "다음"을 클릭한다.

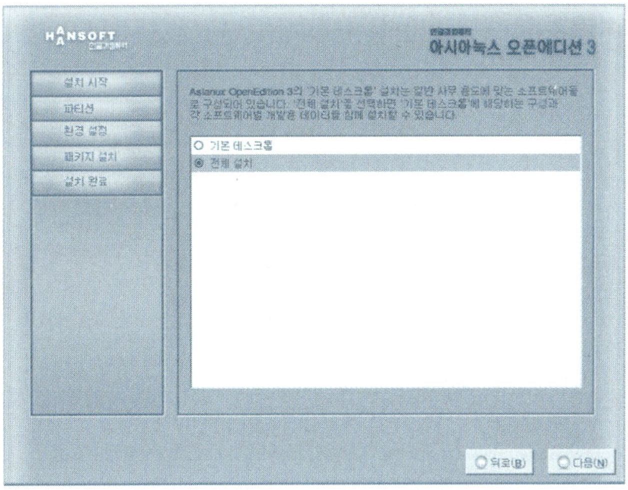

[그림 4-45] 패키지 설치 내용 설정

⑳ 리눅스 설치를 시작하는 [그림 4-46]에 나타난다. “다음”을 클릭하면 설치가 시작된다.

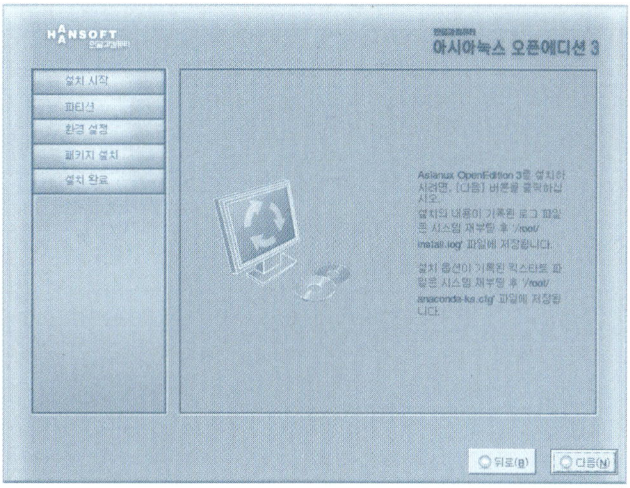

[그림 4-46] 리눅스 설치 시작 화면

㉑ 리눅스의 설치가 진행된다. 리눅스 설치는 컴퓨터 사양에 따라 수십 분이 소요된다.

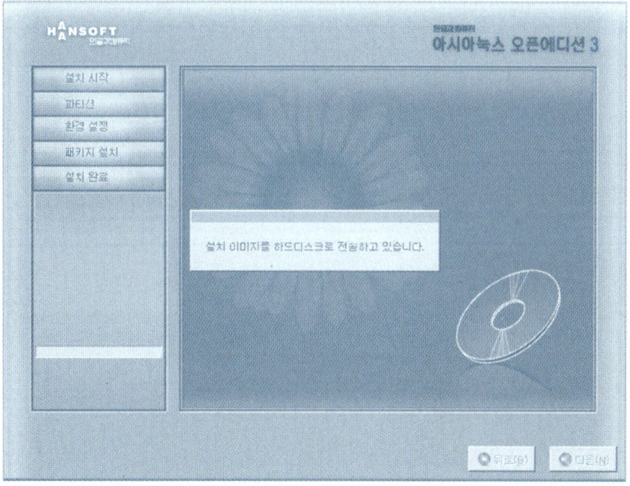

[그림 4-47] 리눅스 설치 진행

CHAPTER 04

㉒ 리눅스의 설치가 완료되면 "재부팅"을 눌러서 VMware의 리눅스를 재부팅한다.

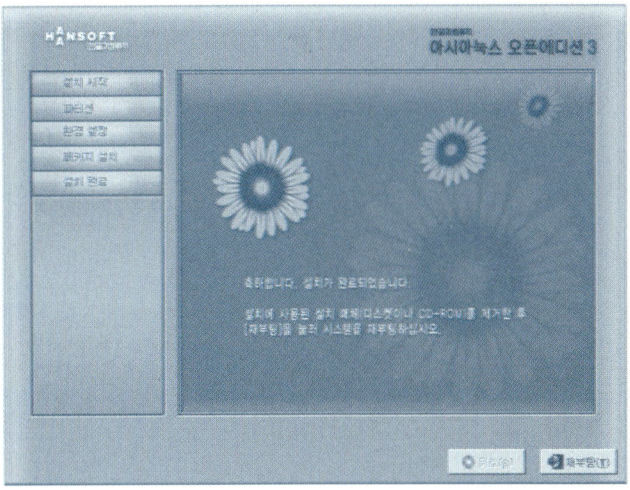

[그림 4-48] 리눅스의 설치 완료 재부팅

㉓ 재부팅이 완료되면 사용자 이름에 "root"를 입력하고 비밀번호에 리눅스 설치시 입력한 암호를 입력하면 리눅스 부팅이 완료되는 것을 볼 수 있다.

[그림 4-49] 리눅스 부팅 완료

1-3 디버깅 보드 연결

디버깅 보드(Debuging Board)는 디버그(Debug)를 위한 시리얼(Serial) 케이블과 USB에서 이더넷 (Ethernet)으로 연결하는 것을 위한 USB 포트가 기본으로 구성되어 있다.

[그림 4-50] 시리얼 케이블과 USB에서 이더넷 연결

디버깅 보드를 [그림 4-50]과 같이 연결한다. USB 슬레이브(slave)는 USB to Ethernet을 사용하기 위한 포트로 사용되며 호스트(Host) PC의 USB 포트와 연결한다. 디버그 시리얼(Debug serial)은 PC의 시리얼(Serial) 포트와 연결하며, PC에 시리얼 포트가 없을 경우에는 USB to Serial을 사용하여도 무방하다.

1-4 메탈 파이터 연결

메탈 파이터는 디버깅 및 파일 전송을 위한 이더넷(Ethernet)을 사용하기 위해서 일반적으로 핸드폰에서 사용하는 표준 24핀 포트를 사용한다. 메탈 파이터의 디버깅 케이블 포트 위치는 LCD 뒤쪽 좌측 가슴에 위치하고 있으며 이를 디버깅 보드와 디버그(Debug) 케이블을 이용해서 연결한다.

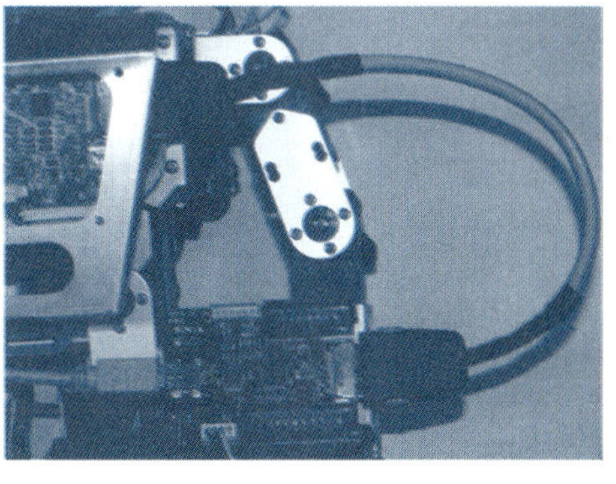

[그림 4-51] 디버깅 보드와 디버그 케이블 연결

주의 메탈 파이터와 디버깅 보드가 연결되어 있을 때에는 메탈 파이터의 왼쪽 팔을 제어할 때 디버깅 케이블에 무리가 갈 수 있으므로 주의해서 제어하도록 한다.

1-5 전원 연결

메탈 파이터는 5V DC의 전원을 사용한다. 메탈 파이터의 후면에 위치한 DC 5V전원 포트를 통하여 메탈 파이터의 구동 및 충전을 할 수 있다.

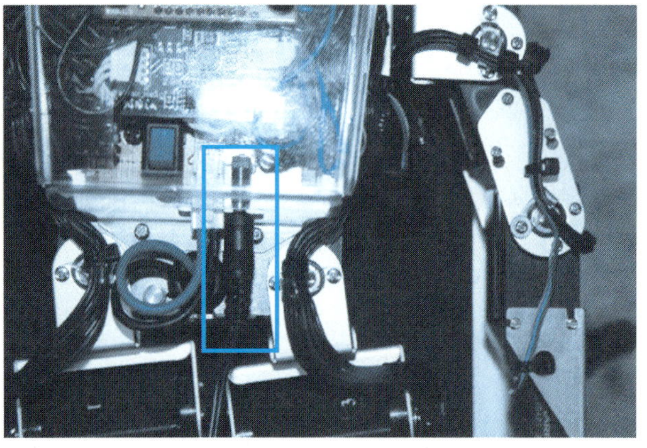

[그림 4-52] DC 5V전원 포트 통하여 메탈 파이터의 구동 및 충전

배터리의 충전 상태는 메탈 파이터의 후면에 위치한 10개의 배터리 체커 LED로 할 수 있다. 배터리 체커 LED에 붉은색 LED가 점등되면 DC 5V 어댑터를 연결하여 메탈 파이터를 충전하도록 한다.

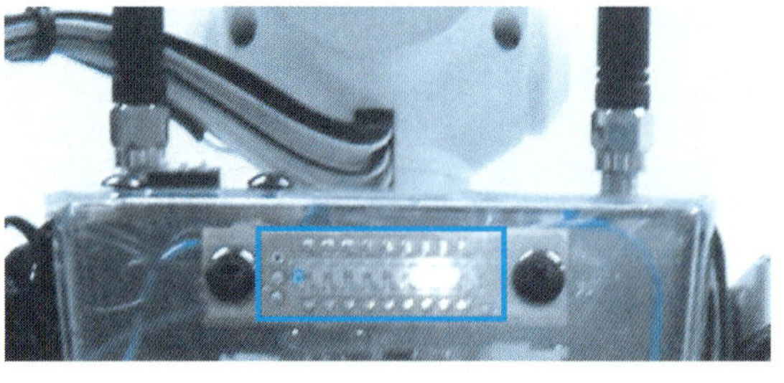

[그림 4-53] 10개 배터리 체커 LED

1-6 제어 모드 스위치 설정

메탈 파이터는 2가지의 모드로 제어가 가능하다.

하나는 리모콘을 이용한 메탈 파이터의 제어와 다른 하나는 PXA320을 통한 메탈 파이터의 제어이다. 메탈 파이터의 후면 위쪽에 있는 DIP 스위치를 이용하여 2가지 모드를 선택할 수 있도록 구성되어 있다. 모드를 설정하는 DIP 스위치의 위치와 설정 위치에 따른 모드는 [그림 4-54]와 같다.

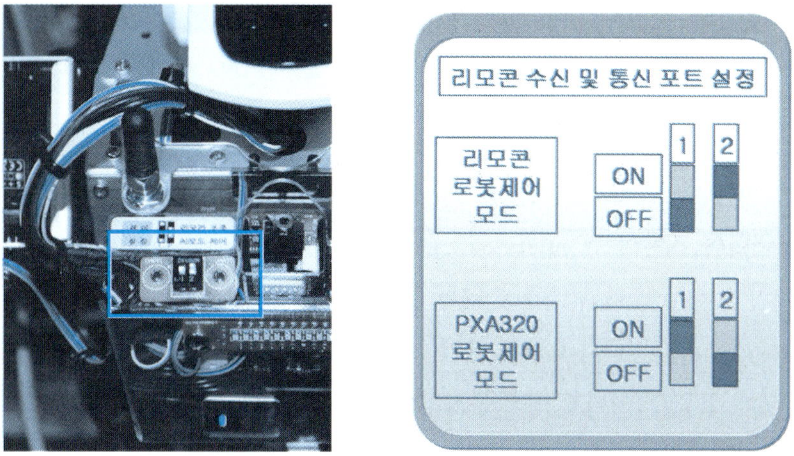

[그림 4-54] 모드 설정하는 DIP 스위치의 위치와 설정 위치

위의 모드 설정에 따라 리모콘 또는 임베디드 보드에서의 메탈 파이터의 제어가 제한되므로 원하는 모드에 따라 DIP스위치를 변경하여 사용해야 한다.

1-7 BSP 이미지 Host PC 복사

BSP는 CD 또는 ISO 이미지로 제공이 된다. 이를 리눅스(Linux) 환경에서 사용하기 위해서는 BSP를 리눅스 환경에 셋팅해야 한다.

CD-ROM 또는 ISO 이미지를 그대로 사용할 경우 사용할 때마다 마운트를 해줘야 하므로 여기서는 이미지를 호스트 PC에 복사해서 사용하는 방법을 설명한다.

1) CD-ROM 사용시

① 터미널창을 열고 "mount /dev/cdrom /mnt/cdrom"으로 CD-ROM을 /mnt/cdrom으로

마운트한다(마운트하기 전에 /mnt/cdrom이란 폴더가 없으면 생성한다).

② "cd /mnt"로 CD-ROM이 마운트되어 있는 /mnt로 이동한다.

③ "cp -r cdrom /root/"으로 /mnt/cdrom의 내용을 /root/에 복사한다.

④ "ls /root/cdrom/"으로 복사한 내용을 확인한다.

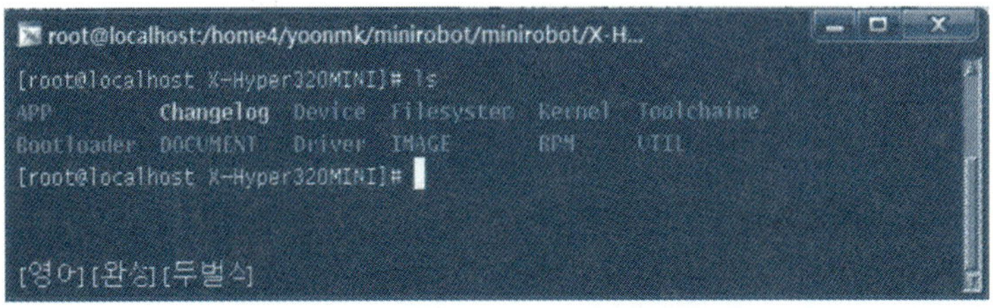

[그림 4-55] "ls /root/cdrom/" 복사한 내용 확인

복사한 디렉토리에 위의 내용이 있는지 확인한다.

2) ISO 이미지 사용시

① 터미널창을 열고 "mount -t iso 9660 -o loop [iso 파일명] /mnt/BSP"로 iso 이미지를 /mnt/BSP로 마운트한다(마운트하기 전에 /mnt/BSP란 폴더가 없으면 생성한다).

② "cd /mnt"로 ISO 이미지가 마운트되어 있는 /mnt로 이동한다.

③ "cp -r BSP /root/"으로 /mnt/BSP의 내용을 /root/에 복사한다.

④ "ls /root/BSP/"으로 복사한 내용을 확인한다.

[그림 4-56] "ls /root/BSP/"으로 복사한 내용 확인

복사한 디렉토리에 위의 내용이 있는지 확인한다.

BSP를 호스트 PC에 복사를 완료하였다면 이후의 내용은 CD 또는 ISO 이미지가 없어도 컴파일 및 테스트가 가능하므로 BSP를 호스트 PC에 복사하여 사용하는 것을 권장한다.

1-8 시리얼 설정

1) 리눅스를 위한 미니컴 설정(minicom setting for linux)

① 리눅스의 터미널창에서 minicom -s로 설정창을 띄운다.

[그림 4-57] minicom –s 입력

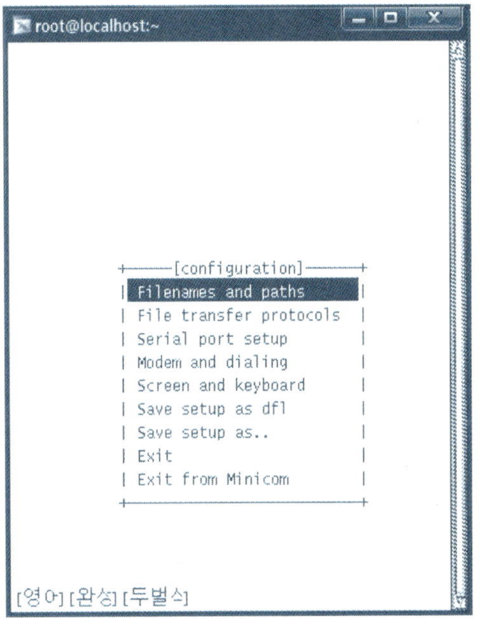

[그림 4-58] 미니컴 설정창

② "Serial port setup"에서 Bps 115200 8N1, Hardware Flow Control : NO로 세팅한다.

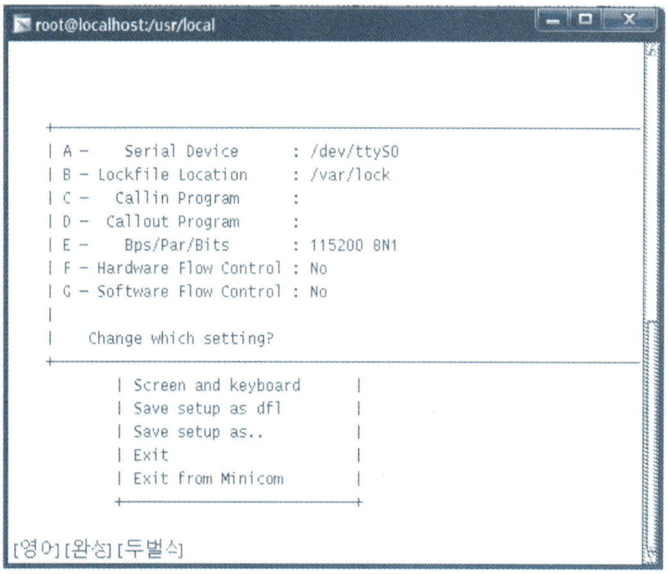

[그림 4-59] "Serial port setup"에서 Bps 115200 8N1, Hardware Flow Control : NO 설정

* Serial Device에서 /dev/ttyS0는 COM1, /dev/ttyS1은 COM2이다. USB to Serial을 사용할 경우 /dev/ttyUSB0로 시작된다.

③ 설정이 모두 끝났으면 "Save setup as dfl"를 선택하여 저장하고 종료한 후에 다시 minicom을 실행한다.

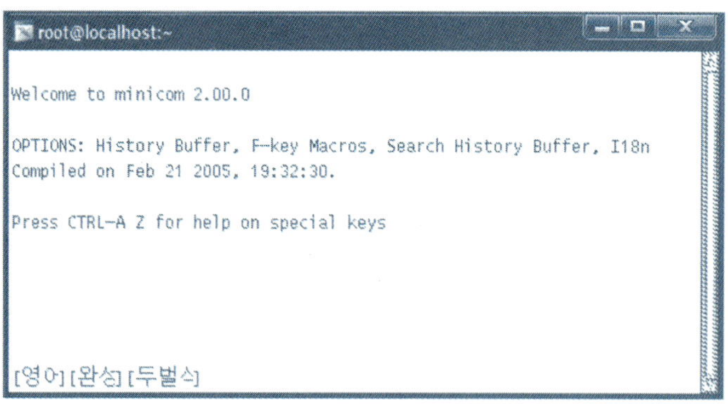

[그림 4-60] 다시 minicom을 실행(설정 완료 후)

02 부트로더

2-1 툴 체인 설치

1) 크로스 컴파일러란?

대부분의 프로그래머들은 PC라는 동일한 환경에서 프로그램을 작성한다. PC에서 프로그램을 짜고 컴파일하고, 실행 파일을 PC에서 수행을 한다. 이렇게 동일한 환경에서 동작되는 컴파일러와 이 컴파일러에서 생성된 실행 파일을 동일한 환경에서 수행한다면 이 때의 컴파일러를 네이티브(native) 컴파일러라고 한다.

이와 반대로 컴파일러가 동작하는 시스템과 컴파일러에 의해서 생성된 실행 파일이 동작하는 시스템이 다를 때 이 컴파일러를 크로스 컴파일러(cross compiler)라고 한다.

임베디드 시스템에 동작하는 프로그램을 작성한다면 당연히 크로스 컴파일러 환경을 구축해야 한다. 개발환경은 PC일 것이고 실행 파일이 동작하는 시스템은 다른 CPU 구성을 갖는 임베디드 시스템일 것이기 때문이다. 그렇다고 모든 임베디드 시스템에 동작하는 프로그램들이 크로스 컴파일 환경을 필요로 하는 것은 아니다.

PC와 같은 구조를 갖는 임베디드 리눅스 시스템을 만든다면 PC의 네이티브 컴파일러에서 만들어진 실행 파일이 그대로 수행될 수 있기 때문이다. 하지만 임베디드 시스템 대부분이 저렴한 가격대를 요구하거나, 또는 특수한 기능을 수행하는 구조를 가지기 때문에 이런 경우는 조금 드믄 편이다.

2) 크로스 컴파일러의 정의

말 그대로 툴들을 모아 놓은 것이다. 여기서 말하는 툴은 개발 툴이다. 개발에 필요한 컴파일러(Compiler), 각종 디버거(Debugger), 라이브러리(Library), 유틸리티(Utility) 등을 모아 놓았다는 뜻이다. 가장 중요한 것은 gcc 컴파일러이다.

또한 gcc 사용하기 위해 필요한 binutils도 포함이 된다. binutils는 바이너리를 다루는데 사용된다. 이 툴로는 C 라이브러리를 사용하는 것을 제외한 나머지 대부분의 커널을 컴파일할 수 있다.

3) 툴체인의 설치과정

① 호스트 PC 리눅스를 부팅한 후 터미널을 열어 "/usr/local/" 폴더에 "arm-linux-4.1.1.tar"을 복사하고 "tar zxvf arm-linux-4.1.1.tar"을 실행해 압축을 해제한다.

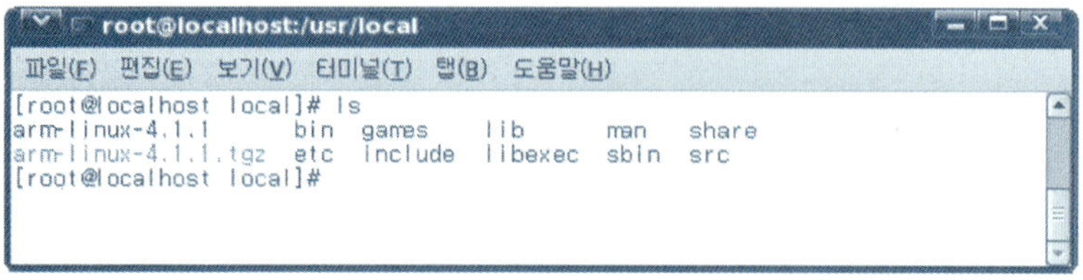

[그림 4-61] "tar zxvf arm-linux-4.1.1.tar" 압축해제

② "/usr/local/arm-linux-4.1.1/bin" 폴더 내용을 확인한다.

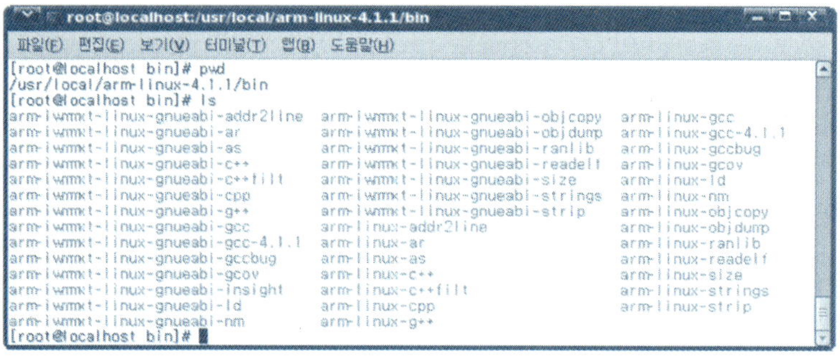

[그림 4-62] "/usr/local/arm-linux-4.1.1/bin" 폴더 내용 확인

③ "/root/.bash_profile" 내용을 vi를 이용해 "PATH=$PATH:$HOME/bin" 뒤에 조금 전 폴더의 위치인 ":/usr/local/arm-linux-4.1.1/bin/"을 추가한다.

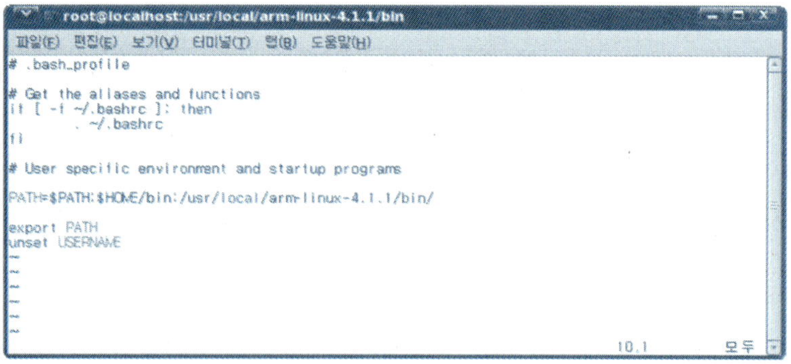

[그림 4-63] ":/usr/local/arm-linux-4.1.1/bin/" 추가

④ "/root/.bash-profile" 파일에서 PATH를 수정한 후 수정된 내용을 "source /root/.bash_profile"로 적용시켜 준다.

[그림 4-64] "source /root/. bash_profile" 적용

⑤ [그림 4-65]와 같이 PATH가 적용된 것을 확인할 수 있다.

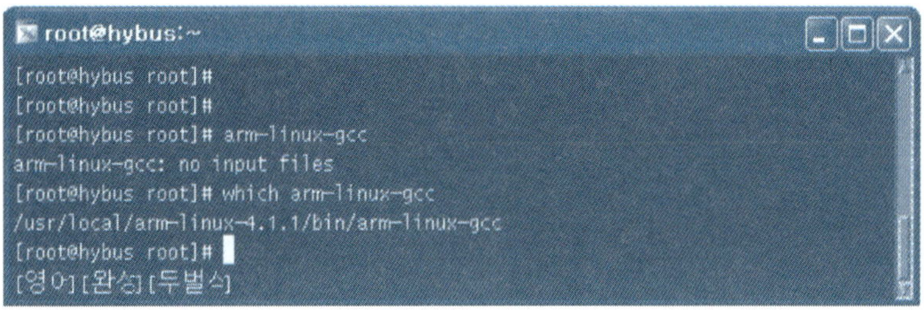

[그림 4-65] PATH가 적용 확인

2-2 부트로더 컴파일

1) 부트로더 빌딩(Bootloader Building)

일반적으로 임베디드 시스템(Embedded System)에서는 일반 PC와는 달리 CMOS와 같이 여러 가지 용도로 사용되는 BIOS가 쓰이지 않는다. 대신에 부트로더가 이 기능을 대신한다. 부트로더가 H/W(MPU, SDRAM, FLASH, UART, GPIO) 등을 초기화한다.

2) 부트로더 기능

부트로더의 주요 기능에 대해 설명한다.

- 부트로더에서 하드웨어에 대한 초기화(CPU speed, 메모리 타이밍, 인터럽트, UART, GPIO)를 한다.
- 부트로더의 가장 중요한 기능인 리눅스를 부팅할 수 있게 해주는 기능
- 커널 이미지를 SDRAM에 저장한 후 커널 이미지의 주소로 점프하는 기능
- 이미지 다운로드
- 호스트상에서 컴파일된 커널이나 Root 이미지를 시리얼을 이용하여 SDRAM에 다운로딩이 가능하다(단, 다운로드는 이더넷을 통해서만 가능함). Ethernet tftp, bootp

- 플래시 제어

  플래시 쓰기, 삭제 기능

  플래시 lock, unlock 기능

3) 부트로더 컴파일

① 부트로더 빌드를 하기 위해 Bootloader.tgz 파일 압축을 풀면 blob, image, mobm, util 디렉토리가 나온다.

```
☞ cd Bootloader↲
☞ tar zxvf Bootloader.tgz
```

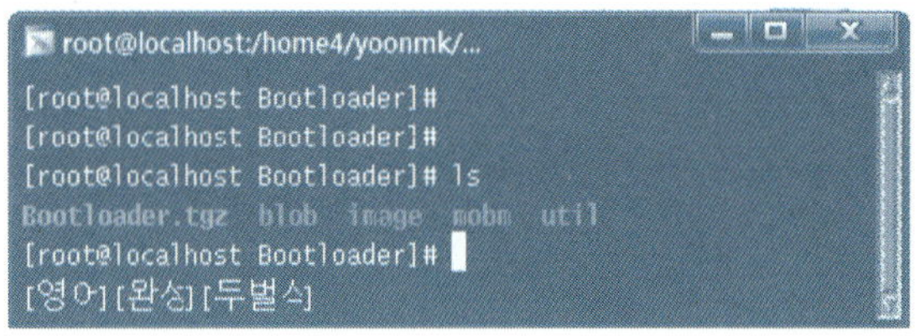

[그림 4-66] Bootloader.tgz 파일 압축 해제

② Blob 빌드 명령

```
☞ cd blob
☞ export PATH=$PATH:/usr/local/arm-linux-4.1.1/bin/
☞ ./config.sh
```

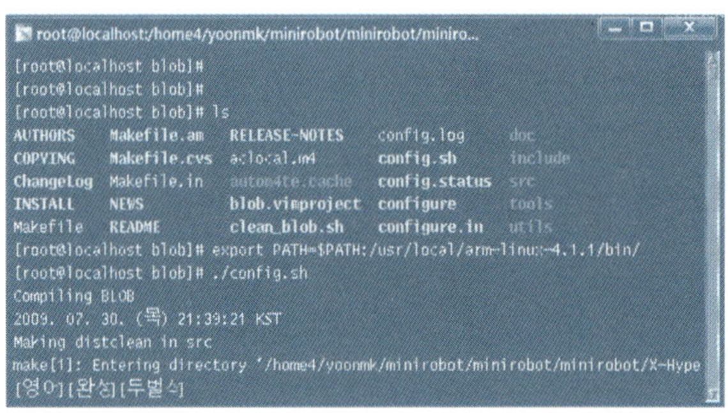

[그림 4-67] Blob 빌드 명령

③ MOBM 빌드 명령

```
☞ cd mobm
☞ export PATH=$PATH:/usr/local/arm-linux-4.1.1/bin/
☞ make
```

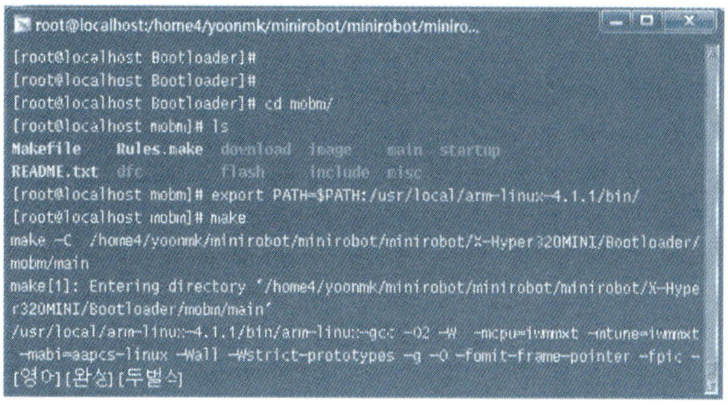

[그림 4-68] MOBM 빌드 명령

4) 부트로더 시퀀스

(1) NAND 부트 시퀀스(Boot Sequence)

최초 CPU에 전원이 인가되면 스택(stack)되어 있는 부트(Boot) ROM에 있는 부트 코드가 실행된다. 이 부트 ROM은 NAND 플래시 0번지에 있는 MOBM (OEM boot)로 이동하며 MOBM에서는 시스템 업(system up), 내부 SRAM 초기화, NAND 플래시 제어(Flash controller) 초기화 등을 하고 자기 자신과 Blob 이미지를 내부 SDRAM에 복사한 후 BLOB의 스타트업(startup) 코드로 브랜치(branch)한다.

(2) MOBM 스타트업(StartUP)

MOBM 소스는 Bootloader/mobm에 있다. 스타트업(startup) 코드는 Bootloader/mobm/startup/StartUp.S부터 시작하며 C code로 넘어와서 Bootloader/mobm/main/obm.c 파일의

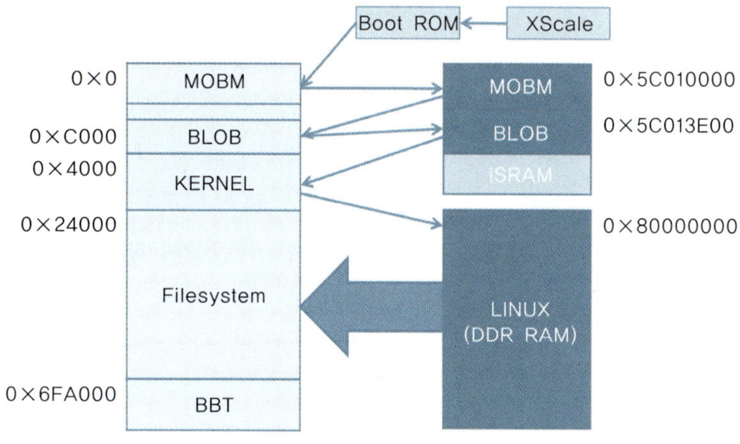

[그림 4-69] NAND부터 시퀀스와 MOBM 스타트업

CHAPTER 04

OBMBootMain() 함수로 넘어온다.

함수 마지막인 TransferControlToOSLoader()를 호출해서 BLOB으로 브랜치한다.

(3) 링크 이미지(link_image)

mobm과 blob이 컴파일이 완료되었으면 link_image util을 이용하여 하나의 바이너리로 재생성한다. 유틸 사용법은 프로젝트의 Bootloader/util 디렉토리에 mobm과 blob을 복사하고 # ./link_image -d descr_v2_lb.txt >/dev/null 2>&1를 실행하면 된다.

복사하고 커맨드를 주는 과정이 번거롭기 때문에 Bootloader/image 폴더의 mk_boot.sh 스크립트를 이용해도 된다.

#./mkboot.sh

```
☞ cd image
☞ ./mk_boot.sh
```

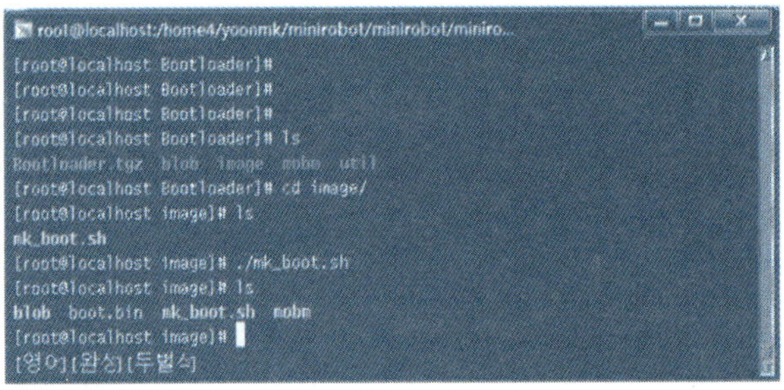

[그림 4-70] /mkboot.sh 명령으로 boot.bin 이미지 생성

./mk_boot.sh 명령으로 boot.bin 이미지가 생성이 된다. boot.bin이 부트로더 이미지이다. 이를 타킷보드의 플래시 메모리 0번지에 퓨징하면 된다.

2-3 부트로더 퓨징

메탈 파이터의 X-Hyper320MINI보드는 기본적으로 부트로더가 퓨징(fusing)되어 출시된다. [그림 4-71]과 같이 부트로더 동작 메시지가 확인되면 XDB사용부분은 패스하고 "커널" 장으로 넘어가면 된다.

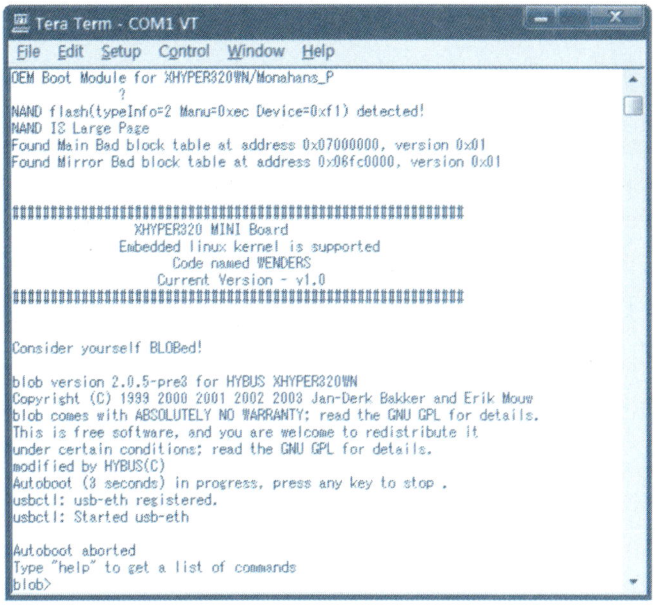

[그림 4-71] 부트로더 동작 메시지 확인 및 커널 이동

부트로더는 메탈 파이터에 기본적으로 퓨징되어 있기 때문에 부트로더를 수정할 필요는 없다. 부트로더가 퓨징되어 있는 메탈 파이터는 위의 화면과 같이 메탈 파이터 부팅시에 확인할 수 있다. 위와 같이 부팅시에 메시지가 출력되는 화면을 확인하고 부트로더의 퓨징 여부를 확인해 보도록 한다.

CHAPTER 04

03 커 널

3-1 커널 컴파일

커널(kernel)이란 운영체제의 핵심을 이루는 요소로서 컴퓨터내의 자원을 사용자 프로그램이 사용할 수 있도록 관리하는 프로그램이다. 이런 커널의 역할은 사용자가 작동시키는 응용프로그램과 하드웨어간의 조정자 역할을 맡는다. 동시에 수행되는 여러 응용프로그램들(즉, 프로세스들과 스레드들)을 위해 메모리 관리를 해주며 컴퓨터 자원을 배분하는 역할을 해 준다.

컴파일이란 컴파일러를 이용하여 프로그램 소스로부터 수행 가능한 바이너리 코드를 만드는 과정을 말한다. 리눅스 소스는 거의 대부분 C 언어로 작성되었으며 약간의 어셈블리 코딩을 가지고 있다. 다음 과정은 이 커널을 메탈 파이터에 탑재되어 있는 X-Hyper320MINI 타깃보드에 맞게 커널 환경설정을 하고 컴파일하는 것을 설명한다.

3-2 커널 구성

① BSP에 제공된 커널(Kernel) 디렉토리 아래 linux-2.6.14-mf_0702.tar 파일의 압축을 해제한 후에 압축이 해제된 폴더로 이동한다. (압축 파일의 이름은 버전에 따라 다를 수 있음)

```
☞ tar zxvf linux-2.6.14-mf_0702.tar
☞ cd linux-2.6.14-mf_0702
```

② 처음 사용시에는 "make xhyper320mini_defconfig"을 입력해서 [그림 4-72]와 같이 X-Hyper320에 대한 설정을 한다.

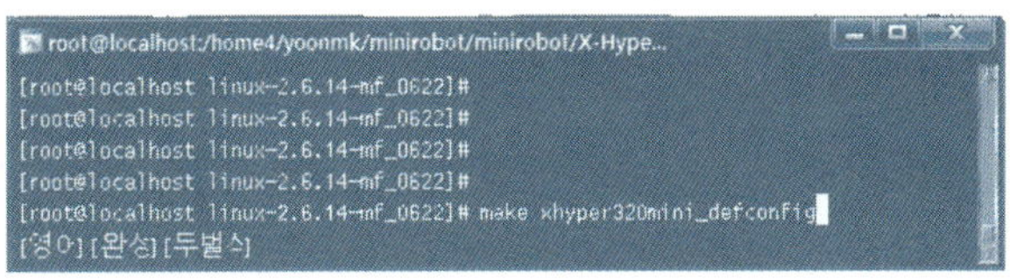

[그림 4-72] "make xhyper320mini_defconfig" 입력

커널 디렉토리 최상위 위치에서 위와 같이 명령을 내린다.

③ make xhyper320mini_defconfig은 커널을 컴파일할 때 필요한 옵션을 메탈 파이터에 탑재되어 있는 X-Hyper320에 맞추어지게 만들어 놓은 것이다.
X-Hyper320MINI 보드에 설정을 하기 위해서 "make oldconfig"이란 명령어를 입력하여 설정을 한다.

[그림 4-73] "make oldconfig" 명령어 입력

④ make xhyper320mini_defconfig이 적용되어 설정되는 세부적인 내용은 “make menuconfig” 입력하면 사용자가 직접 컴파일 옵션을 선택할 수 있는 커널 구성(kernel configuration)창으로 들어간다.

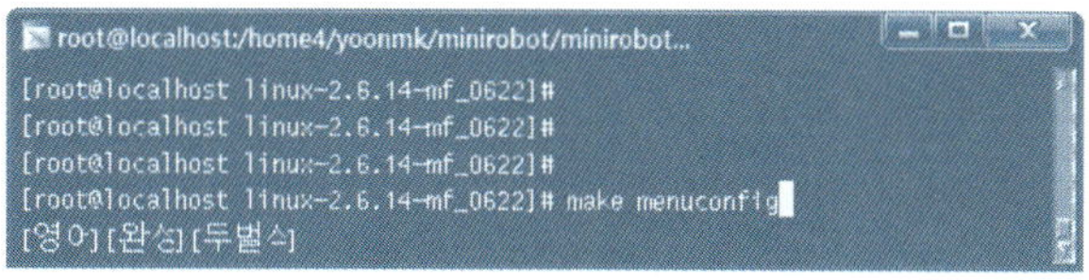

[그림 4-74] “make menuconfig” 입력

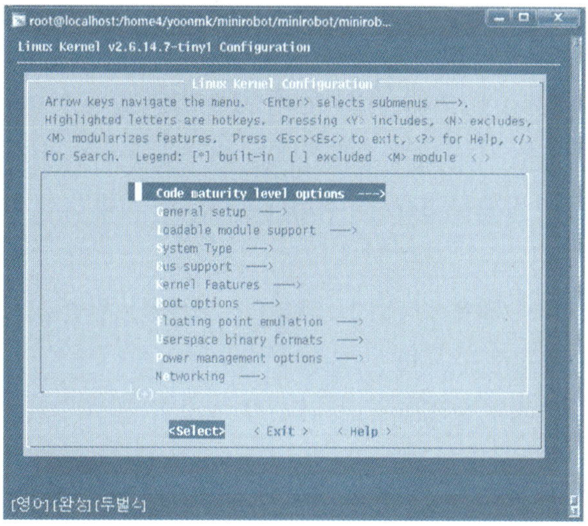

[그림 4-75] 사용자가 직접 컴파일 옵션 선택

여기서 커널을 built-in(*)을 할 것인지 Module(M) 형태로 할 것인지 등을 선택하고 컴파일하는 과정이다. 또한 메뉴를 새로 추가할 수도 있다. 이 과정에서는 처음으로 이미지를 만들기 위해서 메인 화면으로 이동 후 바로 빠져 나와 이미 기본 값으로 지정되어 있는 값들로 저장을 한다. 그러면, 기본으로 제공되는 모든 기능들이 모두 선택된 상태에서 컴파일되어 이미지를 만들 수 있다.

⑤ 다음에서 설정한 make xhyper320mini_defconfig 명령과 make oldconfig 명령으로 이미 기본적인 설정은 미리 되어 있다. 그러므로 설정된 내용을 확인하고 저장한 후에 kernel configuration창을 빠져 나오면 된다.

```
☞ make xhyper320mini_defconfig
☞ make oldconfig
☞ make menuconfig
```

1) 메뉴 방식의 화면 설정방법

메뉴 방식의 화면에서 단축 글쇠(황색 글자)와 방향키로 메뉴 사이를 옮겨 다닐 수 있다.

- "---->" 표시가 있는 곳에서 엔터키를 누르면 하위 메뉴가 열린다.
- <ESC>를 두 번 누르거나 <Exit>를 선택하면 상위 메뉴로 올라간다.
- "h" 키를 누르거나 아래의 <Help>를 선택하게 되면 도움말을 볼 수 있다.
- <Tab> 키를 누르면 컨트롤 사이를 옮겨 다닌다.
- 질문에 대해 Y는 커널에 포함, N은 제외, M은 모듈을 뜻한다.
- 설정 상태는 [ ] 또는 < > 안에 "*"(선택), "M" (모듈), 빈칸(제외)으로 표시된다.
- 모듈 기능(M)은 "< >"으로 표시된 질문에만 쓸 수 있다.

위에서 설정한 내용 외에 사용자 임의의 설정을 원한다면 커널 구성(kernel cocfiguration)창에서 설정하면 된다.

아래에 나오는 것이 메뉴 구성(menuconfig)의 최상위 옵션이다.

2) MF-AI2 보드의 커널 설정항목을 설명한다.

(1) Code maturity level options ---> ↵

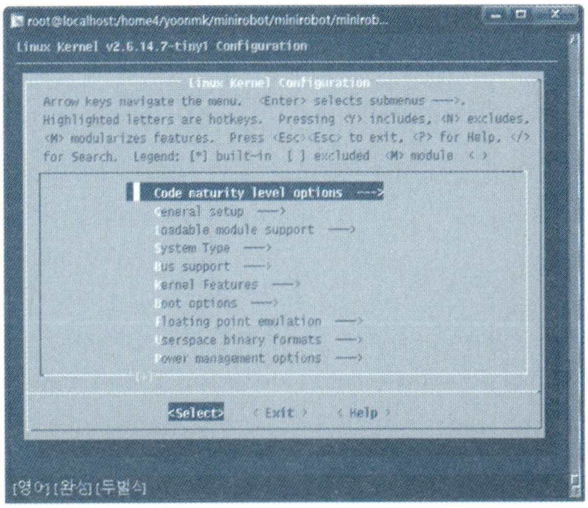

[그림 4-76] Code maturity level options 선택

[*] Promprt for development and/or incomplete Code/drivers

[*] Select only drivers expected to compile cleanly

커널 코드의 성숙도를 선택하는 부분으로 개발 버전 수준의 소스를 사용하게 선택해 주는 것이다.

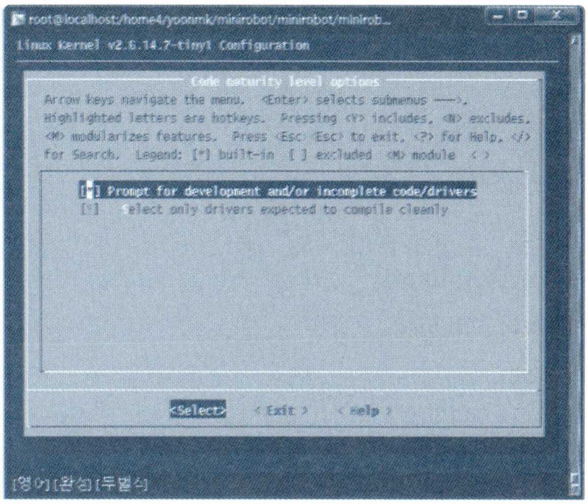

[그림 4-77] 커널 코드의 성숙도 선택

(2) General setup ---> ↵

[*] Automatically append version information to the version string

[*] Support for paging of anonymous memory (swap)

[*] System V IPC

[*] Sysctl support

[*] Configure standard kernel features (for small systems) --->

[*] Load all symbols for debugging/kksymoops

[*] Enable support for printk

[*] BUG() support

[*] Enable panic reporting cod

[*] Full panic reporting data

[*] Enable ELF core dumps

[*] Enable full-sized data structures for core

[*] Enable futex support

[*] Enable eventpoll support

[*] Enable AIO support

[*] Enable filesystem extended attribute support

[*] Enable POSIX file locking API

[*] Enable ethtool support

[*] Enable INET peer information storage

[*] Enable network socket filter

[*] Enable device multicast support

[*] Enable IGMP support

[*] Optimize for size

[*] Use full shmem filesystem

[*] Calculate CRC32 with tables

[*] Use full SLAB allocator

[*] Use mempool allocator

[*] Enable character translations in console

[*] Enable support for executable shell scripts

[*] Enable PCI quirk workarounds

이 외의 설정은 menuconfig에서 확인하도록 한다.

① 버스 프로토콜, 절전기능 등 시스템에 전반적으로 영향을 주는 설정

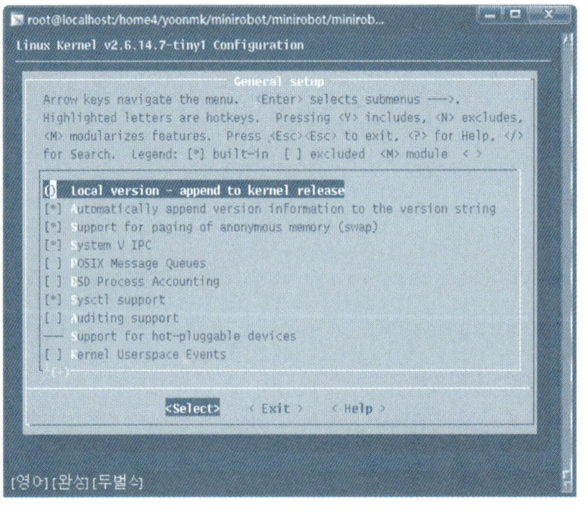

[그림 4-78] 버스 프로토콜, 절전기능 등 시스템에 전반적으로 영향 설정

(3) Loadable module support --->↵

① [*] Enable Loadable module Support↵

버전 1.2 이후부터 리눅스 커널은 모듈 기능을 이용한다.

모듈을 이용하면 자주 쓰이지 않는 장치 드라이버나 기능들을 커널 바깥에 모듈로 만들어 두었다가 필요할 때에만 동적으로 메모리에 적재하여 사용한다. 작업이 끝나면 메모리에서 다시 제거하므로 메모리를 효율적으로 사용할 수 있고, 커널 크기가 감소한다.

또한, 모듈은 스스로가 컴파일되어 독자적인 기능을 가지므로 모듈로 설정한 기능에 변화가 있더라도 전체 커널에는 손대지 않을 수도 있다. 파일시스템, 장치 드라이버, 바이너리 포맷 등 많은 기능이 모듈을 지원한다. 반드시 [*]를 선택한다.

② [*] Module unloading

③ [*] Forced module unloading

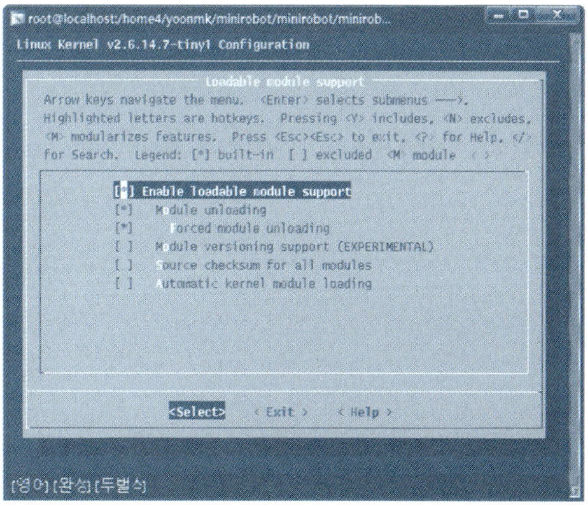

[그림 4-79] 파일시스템, 장치 드라이버, 바이너리 포맷 등 기능 모듈 지원

(4) System Type

① System Type --->↵

ARM system type (PXA2xx-based) --->↵

시스템 Type 중 X-HYPER PXA의 CPU 타입을 설정하는 창이다.

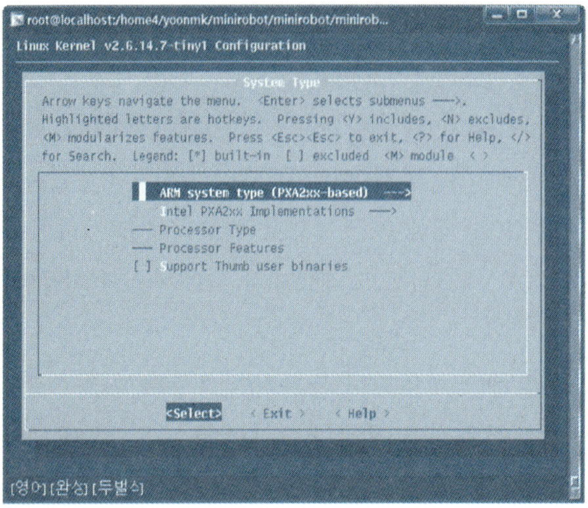

[그림 4-80] X-HYPER PXA의 CPU 타입 설정

PXA2xx-based를 선택하여 그 안의 PXA2xx-based가 기본적으로 설정되어 있는 것을 확인한다.

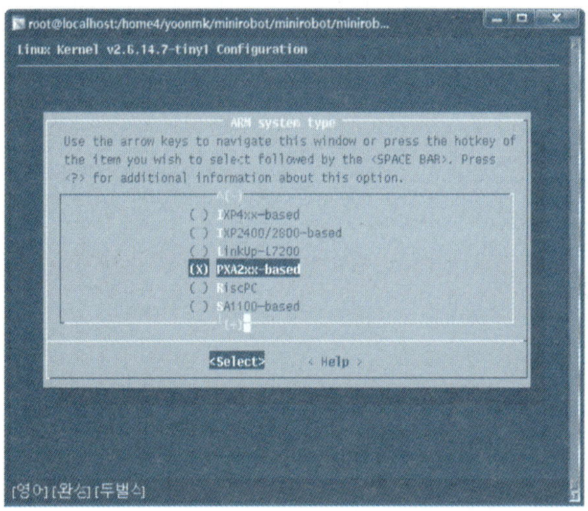

[그림 4-81] PXA2xx-based 설정 확인

② System Type --->↵

Intel PXA2xx Implementations --->↵

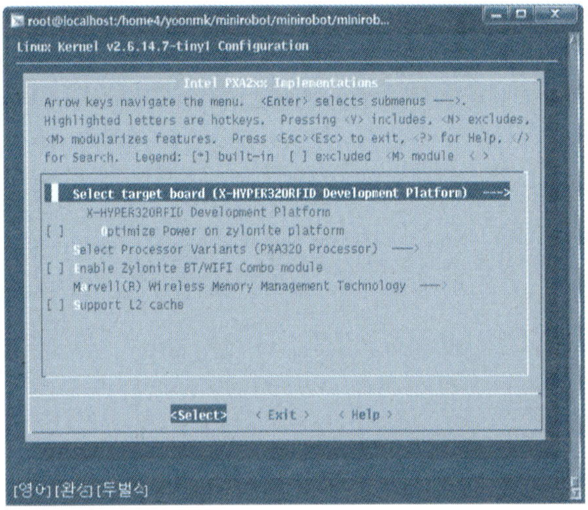

[그림 4-82] 타깃보드 선택

하위 창으로 이동하면 [그림 4-83]과 같이 X-hyper320RFID Development Platform가 선택되어 있는 것을 볼 수 있다.

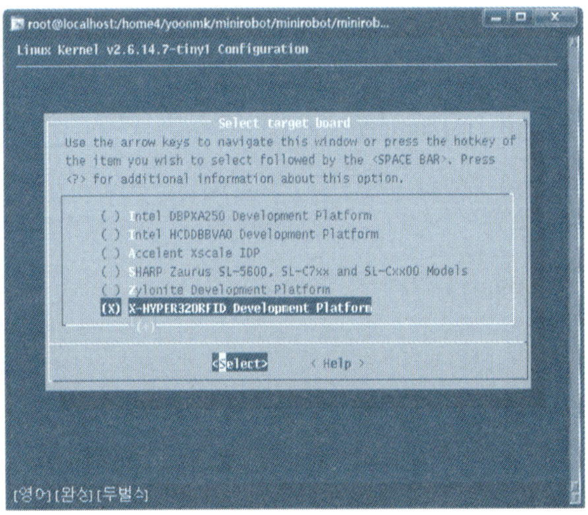

[그림 4-83] X-hyper320RFID Development Platform 선택 확인

CHAPTER 04

Select Processor Variants(PXA320 Processor) --->

PXA320 Processor 선택

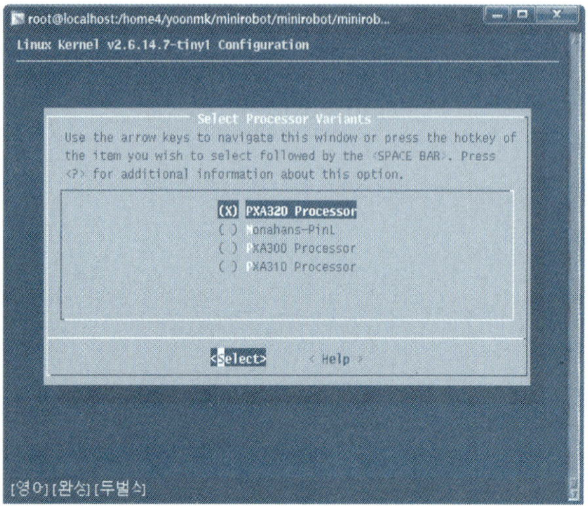

[그림 4-84] PXA320 Processor 선택

(5) Kernel Featuers --->↲

[*] Preemptible Kernel(EXPERIMENTAL)

[*] Dynamic tick timer

[*] Allow old ABI binaries to run with this kernel

[*] Use the ARM EABI to compile the kernel

Memory model (Flat Memory) --->

(X) Flat Memory

[*] Timer and CPU usage LEDs

[*] Timer LED

[*] CPU usage LED

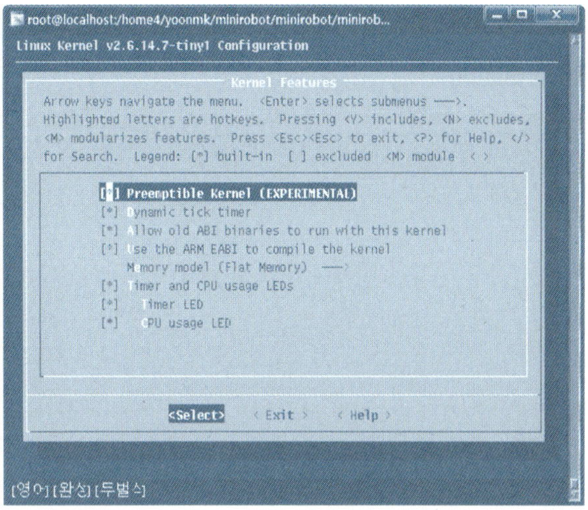

[그림 4-85] Preemptible Kernel 선택

(6) Boot options --->↲

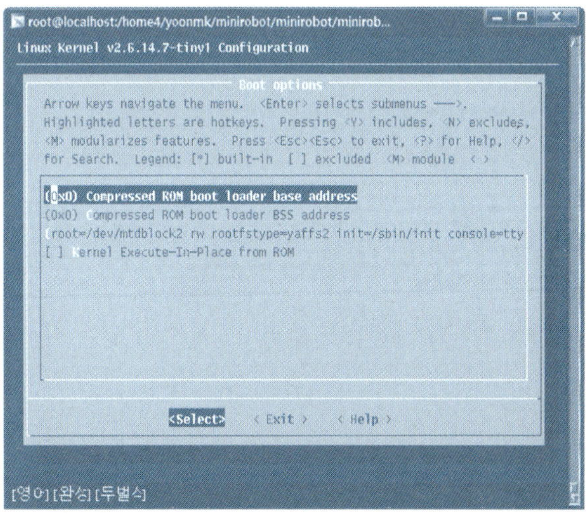

[그림 4-86] Boot options 선택

커널 커맨드를 (CONFIG_CMDLINE) 아래와 같이 한다.

(root=/dev/mtdblock2 rw rootfstype=yaffs2 init=/sbin/init console=ttyS0,115200 rw mem=128M fbcon=rotate:3)

CONFIG_CMDLINE - Kernel로 넘겨지는 기본 인자들. Console 세팅, 메모리 사이즈, Root filesystem의 종류 등을 세팅한다.

(7) Floating point emulation --->↵

[*] NWFPE math emulation

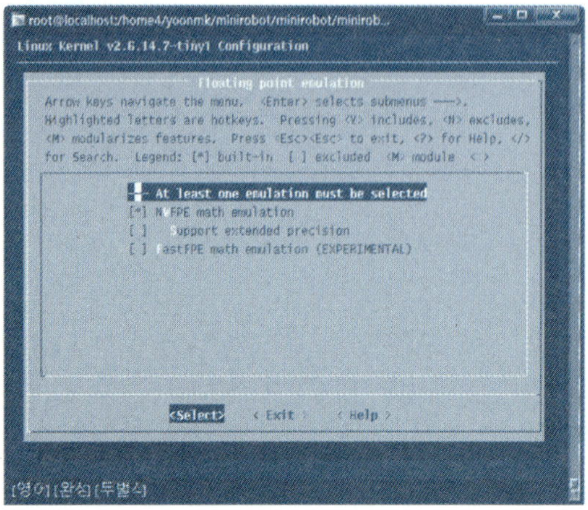

[그림 4-87] NWFPE math emulation 선택

(8) Userspace binary formats --->

[*] Kernel support for ELF binaries

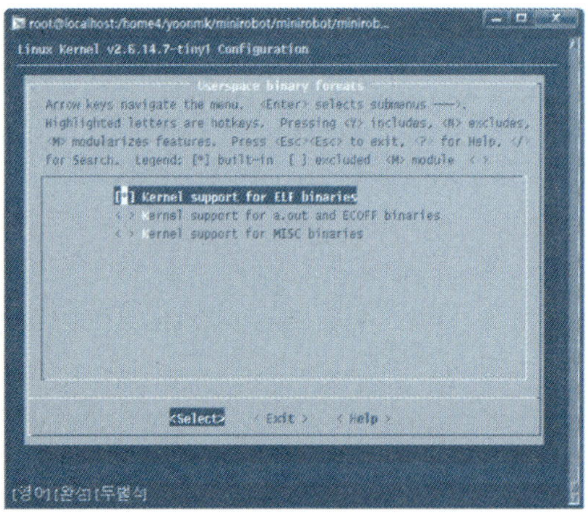

[그림 4-88] Kernel support for ELF binaries 선택

(9) Networking ---〉

[*] Networking support

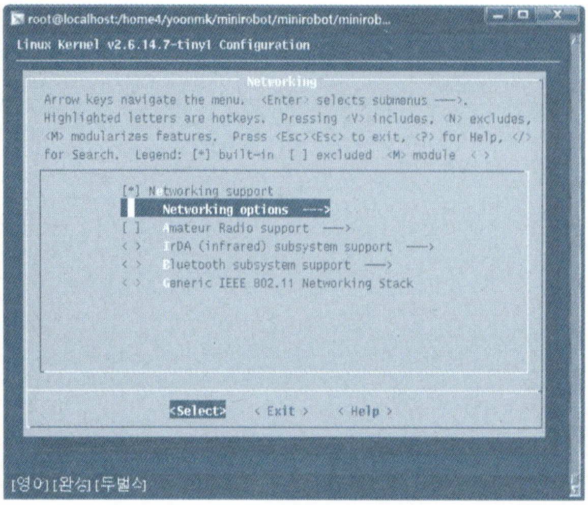

[그림 4-89] Networking support 선택

Ⓐ <*> Packet socket

Ⓑ <*> Unix domain sockets

Ⓒ [*] TCP/IP networking

리눅스 시스템이 TCP/IP 네트워크가 되게 지원해주는 기능이다. TCP/IP는 지역 네트워크 및 인터넷 표준 프로토콜이며, 인터넷을 통하지 않는 Standalone 컴퓨터라 할지라도 TCP/IP는 필요하다. term과 XWindow 같은 프로그램은 TCP/IP 프로토콜을 사용하기 때문이다.

Ⓓ [*] IP: kerneL level autoconfiguration

Ⓔ [*] IP: DHCP Support

Ⓕ [*] IP: BOOTP Support

Ⓖ [*] IP: RARP Support

Ⓗ <*> INET: socket monitoring interface

클라이언트 시스템이 부팅할 때 DHCP나 BOOTP 서버로부터 네트워크 설정 정보를 가져오는 기능이다. 디스크가 없이 부트하는 시스템에 쓰이며, "NFS를 통한 루트 파일시스템" 항목도 역시 [Y]를 선택해야 한다.

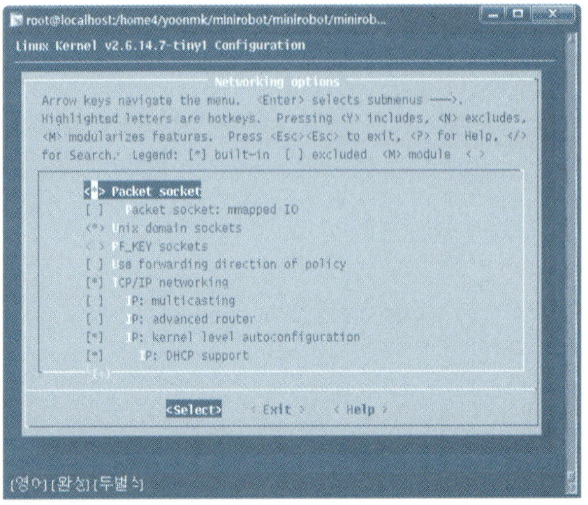

[그림 4-90] TCP/IP 네트워크 지원 기능 선택

(10) Device Drivers --->

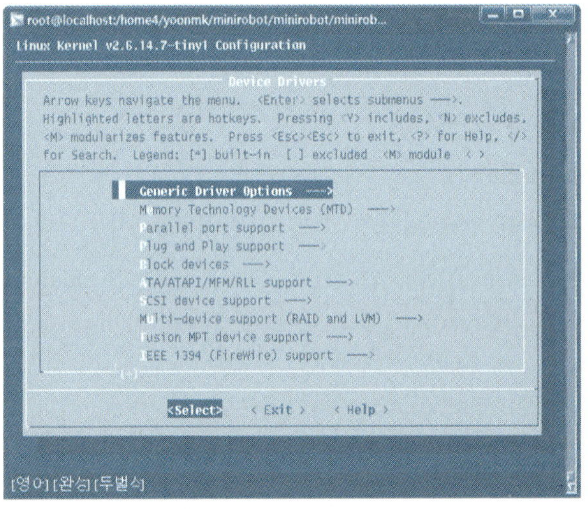

[그림 4-91] Device Drivers 선택

① Generic Driver Options --->

Hotplug firmware loading support 설정

<*> Hotplug firmware loading support

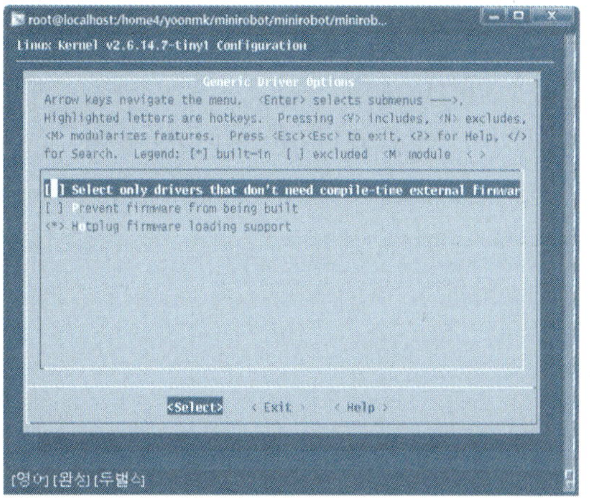

[그림 4-92] Generic Driver Options 선택

② Memory Technology Devices(MTD) --->

<*> Memory Technology Device (MTD) support

<*> MTD concatenating support

[*] MTD partitioning support

[*] Command line partition table parsing

<*> Direct char device access to MTD devices

<*> Caching block device access to MTD devices

임베디드 디바이스에서 파일시스템을 구성하는데 사용하는 플래시 메모리, RAM 그리고 그 비슷한 다른 칩셋 등 메모리 장치를 세팅한다.

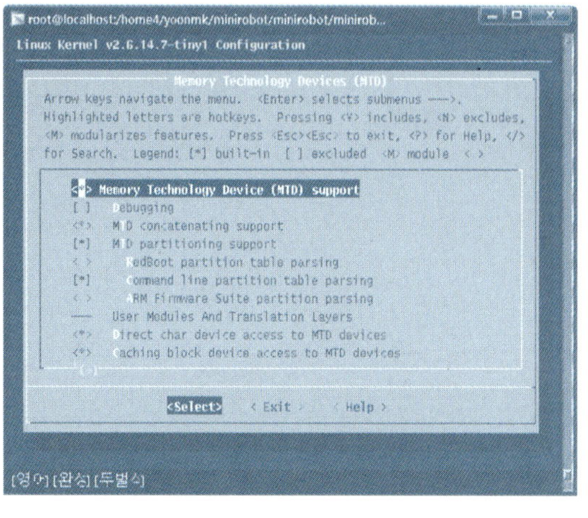

[그림 4-93] Memory Technology Devices(MTD) 선택

③ NAND Flash Device Drivers --->

<*> NAND Device Support

<*> NAND Flash device on X-HYPER320RFID board

[*] support for PXA3xx Processor NAND flash DMA operation

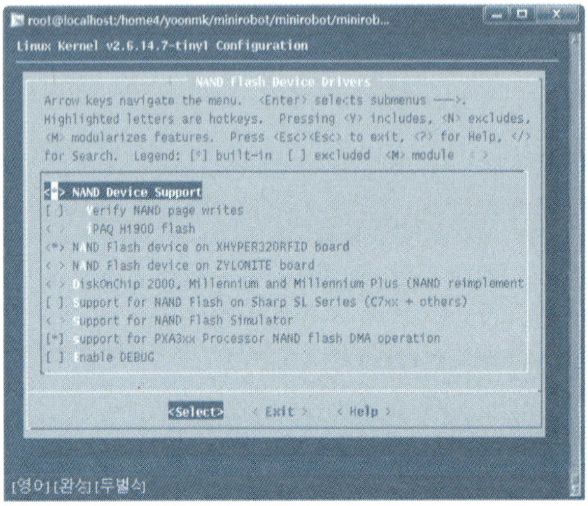

[그림 4-94] NAND Flash Device Drivers 선택

④ SCSI device support --->디스크 장치 사용을 위해 선택

[*] legacy /proc/scsi/ support

<*> SCSI disk support

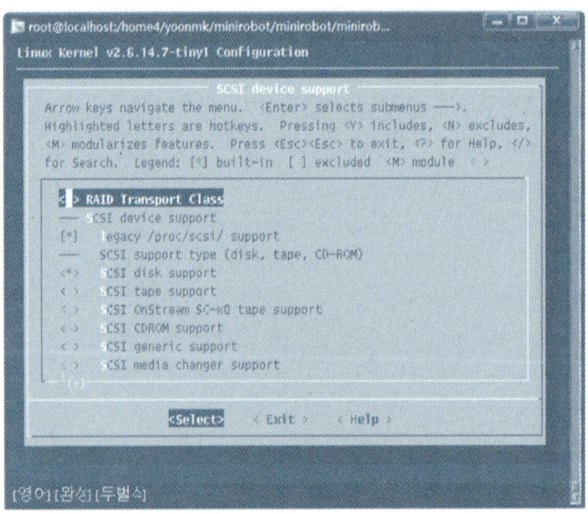

[그림 4-95] SCSI device support

5 Network device support ---> 네트워크 장치가 사용할 드라이버를 선택한다.

[*] Network device support

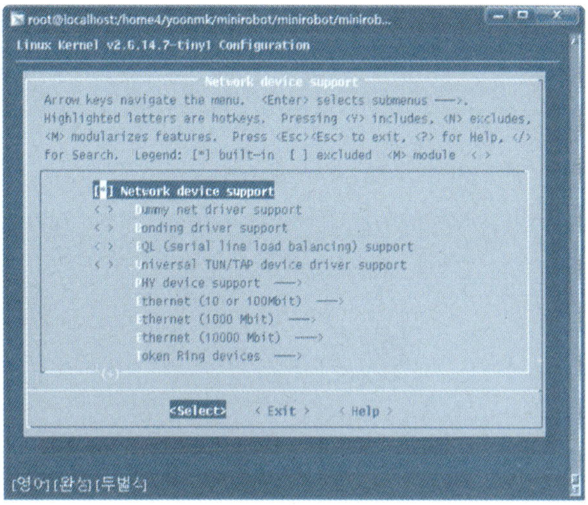

[그림 4-96] Network device support

6 Wireless LAN(non-hamradio) --->

[*] Wireless LAN drivers (non-hamradio) & Wireless Extensions

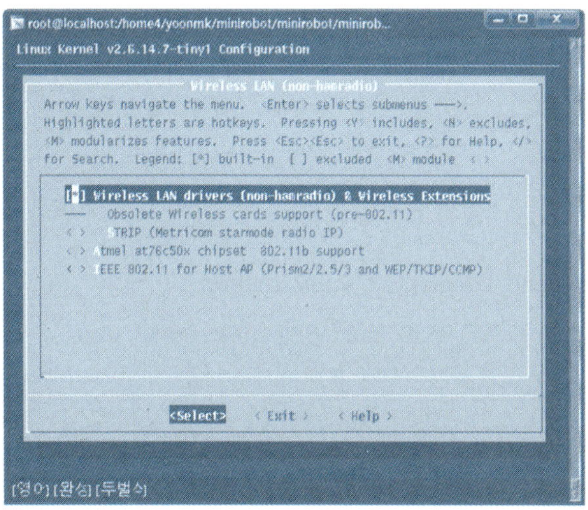

[그림 4-97] Wireless LAN 선택

7 Input device support --->

<*> Mouse interface

[*]   Provide legacy /dev/psaux device

<*>   Event interface

[*]   Mouse   --->

<*>   PS/2 mouse

[*]   Touchscreens   --->

<*>   PXA3xx Processor Touch Screen Driver

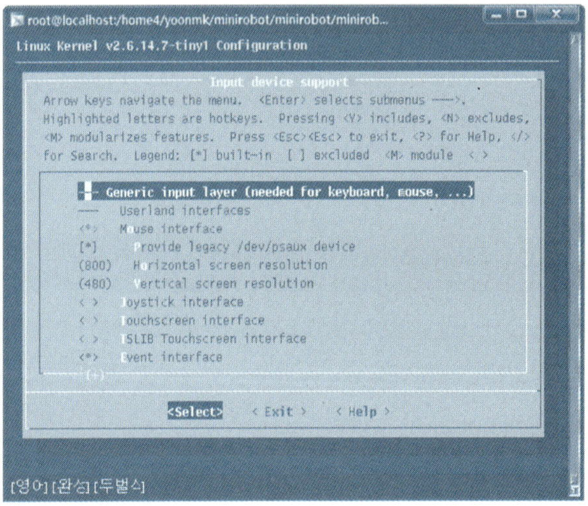

[그림 4-98] Input device support 선택

⑧ Character devices   --->

[*] Virtual terminal

Serial drivers   --->

<*> 8250/16550 and compatible serial support

[*]   Console on 8250/16550 and compatible serial port

[*] Unix98 PTY support

[*] Legacy (BSD) PTY support

<*> PXA3xx Processor 2D Graphics Controller Driver

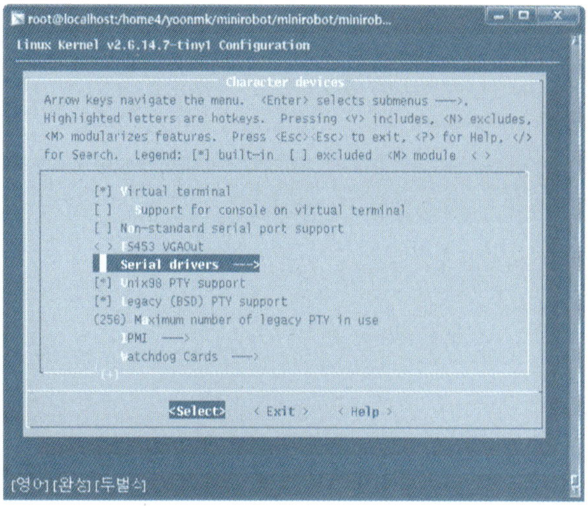

[그림 4-99] Character devices 선택

• Serial drivers

Ⓐ [*] PXA2xx/PXA3xx Processor serial port support

Ⓑ [*] Console on PXA2xx/3xx Processor serial port

직렬 포트를 시스템 콘솔로 쓸 수 있는 옵션이다(시스템 콘솔은 커널 메시지와 경고들을 받아 뿌려주고 싱글 유저 모드로 로긴할 수 있게 해주는 디바이스이다). 가령 직렬 포트 프린터 등으로 여러 메시지들을 기록할 수도 있다. 여기서 [Y]를 설정해도 커널 파라미터를 조정하지 않으면 /dev/ttyS0가 시스템 콘솔로 그대로 잡혀 있다.

예를 들어 두 번째 시리얼 포트를 시스템 콘솔을 바꾸려면 커널 명령 라인에 "console=ttyS1" 명령을 쓴다. "man bootparam"이나 부트로더용 문서들을 보면 부트로더(lilo나 loadlin)가 부팅할 때 어떤 옵션을 넣어야 하는지 알 수 있다. 이 옵션을 이용하면 VGA 카드가 없는 리눅스 시스템도 운영할 수 있는데, 커널이 자동으로 시스템 콘솔을 /dev/ttyS0로 잡는다.

리눅스 박스에 직접 연결된 모니터와 비디오 카드, 키보드 등이 없어도 시리얼 라인으로 연결된 다른 터미널에서 시스템을 제어할 수 있다. 이는 리눅스를 이용한 라우터, 공유기 등 네트워크 장비에서 많이 사용한다.

⑨ I2C support --->

<*> I2C support

<*> I2C device interface

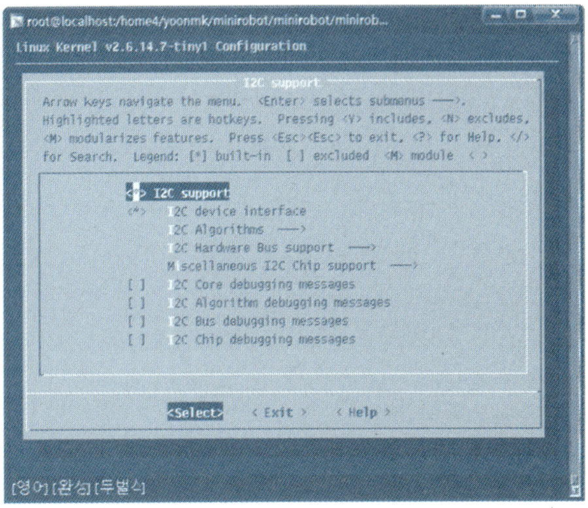

[그림 4-100] I2C support 선택

• PXA320 Processor의 I2C기능 사용

⑩ I2C Hardware Bus support --->

<*> PXA2xx/PXA3xx Processor I2C adapter(EXPERIMENTAL)

[*] PXA2xx/PXA3xx I2C Polling support(EXPERIMENTAL)

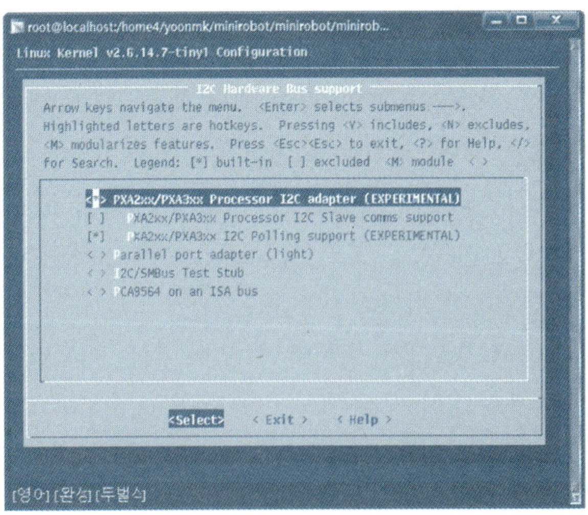

[그림 4-101] I2C Hardware Bus support

⑪ Miscellaneous I2C Chip support --->

[*] MAX8660 for PXA3xx Processor

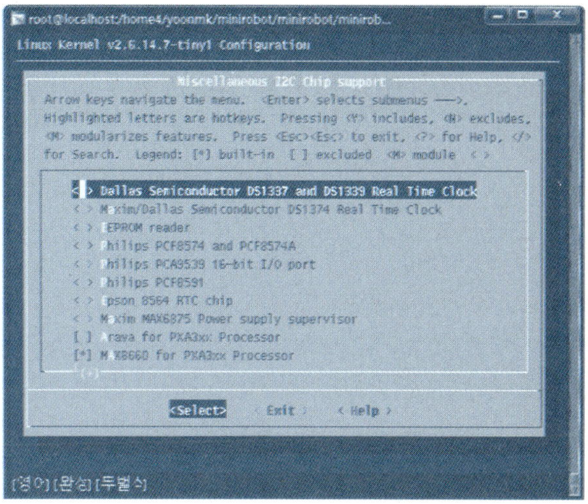

[그림 4-102] Miscellaneous I2C Chip support 선택

⑫ Multimedia devices - <*> Video For Linux 추가

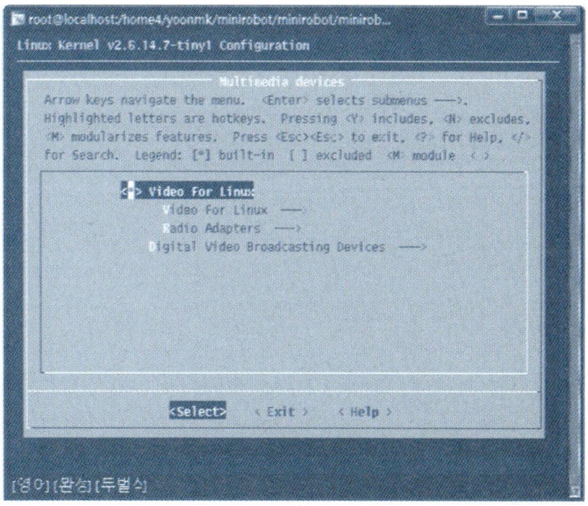

[그림 4-103] Multimedia devices 선택

⑬ Video For Linux --->

<*> Camera Interface for PXA3xx Processor Developer Kit

CHAPTER 04

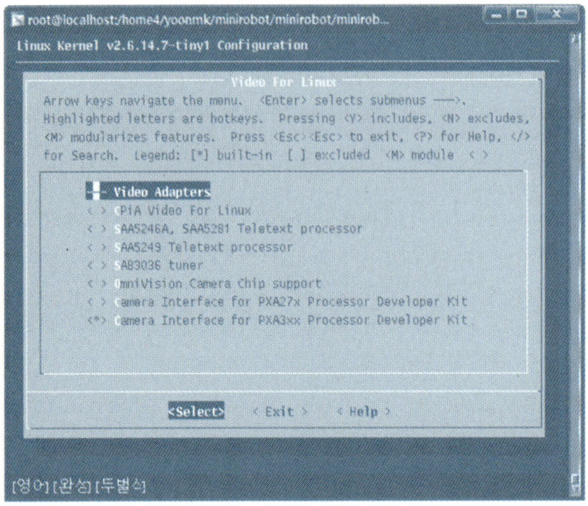

[그림 4-104] Video For Linux 선택

⑭ Graphics support

Linux에서 사용하는 그래픽 장치의 설정 및 로고 등을 선택

[*] Enable Video Mode Handling Helpers

<*> PXA2xx/PXA3xx Processor LCD framebuffer support

<*> LCD overlay support

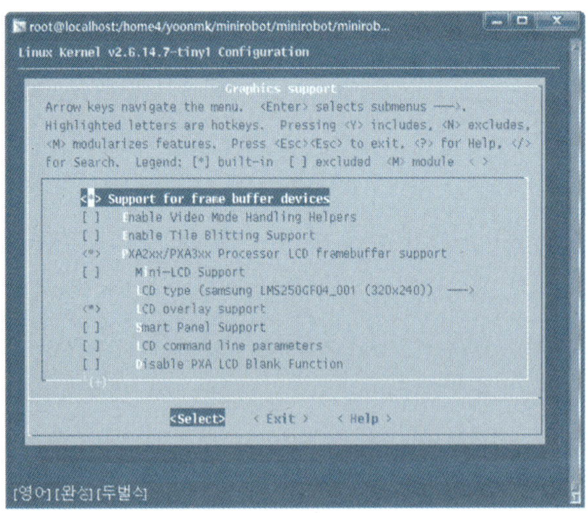

[그림 4-105] Graphics support 선택

⑮ LCD type(samsung LMS250GF04_001 (320x240)) --->

(X) samsung LMS250GF04_001 (320x240)

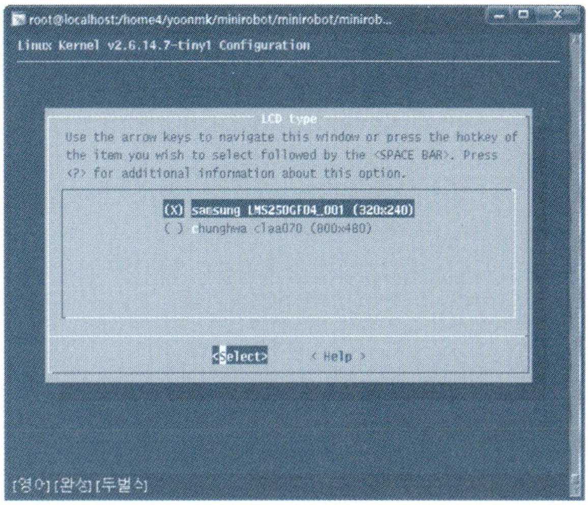

[그림 4-106] LCD type 선택

⑯ Console display driver support ---> LCD 메시지를 출력하기 위한 폰트 설정

<*> Framebuffer Console support

[*] Select compiled-in fonts

[*] VGA 8x16 font

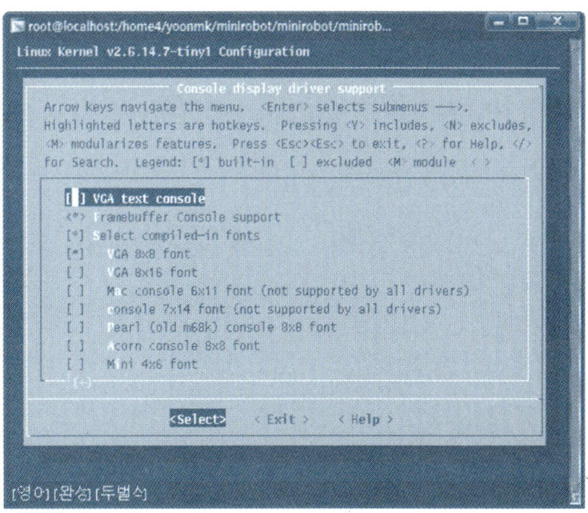

[그림 4-107] Console display driver support 선택

⑰ Logo configuration ---> 부트 로고 이미지 설정

[*] Bootup logo

[*] Metal Fighter Linux logo(320x240)

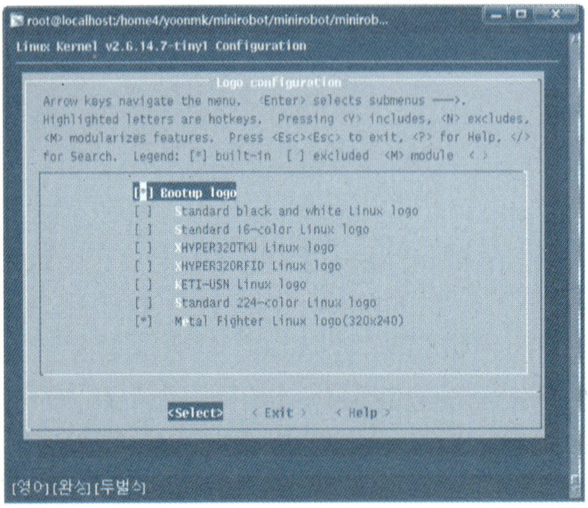

[그림 4-108] 부트 로고 이미지 설정

⑱ Sound --->

<*> Sound card support

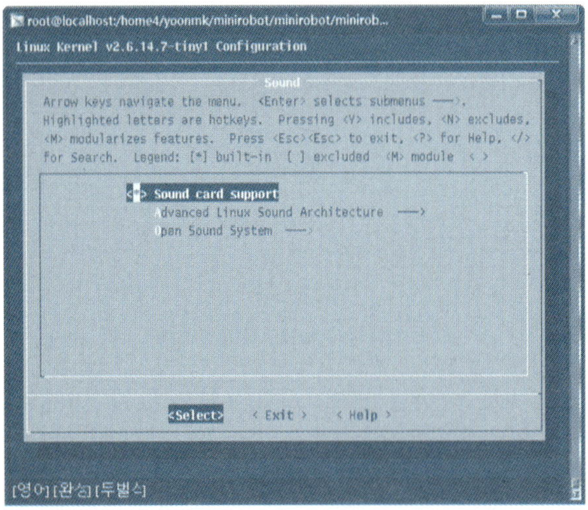

[그림 4-109] Sound 설정

⑲ Advanced Linux Sound Architecture --->

ALSA(Advanced Linux Sound Architecture) 드라이버 사용

<*> Advanced Linux Sound Architecture

<*> OSS Mixer API

<*> OSS PCM (digital audio) API

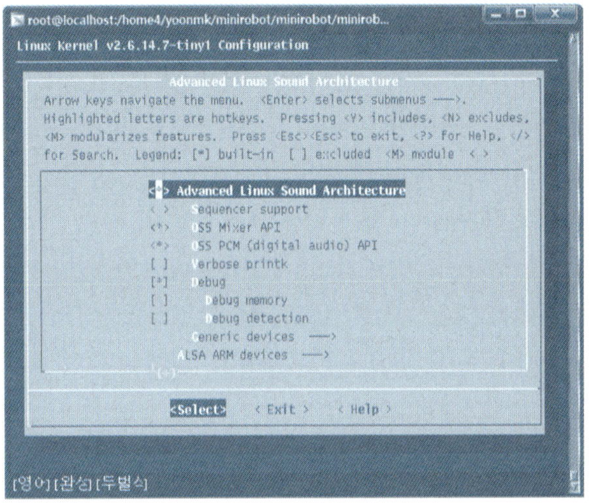

[그림 4-110] Advanced Linux Sound Architecture 설정

⑳ ALSA ARM devices ---> <*> AC97 driver for the Intel PXA2xx chip

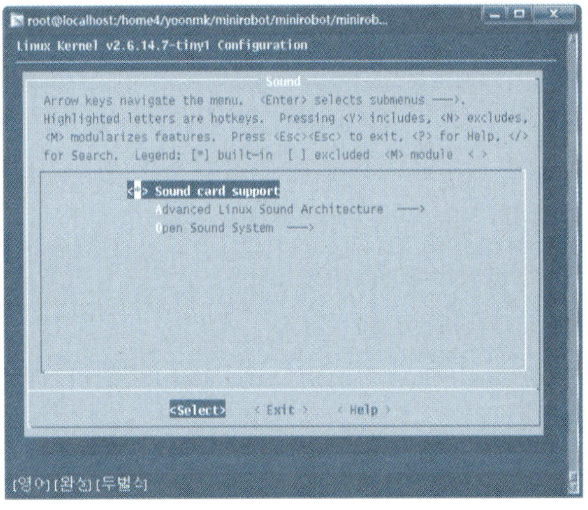

[그림 4-111] ALSA ARM devices 설정

㉑ USB support --->

USB 장치들을 설정(Host, Class Driver, Slave Driver)

<*> Support for Host-side USB

[*] USB device filesystem

<*> OHCI HCD support

<*> USB Mass Storage support

<*> USB Human Interface Device (full HID) suppor

[*] HID input layer support

<*> USB OV511 Camera support

<*> USB Philips Cameras

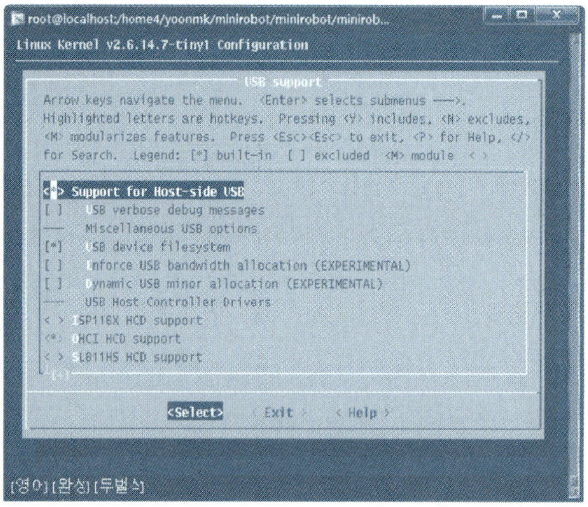

[그림 4-112] USB support

㉒ USB Serial Converter support --->

<*> USB Serial Converter support

[*] USB Generic Serial Driver

<*> USB FTDI Single Port Serial Driver (EXPERIMENTAL)

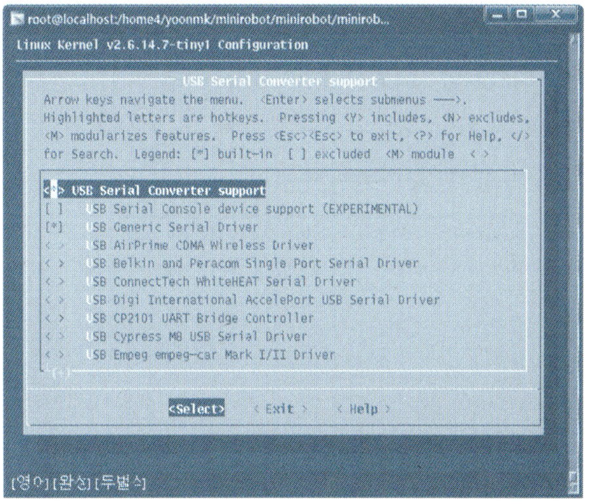

[그림 4-113] USB Serial Converter support 설정

㉓ USB Gadget Support --->

<*> Support for USB Gadgets

<*> USB Gadget Drivers (Ethernet Gadget (with CDC Ethernet support))

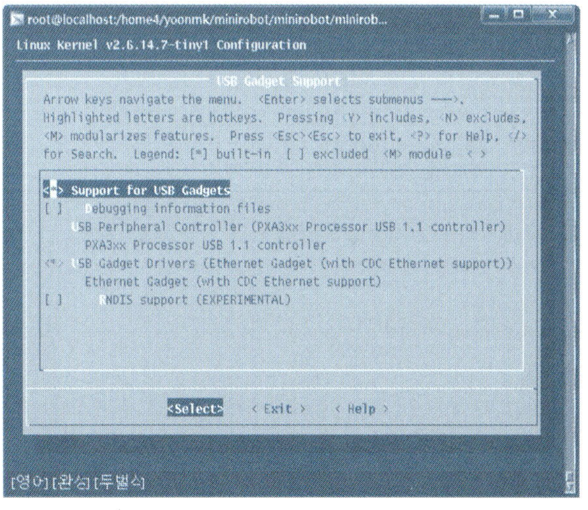

[그림 4-114] USB Gadget Support 설정

(11) File systems --->

<*> Second extended fs support

[*] Inotify file change notification support

[*] Dnotify support

리눅스에서 접근할 수 있는 다양한 파일시스템에 대한 설정. 모든 운영체제는 고유한 파일시스템 형식을 가지고 있다. 일반적으로 다른 운영체제의 파일시스템으로부터 읽거나 쓰는 작업을 위해서는 특별한 응용프로그램들을 설치해야 한다. 그러나 리눅스에서는 커널 모듈을 통해서 이런 일들이 가능하다.

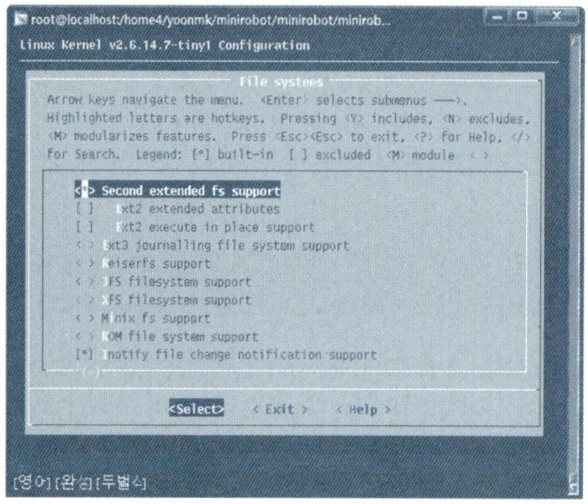

[그림 4-115] File systems 설정

1 DOS/FAT/NT Filesystems --->

<*> MSDOS fs support

<*> VFAT(Windows-95) fs support

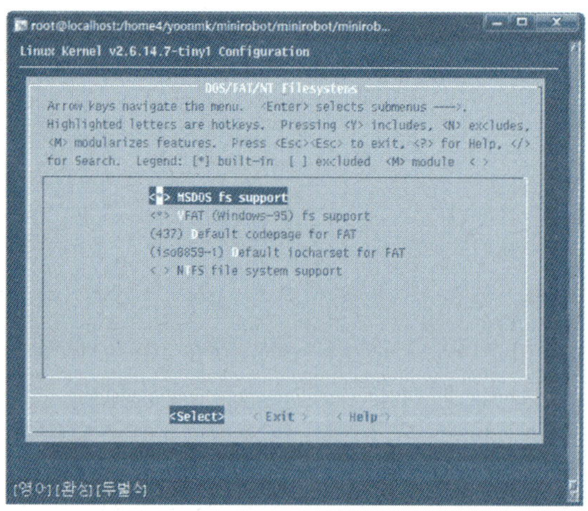

[그림 4-116] DOS/FAT/NT Filesystems 설정

② Pseudo filesystems --->

[*] /proc file system support

[*] sysfs file system support

[*] Virtual memory file system support (former shm fs)

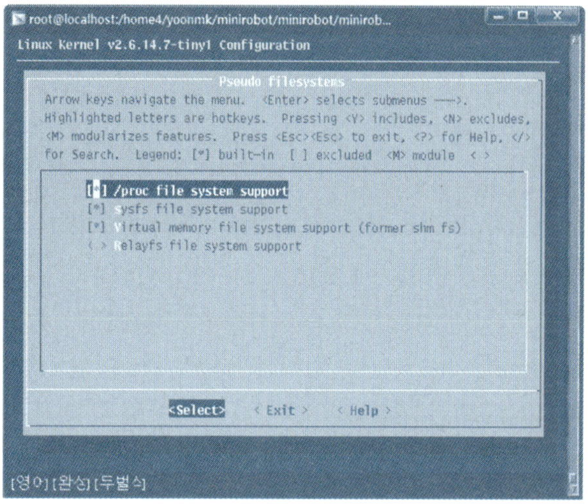

[그림 4-117] Pseudo filesystems 설정

③ Miscellaneous filesystems --->

<*> YAFFS2 file system support

대용량 NAND Filesystem으로 가장 많이 사용하는 YAFFS를 선택

참고 : http://www.aleph1.co.uk/yaffs/

[*] Autoselect yaffs2 format

[*] Cache short names in RAM

<*> Journalling Flash File System v2 (JFFS2) support

[*] JFFS2 write-buffering suppor

[*] Advanced compression options for JFFS2

[*] JFFS2 ZLIB compression support

[*] JFFS2 RTIME compression support

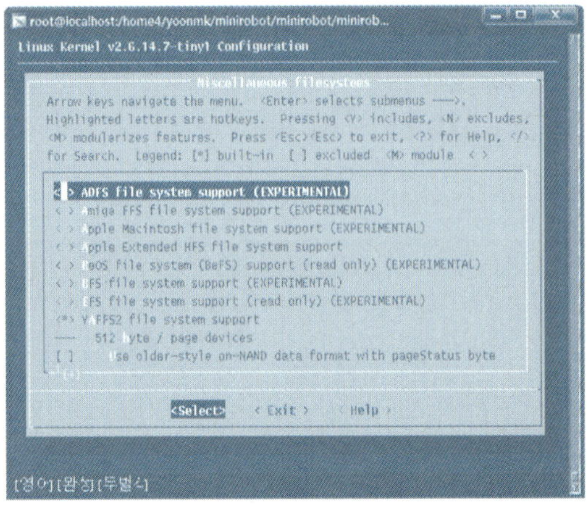

[그림 4-118] Miscellaneous filesystems 설정

4 Network File Systems --->

<*> NFS file system support

만약(SLIP, PLIP, PPP 또는 이더넷을 이용하여) 어떤 다른 (보통 로컬) 유닉스 컴퓨터에 연결되었거나 Network File Sharing protocol 을 사용하여 NFS server에 들어있는 파일들을 마운트(mount)할 때 사용한다.

[*] Provide NFSv4 client support

[*] Root fileSystem on NFS

"IP: kernel level autoconfiguration"과 함께 쓰여 네트워크 위의 다른 컴퓨터를 마운트하여 루트 파일시스템으로 사용. 하드디스크가 없는 터미널 등에서 사용한다. 설정을 확인한 후 Yes를 선택하여 저장한다.

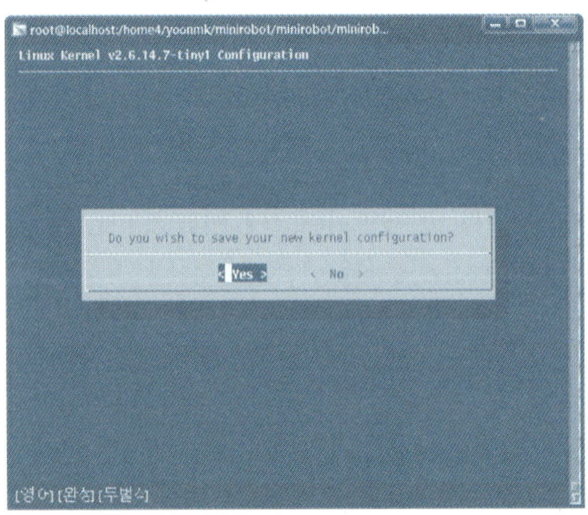

[그림 4-119] Network File Systems 설정

3-3 커널 컴파일

X-Hyper320MINI 보드용으로 포팅되어 있는 커널소스를 컴파일한다.

① 컴파일을 하기 위해서 최상위 Makefile에서 CROSS_COMPILE 항목에 컴파일러 경로를 수정한다.

```
☞ cd linux-2.6.14-mf_0702
☞ vi Makefile
```

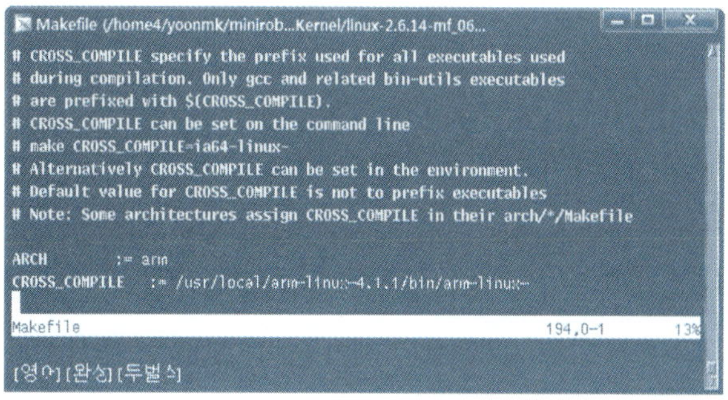

[그림 4-120] 컴파일러 경로 수정

② make xhyper320mini_defconfig 명령으로 X-Hyper320 설정을 적용한 후

```
☞ cd linux-2.6.14-mf_0702
☞ make xhyper320mini_defconfig
```

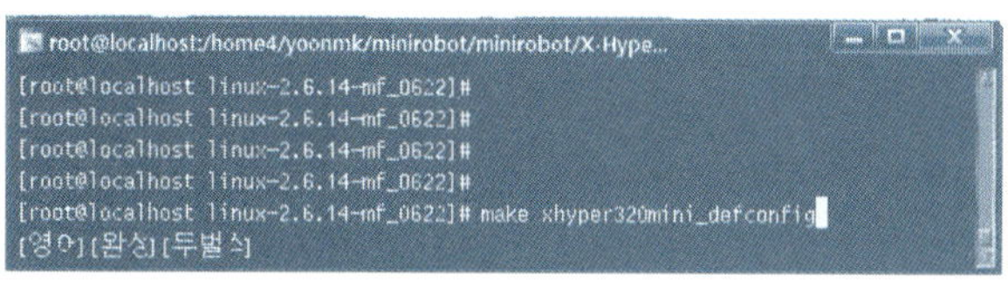

[그림 4-121] make xhyper320mini_defconfig 명령

③ make oldconfig 명령으로 X-Hyper320MINI 보드에 대한 설정을 한다.

```
☞ make oldconfig
```

④ make zImage 명령으로 커널 이미지를 생성한다.

```
☞ make zImage
```

CHAPTER 04

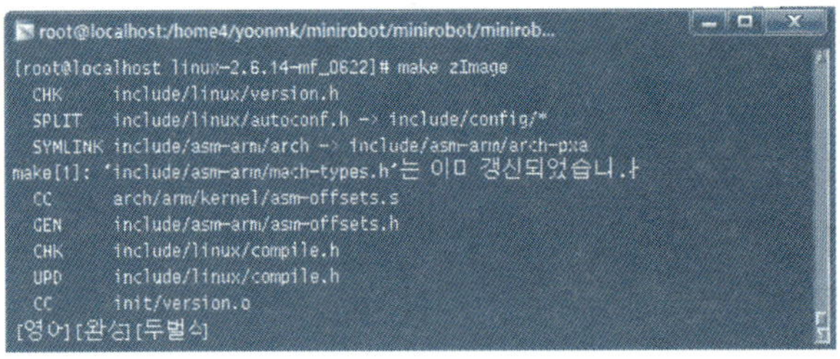

[그림 4-122] 커널 이미지 생성

위와 같은 명령을 실행하면 컴파일이 진행되며, 컴파일이 완료되면 [그림 4-123]과 같이 컴파일이 완료된다. 컴퓨터 성능에 따라 10~20분에서 그 이상이 소요된다.

5 오류 없이 컴파일이 되면 arch/arm/boot에 zImage가 생성이 된다. 이 zImage가 커널 이미지이다. 생성된 zImage를 타깃보드에 올려주면 된다.

```
☞ ls arch/arm/boot/zImage
```

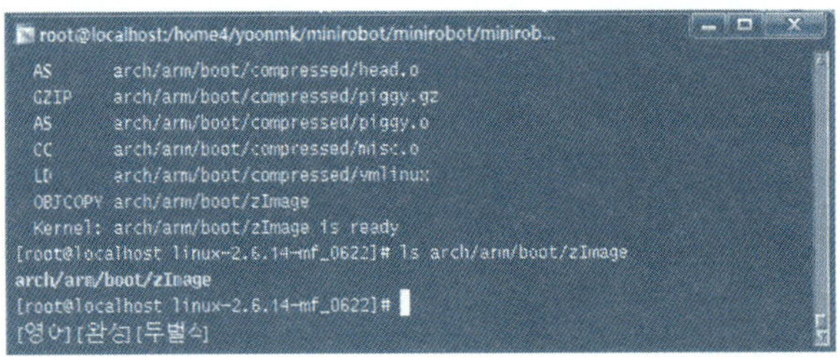

[그림 4-123] arch/arm/boot에 zImage가 생성

타깃보드에 올리는 방법을 리눅스 PC에 tftp를 설정하고 다운로드한다. tftp 설정은 "네트워크 환경구축과 이미지 전송" 장에서 설명한다.

04 파일시스템

4-1 YAFFS2 파일시스템

타깃보드의 파일시스템은 사양에 맞게 여러 가지를 선택적으로 사용할 수 있다. Ramdisk, Jffs, Jffs2, Cramfs, Ramfs, Yaffs 등을 파일시스템으로 사용한다. 각각의 장·단점이 있으니 개발자의 사양에 맞게 사용하면 된다.

(Root filesystem)("/")에는 커널이 동작하기 위한 공간과 라이브러리(library), 유틸리티 등이 포함된다.

루트 파일시스템으로 YAFFS2 파일시스템을 사용하면 x image 등의 크기가 큰 파일들을 Nand 플래시 메모리에 저장하여 SDRAM의 여분을 늘리고, 플래시 메모리를 마운트(mount)할 때는 yaffs2를 사용한다.

루트 파일시스템의 크기가 작고 시스템의 빠른 접근이 필요할 때는 램디스크(Ramdisk) 파일시스템을 사용한다. 파일시스템은 개발할 시스템에 알맞게 구현한다.

4-2 커널 구성

X-Hyper320MINI 리눅스 커널 환경 구성(Configuration) 중에 파일시스템에서

① File systems --->↵

Miscellaneous filesystems --->↵

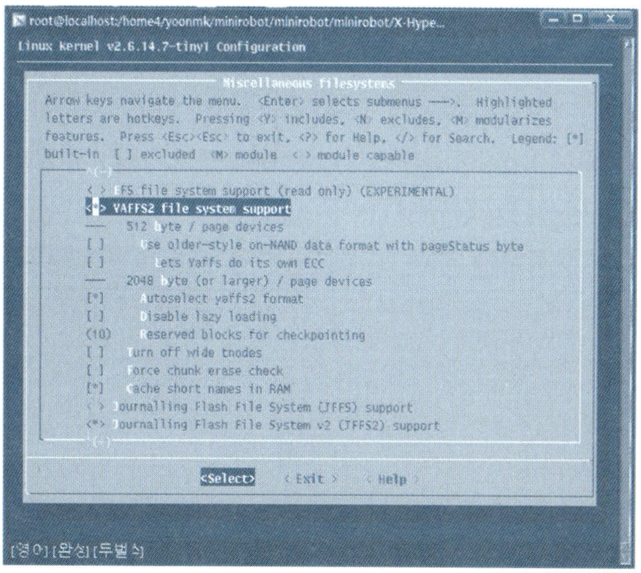

[그림 4-124] Miscellaneous filesystems 설정

② Boot options 항목의 Default kernel command string을 "root=/dev/mtdblock2 rw rootfstype=yaffs2 init=/sbin/init console=ttyS0,115200 rw mem=128M fbcon=rotate:3"으로 하였다.

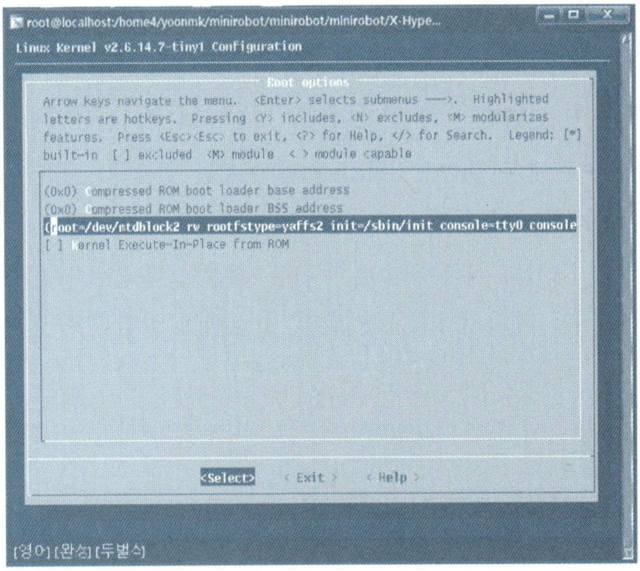

[그림 4-125] Boot options 설정

③ 루트 파일시스템("/")은 /dev/mtdblock2의 장치 파일이고 "console= ttyS0,115200"은 사용할 시리얼 장치와 속도를 알려준다. YAFFS2를 사용하기 위해서는 먼저 MTD/Nand Flash Driver를 활성화해주어야 한다. 최상위 Device Drivers에서 Memory Technology Devices(MTD) -->↵

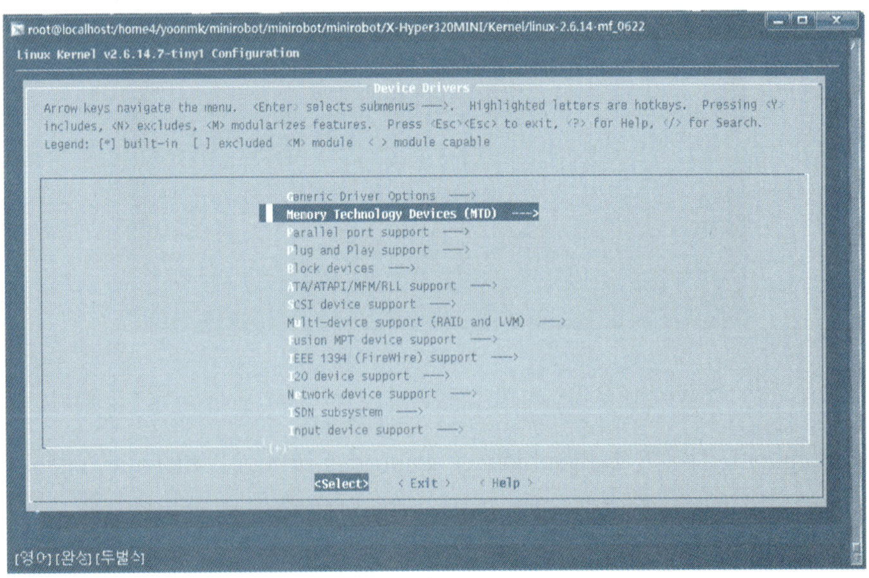

[그림 4-126] 최상위 Device Drivers 설정

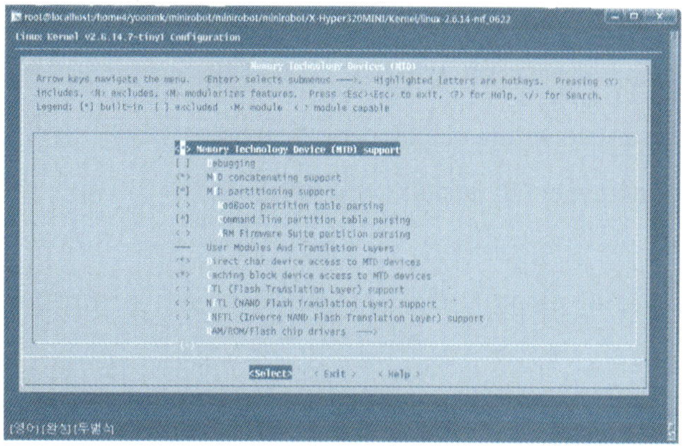

[그림 4-127] Memory Technology Devices 설정

- Memory Technology Device (MTD) support
  - MTD 디바이스 드라이버를 사용하는 옵션이다.
- MTD partitioning support
  - 이것을 선택해야 파티션을 만들 수 있다.
- Direct char device access to MTD devices
  - mtd 장치를 캐릭터형 장치 파일로 접근할 수 있다.
- Caching block device access to MTD device
  - mtd 장치를 블록형 장치 파일로 접근할 수 있다.

④ Memory Technology Devices (MTD) -->↲
NAND Flash Device Drivers --->↲

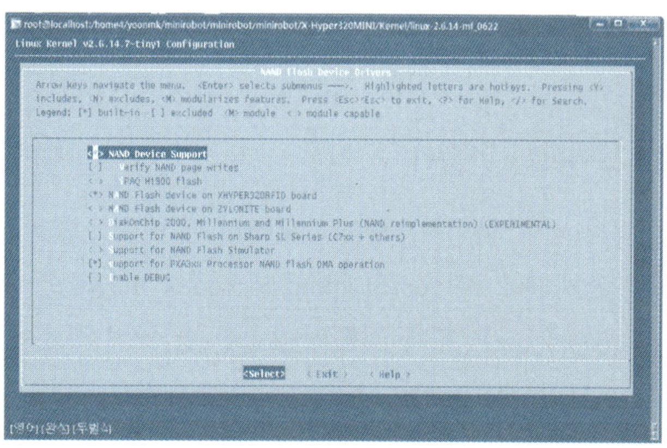

[그림 4-128] NAND Flash Device Drivers 설정

CHAPTER 04

NAND Flash device on XHYPER320RFID board를 선택하였다. 플래시 메모리의 공간을 사용하는 타깃보드의 설정으로 사용한다.

위의 선택으로 drivers/mtd/nand/xhyper320_nand.c 파일이 컴파일된다.

drivers/mtd/nand/xhyper320_nand.c 파일이다.

⑤ [그림 4-129]와 같이 타깃보드의 nand 플래시 메모리를 얼마만큼의 공간으로 분할할지를 정한다.

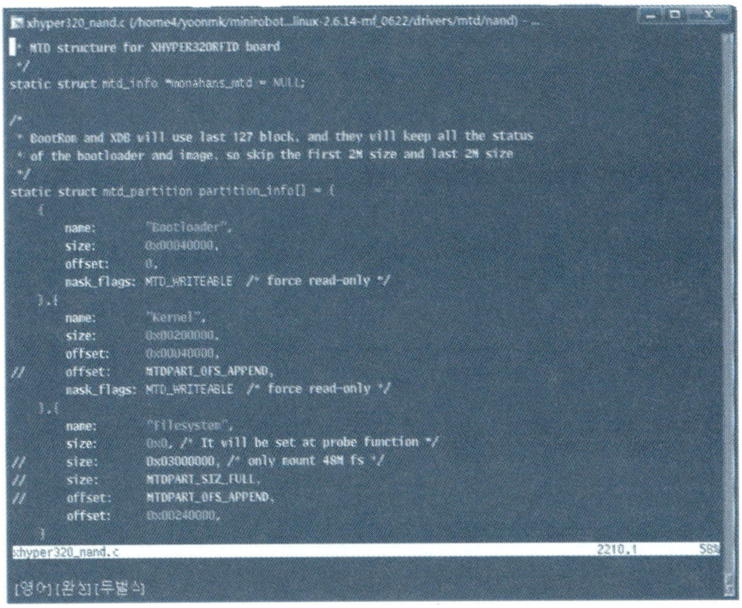

```
xhyper320_nand.c (/home4/yoonmk/minirobot...linux-2.6.14-mf_0622/drivers/mtd/nand) - ...
 * MTD structure for XHYPER320RFID board
 */
static struct mtd_info *monahans_mtd = NULL;

/*
 * BootRom and XDB will use last 127 block, and they will keep all the status
 * of the bootloader and image, so skip the first 2M size and last 2M size
 */
static struct mtd_partition partition_info[] = {
	{
		name:		"Bootloader",
		size:		0x00040000,
		offset:		0,
		mask_flags:	MTD_WRITEABLE  /* force read-only */
	},{
		name:		"Kernel",
		size:		0x00200000,
		offset:		0x00040000,
//		offset:		MTDPART_OFS_APPEND,
		mask_flags:	MTD_WRITEABLE  /* force read-only */
	},{
		name:		"Filesystem",
		size:		0x0, /* It will be set at probe function */
//		size:		0x03000000, /* only mount 48M fs */
//		size:		MTDPART_SIZ_FULL,
//		offset:		MTDPART_OFS_APPEND,
		offset:		0x00240000,
	}
xhyper320_nand.c                                        2210,1        58%
[영어][완성][두벌식]
```

[그림 4-129] 타깃보드의 nand 플래시 메모리 공간분할 설정

menuconfig에서 mtd 디바이스가 선택되면 yaffs2 파일시스템을 선택할 수 있게 된다.

4-3 YAFFS2 이미지 만들기

제공되는 BSP 이미지 내에 파일시스템(Filisystem) 이하에 보면 rootfs_gtk.tgz 파일과 rootfs_lite.tgz 파일이 존재한다. 이 rootfs_gtk.tgz와 rootfs_lite.tgz의 내용은 모두 파일시스템의 내용이며, rootfs_gtk.tgz는 X와 GTK를 포함한 풀 버전의 파일시스템이며 rootfs_lite.tgz는 X와 GTK가 제외되어 용량이 적은 파일시스템이다.

이는 사용자가 원하는 파일시스템을 선택하여 yaffs 이미지를 만들어 퓨징하면 된다. 아래에서는 rootfs_gtk.tgz를 이용하여 이미지를 만들고 다운로드하는 과정을 설명한다.

① 파일시스템(Filesystem) 디렉토리에 있는 mkyaffs2 유틸을 이용한다.
tar zxvf rootfs_gtk.tgz 명령으로 파일시스템 디렉토리 압축을 해제한다.

[그림 4-130] tar zxvf rootfs_gtk.tgz 명령

② # ./mkyaffs2image [디렉토리명] [이미지 파일 이름]
생성할려고 했던 디렉토리안의 내용들이 YAFFS2로 생성된다.

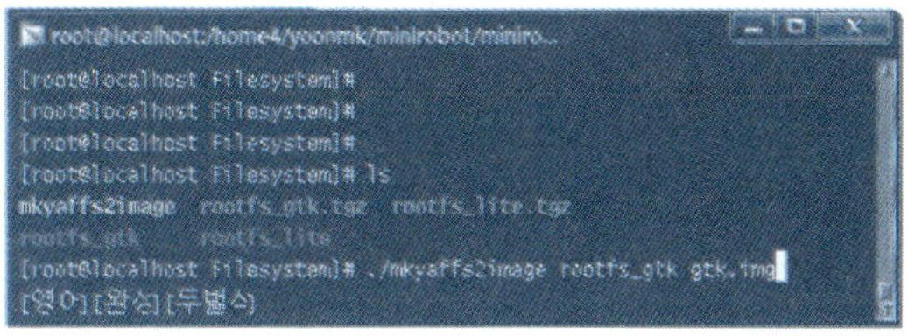

[그림 4-131] 디렉토리안의 내용들이 YAFFS2로 생성

[그림 4-131]과 같이 mkyaffs2image을 이용하여 파일시스템 디렉토리를 gtk.img YAFFS2이미지로 생성한다.

생성된 gtk.img 이미지를 부트로더를 이용해서 다운로드한 후 플래시 메모리에 쓰기를 하면 된다. gtk.img 이미지는 RAM에서 실행되는 것이 아니라, 플래시 메모리에서 실행되는 것이기 때문에 필히 플래시 메모리에 쓰기를 해야 한다.

05 네트워크 환경구축과 이미지 전송

메탈 파이터는 USB to Ethernet을 이용하여 호스트 PC와의 tftp 전송을 한다. USB to Ethernet을 사용하기 위해서는 호스트 PC와 메탈 파이터에서 tftp를 사용하기 위한 방법을 작성한 것이다.

5-1 IP 설정

서버 IP가 10.1.1.1이고 타깃보드에 10.1.1.2을 할당한 경우 [그림 4-132]와 같이 setip명령으로 서버/타깃의 IP를 할당하여 사용하면 된다.

① setip serverip 10.1.1.1

② setip clientip 10.1.1.2

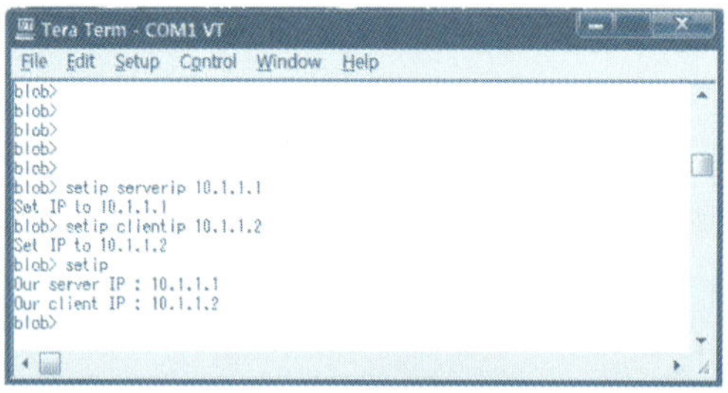

[그림 4-132] ip 설정

위에서 tftp를 사용하기 위한 서버(server) ip와 클라이언트(client)의 ip 설정을 마쳤으면 다음과 같이 tftp를 설정하고 파일을 다운로드하면 된다.

5-2 TFTP 설정

1) tftp란

① TFTP(Trivial File Transfer Protocol)는 이더넷을 통해 파일을 전송하는 프로그램인 FTP(File Transfer Protocol)에 있는 대부분의 기능을 제외함으로써 작고 구현하기 쉽게 설계된 규약인 파일 전송 프로토콜이다.

② 하위 프로토콜로 ip, udp 프로토콜을 사용한다.

③ 개발 시스템에서는 부트로더에서 커널과 파일시스템 이미지를 호스트 PC에서 타킷 개발 시스템 보드로 이더넷을 통하여 고속으로 다운로드하기 위해 사용한다.

2) tftp rpm 설치

tftp rpm을 구한다. tftp rpm은 클라이언트와 서버가 분리되어 있는데, tftp-server로 시작하는 rpm을 설치하여야 한다. 프로그램은 장비 구입시 제공하는 BSP에 포함되어 있다. 이미 Host PC에 위의 RPM이 설치되어 있으면 다시 설치하지 않아도 무방하다.

① 다음의 명령어 (rpm -qa | grep tftp)로 tftp가 설치되었는지는 확인할 수 있다.

```
☞ rpm -qa | grep tftp↲
```

[그림 4-133] tftp 설치 확인

② tftp rpm에 설치되지 않았다면 tftp서버 rpm을 설치한다.

rpm -i tftp-server-0.17-9.i386.rpm 명령으로 설치를 한 후 rpm qa | grep tftp명령으로 설치된 것을 확인한다.

```
☞ cd RPM ↲
☞ ls
☞ rpm -ivh  tftp-server-0.17-9.i386.rpm
```

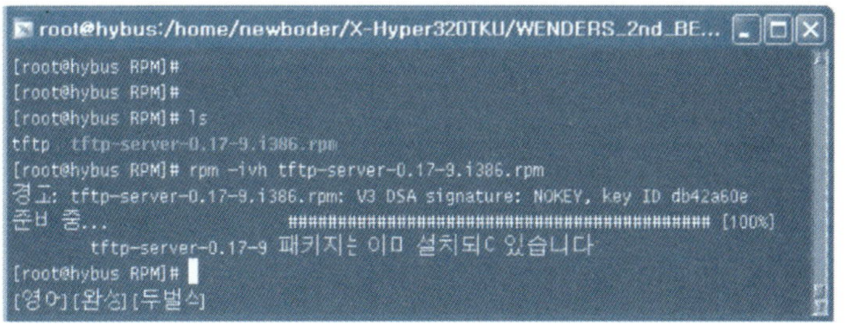

[그림 4-134] rpm qa | grep tftp 명령으로 설치 확인

3) /etc/xinet.d/tftp 파일 생성

tftp rpm이 설치되면 /etc/xinetd.d/tftp 파일이 생성된다. bootp와 같이 tftp 프로그램 파일은 xinetd 프로그램에 의해 실행된다.

① Xinetd 프로그램에 의해 tftp가 실행될 수 있도록 /etc/xinetd.d/tftp 파일을 아래와 같이 수정하여야 한다. 만약 /etc/xinetd.d/tftp 파일이 없다면 새로 생성하여 아래의 설정과 같이 작성해야 한다.

```
☞ vi /etc/xinetd.d/tftp↲
```

CHAPTER 04

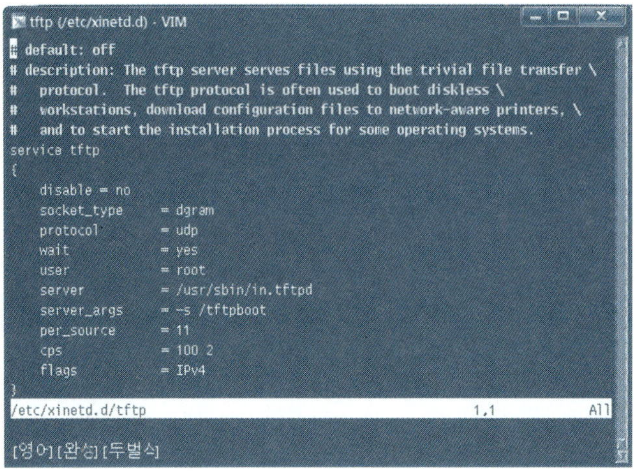

```
tftp (/etc/xinetd.d) - VIM
# default: off
# description: The tftp server serves files using the trivial file transfer \
#   protocol.  The tftp protocol is often used to boot diskless \
#   workstations, download configuration files to network-aware printers, \
#   and to start the installation process for some operating systems.
service tftp
{
    disable = no
    socket_type     = dgram
    protocol        = udp
    wait            = yes
    user            = root
    server          = /usr/sbin/in.tftpd
    server_args     = -s /tftpboot
    per_source      = 11
    cps             = 100 2
    flags           = IPv4
}
/etc/xinetd.d/tftp                                  1,1            All
[영어][완성][두벌식]
```

[그림 4-135] /etc/xinetd.d/tftp 파일 수정

server_args를 /tftpboot로 설정하면 부트로더에서 파일을 받을 때는 호스트 PC의 /tftpboot 안에 있는 파일만 전송이 가능하다.

/tftpboot은 tftp server daemon의 root 디렉토리로 tftp 요청시 필요한 파일을 이곳을 기준으로 찾는다. 이 디렉토리와 서브디렉토리에서만 찾는다. tftp로 다운로드하고자 하는 커널과 파일시스템 이미지는 이곳에 있어야 한다. 사용자가 원한다면 디렉토리 이름을 다르게 사용하여도 된다. 위의 스크립트에서 정한 /tftpboot 디렉토리가 Host PC상에 존재해야 한다.

디렉토리가 없다면 만들어야 한다.

주의 tftp-server의 설치

만일 tftp-server가 HOST PC에 설치되어 있지 않다면 BSP install시 rpm설치를 한다.

② 위의 /etc/xinetd.d/tftp 파일에서 정한 디렉토리에(/tftpboot) 아래와 같이 zImage와 파일시스템을 복사한다.

```
☞ cd IMAGE ↵
☞ ls↵
☞ cp zImage gtk.img   /tftpboot↵
☞ cd /tftpboot↵
☞ ls↵
```

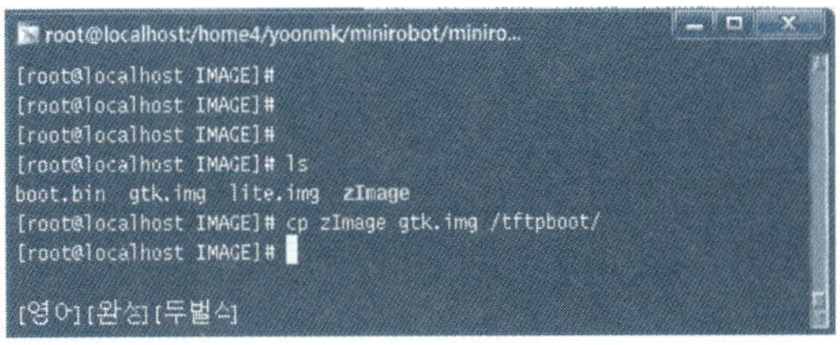

[그림 4-136] zImage와 파일시스템 복사

장비 구입시 제공한 BSP의 Image 디렉토리에 가면 zImage(커널 이미지)와 gtk.img (파일시스템) 파일이 있다. 이것을 /tftpboot 디렉토리에 복사하면 된다.

4) 방화벽 해제

tftp를 사용하기 위해서는 호스트 PC에서 방화벽 설정이 되어 있다면 방화벽을 해제해 주어야 한다. 방화벽을 해제하는 방법은 아래에 설명한다.

① Host PC의 터미널창에서 "setup"이라는 명령어를 입력한다.

```
☞ setup
```

[그림 4-137] "setup" 명령어 입력

② setup 창으로 들어오게 되면 X 설정, 네트워크 설정 등 텍스트 모드에 관한 설정 화면이 나타난다. 현재는 tftp 사용을 위한 방화벽을 해제하기 위함이므로 방화벽 설정 메뉴로 들어간다.

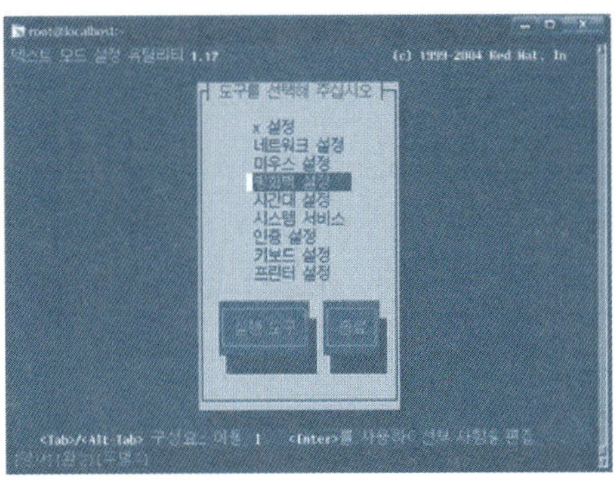

[그림 4-138] 방화벽 설정 메뉴

③ 방화벽 설정 메뉴에서 보안 수준이 활성화에 체크되어 있다면 비활성화로 체크한 후에 확인을 눌러서 설정을 저장하고 setup 화면을 빠져 나온다.

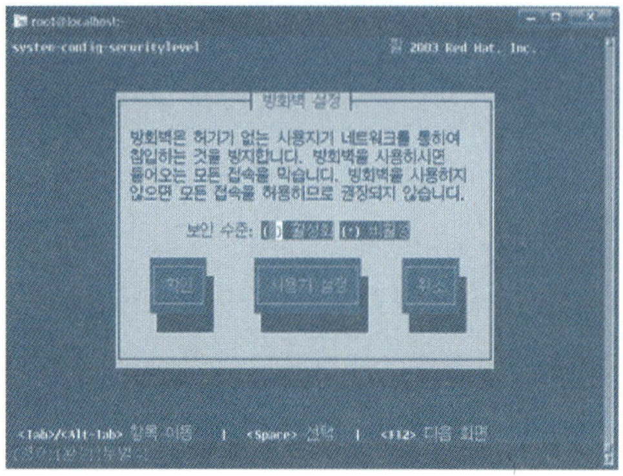

[그림 4-139] 보안 수준 활성화 체크

5) hosts.deny 파일 수정

tftp를 사용하기 위해서 /etc/hosts.deny 파일을 확인하여 수정한다. 파일의 내용안에 ALL : ALL이란 내용을 삭제하거나 주석 처리하여 파일을 수정한다.

```
☞ vi /etc/hosts.deny
```

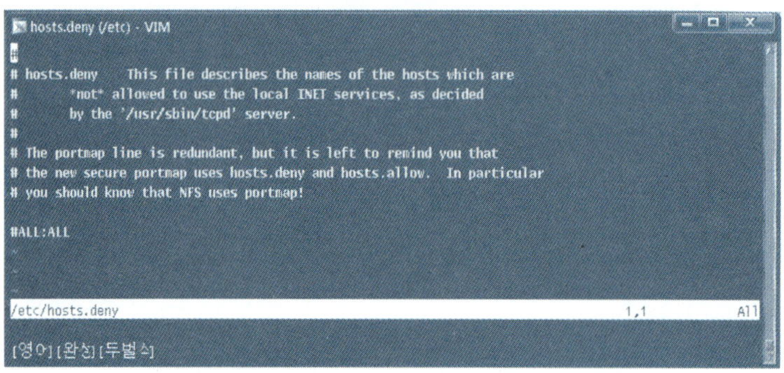

[그림 4-140] ALL : ALL ⇒ #ALL : ALL

6) xinit.d 재시작

위의 설정된 내용을 적용하기 위해서 /etc/rc.d/init.d/xinit.d를 재시작한다.

Host PC의 터미널창에서 "/etc/rc.d/init.d/xinit.d restart"를 입력하면 xinit.d가 실행되고 있었다면 정지 후 재실행되며 실행되지 않았다면 xinit.d가 실행되는 것을 볼 수 있다.

```
☞ /etc/rc.d/init.d/xinetd.d restart
```

5-3 부트로더에서 tftp 명령으로 이미지 전송하기

지금까지 호스트 PC에서 bootpd와 tftpd를 구축하였다.

아래 명령으로 bootpd, tftpd 항목이 나온다면 정상 동작중인 것을 확인할 수 있다.

```
☞ netstat -au↵
```

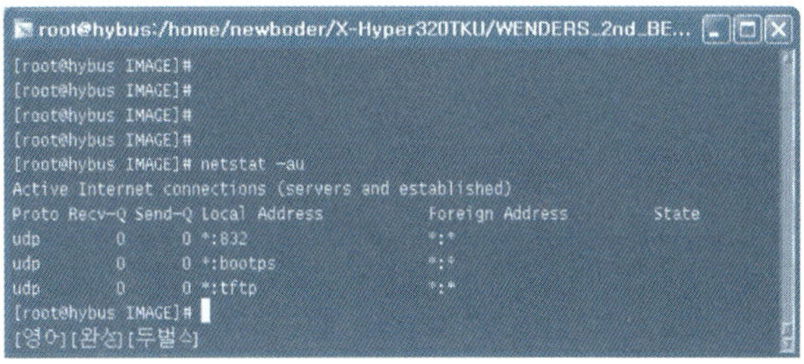

[그림 4-141] netstat -au 명령어

부트로더의 tftp 명령을 통해 zImage와 filesystem을 다운로드할 수 있다. 타깃보드에 tftp 명령으로 다운로드할 zImage와 root는 물론 Host PC의 /tftpboot 디렉토리에 존재하여야 한다. 부트로더에서 tftp 명령어로 zImage를 커널 영역에 다운로드한다. 이젠 tftp 명령을 이용하여 호스트 PC의 파일을 타깃보드에 고속으로 전송할 수 있게 되었다. 다음 내용부터는 위에서 구축한 tftp를 이용하여 메탈 파이터의 커널과 파일시스템을 전송하는 방법을 설명한다.

5-4 리눅스 이미지 다운로딩

1) 리눅스 커널 이미지 다운로딩

위에서 bootp, tftp 명령의 정상 동작이 확인되면 커널 이미지를 다운로드한다.

커널 이미지를 다운로드하기에 앞서서 메탈 파이터의 X-Hyper320MINI에서 사용하는 USB to Ethernet과 연결된 USB 포트를 초기화시켜줘야 한다.

1 초기화 방법은 “usbc”라는 명령어를 이용하여 USB 포트를 초기화한다.

```
☞ usbc
```

② blob 상태에서 "usbc"라고 입력하면 [그림 4-142]와 같이 USB의 초기화가 진행되는 것을 볼 수 있다.

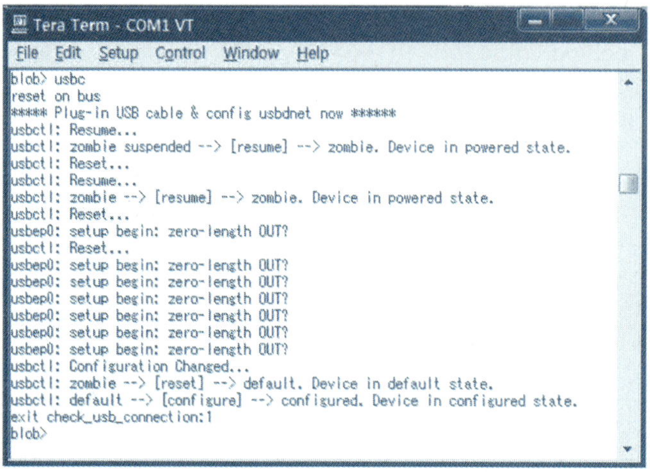

[그림 4-142] "usbc" 입력하면 USB의 초기화가 진행

③ 위에서 USB 포트의 초기화를 완료하였으면 tftp를 이용하여 호스트로부터 커널이미지(zImage)를 SDRAM에 다운받는다.

```
☞ tftp zImage
```

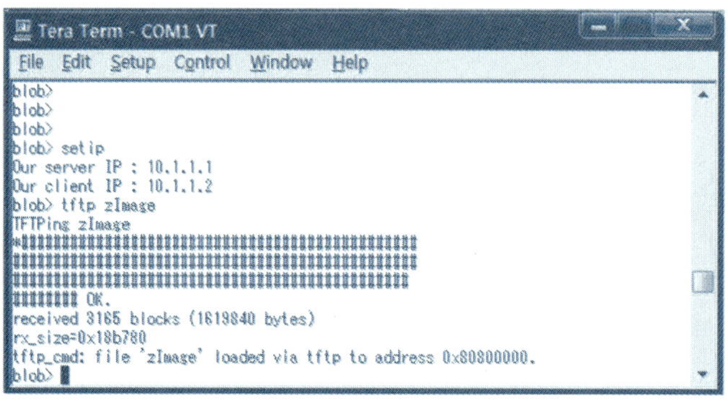

[그림 4-143] tftp 이용 호스트로부터 zImage SDRAM에 다운

```
☞ tftp zImage        //SDRAM에 다운로드
☞ nandwrite -k     // kernel 영역에 쓰기
```

4 타깃보드의 SDRAM에 다운받은 커널 이미지를 아래의 명령어로 플래시 메모리 영역에 라이트한다.
(SDRAM은 휘발성 메모리로 전원이 오프되면 모든 데이터가 사라진다. 그러므로 SDRAM의 커널 이미지 영역을 플래시 메모리의 커널 이미지 영역에 저장하여 타깃보드가 전원이 오프되어도 커널 이미지를 저장할 수 있게 한다.)

```
☞ nandwrite -k
```

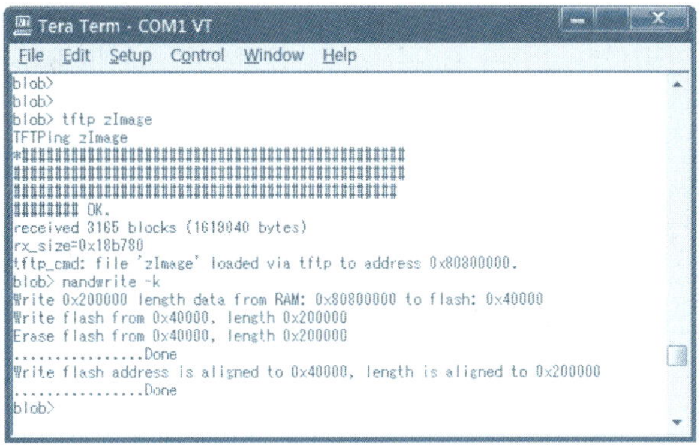

[그림 4-144] 플래시 메모리 영역에 저장

2) 파일시스템 다운로딩

gtk.img라는 이름의 파일시스템 이미지를 tftp 명령으로 타깃보드에 다운로드한다. tftp gtk.img 명령으로 gtk.img를 받는다.

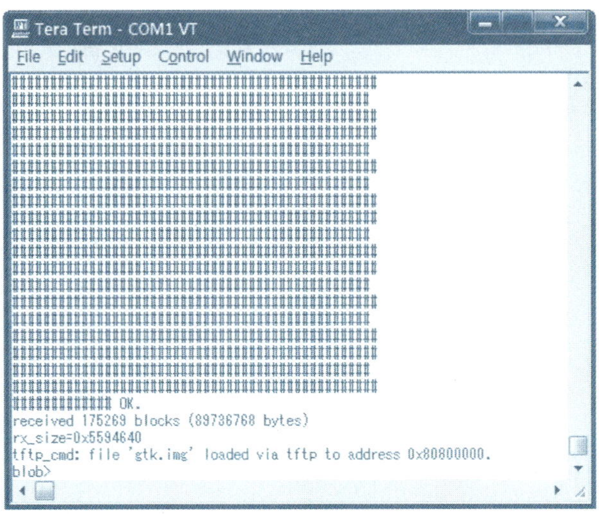

[그림 4-145] 파일시스템 이미지를 타깃보드에 다운로드

CHAPTER 04

타깃보드의 SDRAM에 다운받은 파일시스템 이미지를 아래의 명령어로 플래시 메모리 영역에 라이트한다.

```
☞ tftp gtk.img      // SDRAM에 다운로드
☞ nandwrite -r     // root 영역에 쓰기
```

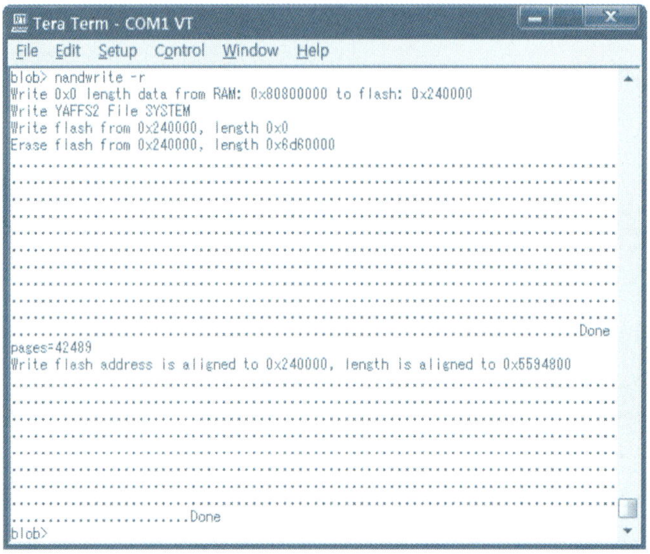

[그림 4-146] 파일시스템 이미지를 플래시 메모리에 저장

3) 타깃보드 커널 부팅하기

커널 이미지와 파일시스템 이미지를 다운로드하고 플래시 메모리에 라이트를 한 후 부트로더의 reboot 명령을 내리거나 보드의 전원을 껐다가 켜면 리눅스 커널이 부팅되는 것을 확인할 수 있다.

```
Starting  kernel at 0x80800000...
Linux   version 2.6.14.7-tiny1 (root@mcjino.com) (gcc version 4.1.1)
#205 PREEMPT
 Thu Nov 1 13:56:43KST2007
CPU:   XScale3-monahans [69056826] revision 6 (ARMv5TE)
Machine:   HYBUS X-HYPER320 TKU (CODE NAMED WENDERS)
Memory  policy: ECC disabled, Data cache writeback
Run   Mode Clock: 403MHz
Turbo   Mode Clock: 806MHz
High   Speed I/O Bus Clock: 208MHz
CPU0:   D VIVT undefined 5 cache
CPU0: I cache: 32768 bytes, associativity 4, 32 byte lines, 256 sets
CPU0: D cache: 32768 bytes, associativity 4, 32 byte lines, 256 sets
Built 1 zonelists
Kernel   command  line:  root=/dev/mtdblock2  rw  rootfstype=yaffs2
init=/sbin/init co
```

```
nsole=tty0 console=ttyS0,115200 rw mem=128M fbcon=rotate:3
PID hash table entries: 1024 (order: 10, 16384 bytes)
Console: colour dummy device 80x30
Dentry cache hash table entries: 32768 (order: 5, 131072 bytes)
Inode-cache hash table entries: 16384 (order: 4, 65536 bytes)
Memory: 128MB = 128MB total
Memory: 126208KB available (2738K code, 618K data, 168K init)
Mount-cache hash table entries: 512
CPU: Testing write buffer coherency: failed, enabling work-around
NET: Registered protocol family 16
 -------- xhyper320mini_init start -------
<LMS250GF04_001> LCD will be initialized
Frame buffer For 2.5'' LCD (320x240)
<LMS250GF04_001> Backlight On
MSC1 : 0x7ff87ff8
 -------- xhyper320mini_init end -------
SCSI subsystem initialized
usbcore: registered new driver usbfs
usbcore: registered new driver hub
NetWinder Floating Point Emulator V0.97 (double precision)
JFFS2 version 2.2. (NAND) (C) 2001-2003 Red Hat, Inc.
yaffs Jul  8 2009 10:19:41 Installing.
Initializing Cryptographic API
i2c /dev entries driver
I2C: i2c-0: PXA I2C adapter
Console: switching to colour frame buffer device 40x30
Load PXA Overlay driver successfully!
2D Graphics Driver for Monahans Linux
Serial: 8250/16550 driver $Revision: 1.90 $ 5 ports, IRQ sharing
disabled
ttyS0 at MMIO map 0x40700000 mem 0xf6700000 (irq = 20) is a XScale
ttyS1 at MMIO map 0x40200000 mem 0xf6200000 (irq = 21) is a XScale
ttyS2 at MMIO map 0x40100000 mem 0xf6100000 (irq = 22) is a XScale
ttyS3 at MMIO map 0x10000000 mem 0xc8850000 (irq = 67) is a 16550A
ttyS4 at MMIO map 0x14000000 mem 0xc8852000 (irq = 68) is a 16550A
io scheduler noop registered
io scheduler anticipatory registered
io scheduler deadline registered
io scheduler cfq registered
Linux video capture interface: v1.00
!!!!!!! max8660_write write reg=12, val=6!
!!!!!!! max8660_write write reg=39, val=ff!
PXA_CAMERA: PXA Camera driver loaded for/dev/video0
i2c_adapter i2c-0: Invalid probe address 0xba
ov7660hw_reset()
detected id : 0x8c14
Cmos Camera detected!!!.
Input: PXA320 touchscreen device!
Platform bus: PXA320 touchscreen driver!
Try to allocate dma buffer(len:2176)for data buffer + 2*descriptor +
command buffer
NAND device: Manufacturer ID: 0xec, Chip ID: 0xf1 (Samsung NAND 128MiB
3,3V 8-bit)
mtd size = 7020000
erase size = 20000
phys_erase_shift = 11
```

```
chipsize = 7020000
BBT size = 80000
Filesystem size = 6d60000
Creating 4 MTD partitions on "NAND 128MiB 3,3V 8-bit":
0x00000000-0x00040000 : "Bootloader"
0x00040000-0x00240000 : "Kernel"
0x00240000-0x06fa0000 : "Filesystem"
0x06fa0000-0x07020000 : "BBT"
pxa-ohci pxa-ohci: PXA27x OHCI
pxa-ohci pxa-ohci: new USB bus registered, assigned bus number 1
pxa-ohci pxa-ohci: irq 3, io mem 0x4c000000
hub 1-0:1.0: USB hub found
hub 1-0:1.0: 3 ports detected
Initializing USB Mass Storage driver...
usbcore: registered new driver usb-storage
USB Mass Storage support registered.
usbcore: registered new driver usbhid
drivers/usb/input/hid-core.c: v2.6:USB HID core driver
usbcore: registered new driver ov511
drivers/usb/media/ov511.c: v1.64 for Linux 2.5 : ov511 USB Camera Driver
pwc Philips webcam module version 9.0.2-unofficial loaded.
pwc    Supports    Philips    PCA645/646,    PCVC675/680/690,
PCVC720[40]/730/740/750 & PCVC
830/840.
pwc Also supports the Askey VC010, various Logitech Quickcams, Samsung
MPC-C10 a
nd MPC-C30,
pwc the Creative WebCam 5 & Pro Ex, SOTEC Afina Eye and Visionite
VCS-UC300 and
VCS-UM100.
usbcore: registered new driver Philips webcam
usbcore: registered new driver usbserial
drivers/usb/serial/usb-serial.c: USB Serial support registered for
Generic
usbcore: registered new driver usbserial_generic
drivers/usb/serial/usb-serial.c: USB Serial Driver core v2.0
drivers/usb/serial/usb-serial.c: USB Serial support registered for
FTDI USB Serial Device
usbcore: registered new driver ftdi_sio
drivers/usb/serial/ftdi_sio.c: v1.4.3:USB FTDI Serial Converters
Driver
pxa320_udc: version 01-Jul-2005
usb0: Ethernet Gadget, version: Equinox 2004
usb0: using pxa320_udc, OUT ether-bulk-out-2 IN ether-bulk-in-1
usb0: MAC 8e:d6:10:e1:2b:fc
Advanced Linux Sound Architecture Driver Version 1.0.10rc1 (Mon Sep 12
08:13:09
2005 UTC).
ALSA device list:
 #0: pxa3xx-ac97 (Wolfson WM9711,WM9712)
NET: Registered protocol family 2
IP route cache hash table entries: 2048 (order: 1, 8192 bytes)
TCP established hash table entries: 8192 (order: 3, 32768 bytes)
TCP bind hash table entries: 8192 (order: 3, 32768 bytes)
TCP: Hash tables configured (established 8192 bind 8192)
TCP reno registered
```

```
TCP bic registered
NET: Registered protocol family 1
NET: Registered protocol family 17
yaffs: dev is 32505858 name is "mtdblock2"
yaffs: passed flags ""
yaffs: Attempting MTD mount on 31.2, "mtdblock2"
usb0: full speed config #1: 100 mA, Ethernet Gadget, using CDC Ethernet
Subset
VFS: Mounted root (yaffs2 filesystem).
Freeing init memory: 168K
INIT: version 2.86 booting

                    Welcome to HYBUS
             XHYPER320WN Linux Code named WENDERS

Setting hostname hybus:  [  OK  ]
INIT: Entering runlevel: 3
Entering non-interactive startup
Starting network:  [  OK  ]
Starting system logger: [  OK  ]
Starting kernel logger: [  OK  ]
Mounting other filesystems:  [  OK  ]
Starting xinetd: [  OK  ]
Starting telnetd:  [  OK  ]

Welcome to XHYPER320WN Education Board.
Packaged by Hybus (hybus@hybus.net)
Using /usr/lib/modules/led.ko
Using /usr/lib/modules/keypad.ko
Using /usr/lib/modules/mma_drv.ko
Using /usr/lib/modules/adc_4dev.ko
Using /usr/lib/modules/gspi.ko
Using /usr/lib/modules/gspi8xxx.ko
SIOCSIFNETMASK: Cannot assign requested address
amixer trying defaults ...
Playing WAVE '/root/MP3/intro.wav' : Signed 16 bit Little Endian, Rate
44100 Hz,
 Stereo
/root/test_app/fbv_enlarge /root/PIC/robot_2.jpg
robot uart ctrl /dev/ttyS2
[root@WENDERS root]#
```

여기까지 수행한 작업은 제공되는 커널 이미지와 파일시스템 이미지를 타깃보드에 그대로 다운로드하여 플래시에 라이트하여 타깃보드의 리눅스 부팅을 확인하는 것까지 하였다. 이 작업을 통하여 Host PC에 개발환경구축 작업이 완료되었다.

앞으로 해야 할 것은 커널과 파일시스템 이미지를 원하는 대로 수정하는 것이다.

05장 메탈 파이터 디바이스 드라이버

01 AUDIO

메탈 파이터의 X-Hyper320MINI는 AC97 Controller Unit(ACUNIT)를 내장하고 있다. ACUNIT는 오디오 컨트롤러 링크(AC-link)를 지원한다. 이는 디지털 오디오(digital audio), 모뎀(modem), 마이크-인(Mic-in), 레지스터 제어(register control), 상태 정보(status information)를 전송할 때 작렬 인터페이스(serial interface)를 사용한다. 오디오 코덱(Audio Codec)으로는 WM9712를 사용한다.

1) 코드를 위한 외부 인터페이스(External interface to Codecs)

[표 5-1] 코드를 위한 외부 인터페이스

이름	형태	설 명
AC97_RESET_n	Output	Active-low Codec reset. The Codec's registers are reset when AC97_RESET_n is asserted.
AC97_BITCLK	Input	12.288MHz bit-rate clock
AC97_SYNC	Output	48kHz frame indicator and synchronizer
AC97_SDATA_OUT	Output	Serial audio output data to Codec for digital-to-analog conversion
AC97_SDATA_IN_0	Input	Serial audio input data from primary Codec
AC97_SDATA_IN_1	Input	Serial audio input data from secondary Codec
AC97_SYSCLK	Output	Optional 24.576MHz clock output

2) 디바이스 드라이버 소스(Device Driver source)

메탈 파이터에 사용하는 Audio Codec인 WM9712의 Device Driver의 위치는 다음과 같다. 드라이버는 ALSA를 사용한다.

```
sound/arm/pxa-ac97.c AC97 interface for Xhyper320MINI
sound/arm/snd-pxa2xx-pcm.c audio interface for Xhyper320
```

3) 디바이스 노드(Device Node)

```
/dev/dsp audio input, audio output
/dev/mixer control of volume, sampling rates, bass, treble, etc
```

4) 커널 구성(Kernel configuration)

오디오 코덱(Audio Codec)을 사용하기 위해서는 커널 구성(kernel configuration)에서 다음과 같이 설정을 해줘야 한다. 아래와 같이 설정을 함으로써 Sound에 관한 내용이 커널 컴파일시에 포함되어 Audio관련 장치를 사용할 수 있다.

```
Device Driver --->
Sound --->
<*> Sound card support
Advanced Linux Sound Architecture  --->
<*> Advanced Linux Sound Architecture
<*> OSSMixerAPI
<*> OSSPCM(digitalaudio)API
<*> Debug
ALSA ARM devices --->
<*> AC97 driver for the Intel PXA2xx chip
```

5) 테스트(Test)

메탈 파이터에서 Audio 장치는 녹음(Record)과 재생(Play)을 지원한다. WM9712에 대한 사운드(Sound) 설정은 [그림 5-1]과 같이 설정할 수 있다.

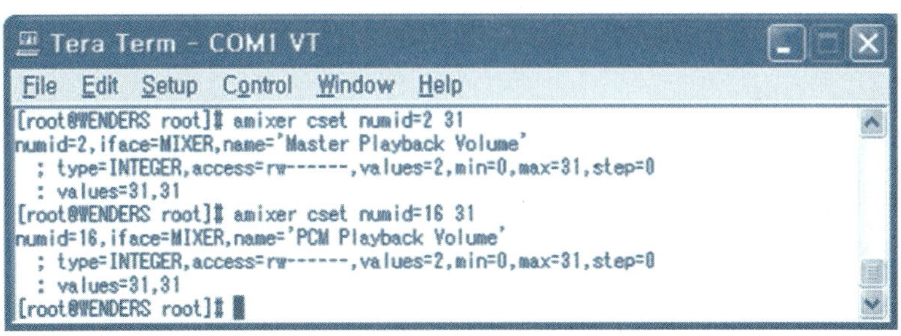

[그림 5-1] WM9712에 사운드 설정

```
☞ amixer cset numid=2 31 (마스터 볼륨 설정)
☞ amixer cset numid=16 31 (PCM 볼륨 설정)
```

위의 설정은 "amixer cset numid=2 31"이란 명령으로 Audio Codec의 Master Playback Volume을 31로 설정하고 다음으로 numid에 16을 입력해서 PCM Playback Volume을 31로 설정한 내용이다. ALSA(Advanced Linux Sound Architecture) 드라이버에 관한 자세한 내용은 http:// www.alsa-project.org에서 확인할 수 있다.

위의 설정을 마쳤으면 녹음(Record) 및 재생(Play) 테스트를 할 수 있다. "arecord -f dat -t wav test.wav"라는 명령어를 입력하면 메탈 파이터의 오른쪽 귀 부분에 달려있는 마이크를 통해 입력된 소리가 test.wav라는 파일로 Record된다.

녹음(Record)된 test.wav 파일을 재생하려면 "aplay test.wav"를 입력한다.

```
☞ arecord -f dat -t wav test.wav
☞ aplay test.wav
```

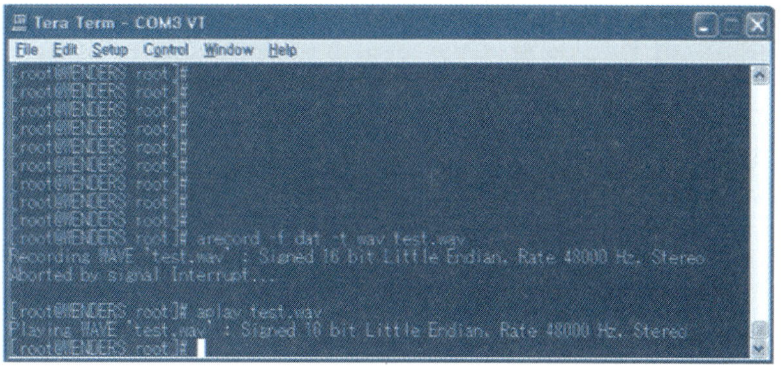

[그림 5-2] 녹음된 test.wav 파일을 재생하려면 "aplay test.wav"를 입력

02 UARTs

메탈 파이터의 X-Hyper320MINI에 탑재되어 있는 PXA320은 Full Function UART (FFUART), Bluetooth UART(BTUART), Standard UART(STUART)의 세 개의 UARTs를 지원한다.

X-Hyper320MINI에서는 PXA320에서 지원하는 세 개의 UARTs 외에 추가로 TL16C2550을 확장하여 2Port를 추가하였다.

[표 5-2] X-Hyper320MINI에 지원하는 포트

포트 이름	디바이스 파일	비 고
PXA320 STUART	/dev/ttyS0	Debug-baudrate 115200
PXA320 BTUART	/dev/ttyS1	BlueTooth
PXA320 FFUART	/dev/ttyS2	ROBOT Control-FFUART(TTL)
TL16C2550 PORT1	/dev/ttyS3	extern port-EXUART1(TTL)
TL16C2550 PORT2	/dev/ttyS4	extern port-EXUART2(TTL)

STUART는 ttyS0를 사용하며 디버깅을 위한 UART로 사용한다. Boudrate의 경우 115200을 고정으로 사용한다.

BTUART는 ttyS1을 사용하며 Bluetooth 통신 포트로 사용한다.

FFUART는 ttyS2를 사용하며 메탈 파이터를 제어하기 위한 포트로 사용한다.

위의 내부(Internal) UART외에 2개의 외부 포트(Extern port)를 가지며 각각 ttyS3, ttyS4를 사용한다.

1) 디바이스 노드(Device Node)

```
/dev/ttyS0 STUART (Debug)
/dev/ttyS1 BTUART (Bluetooth serial)
/dev/ttyS2 FFUART (Robot Control)
/dev/ttyS3 TL16C2550 Port1
/dev/ttyS4 TL16C2550 Port2
```

2) 디바이스 드라이버 소스(Device Driver Source)

메탈 파이터에서 사용하는 UARTs 드라이버는 다음과 같은 경로에 위치해 있다.

```
drivers/serial/pxa.c PXA320 Serial Function Device Driver
drivers/serial/serial_core.c  Serial Core Device Driver
```

3) 커널 구성(Kernel configuration)

UARTs를 사용하기 위해서는 커널 구성에서 아래와 같은 설정을 해줘야 한다. 아래와 같이 설정을 함으로써 UARTs에 관한 내용이 커널 컴파일시에 포함되어 UARTs를 사용할 수 있다.

```
Character devices --->
Serial drivers --->
[*] PXA2xx/PXA3xx Processor serial port support
[*] Console on PXA2xx/3xx Processor serial port
```

03 USB Host 1.1

메탈 파이터의 X-Hyper320MINI는 USB Host 1.1을 지원한다. USB Host 1.1은 Storage, Serial Converter 등 USB 장치를 연결하여 사용할 수 있다.

1) USB 특징(Features)

- USB Rev. 1.1 호환성
- 저속 및 풀-속도 제공
- 오픈 호스트 제어기 인터페이스(Open Host Controller Interface : OHCI) Rev 1.0a 호환성

2) 신호 기능(Signal Descriptions)

[표 5-3] 신호 기능

이름	형태	설 명
USBHPWR〈3:1〉	Input	Over-current indicator from ports 3, 2 and 1
USBH_P〈3:1〉	Input	Data positive to ports 3, 2 and 1
USBH_N〈3:1〉	Input	Data minus to ports 3, 2 and 1
USBHPEN〈3:1〉	Output	Controls power to the USB ports

3) 디바이스 드라이버 소스(Device Driver source)

```
drivers/usb/host/ohci-hcd.c OHCI Hosr Contoller Driver
drivers/usb/host/ohci-pxa3xx.c PXA320 OHCI Function Driver
```

4) 커널 구성(Kernel configuration ; USB Host Controller)

```
USB support --->
<*> Support for Host-side USB
[*] USB device filesystem
<*> OHCI HCD support
```

5) USB 디바이스 테스트(Device TEST)32

(1) USB 대용량 저장장치(Mass Stroage Class)

USB 대용량 저장장치는 SCSI 디바이스로 에뮬레이션(emulation) 된다. 그러므로 SCSI 제공(support)을 활성화(enable) 해주어야 한다.

```
SCSI device support --->
[*] legacy /proc/scsi/ support
<*> SCSI disk support
USB support --->
<*> USB Mass Storage support
```

위와 같이 커널(Kernel) 설정을 한 후 컴파일하여 새로운 커널을 올린다.

① 파티션 설정

```
[root@Xhyper /root]# fdisk /dev/sda
```

② 마운트

```
[root@Xhyper /root]# mkdir /mnt/usb
[root@Xhyper /root]# mount /dev/sda1 /mnt/usb
```

(2) USB 키보드

USB 키보드(Keyboard)의 설정은 다음과 같다.

```
Input device support --->
[*] Keyboards
USB support --->
<*> USB Human Interface Device (full HID) support
[*] HID input layer support
```

위와 같이 커널(Kernel) 설정을 한 후 컴파일하여 새로운 커널을 올린다.

(3) USB 마우스

USB 마우스(Mouse_의 설정은 다음과 같다.

```
Input device support --->
(1024) Horizontal screen resolution
(768) Vertical screen resolution
USB support --->
<*> USB Human Interface Device (full HID) support
[*] HID input layer support
```

위와 같이 커널(Kernel) 설정을 한 후 컴파일하여 새로운 커널을 올린다.

04 USB 슬레이브 1.1

메탈 파이터의 X-Hyper320MINI는 USB 슬레이브(Slave)를 이용하여 USB to Ethernet을 사용한다. 테스트(Test) 환경은 배포판 Asianux이다. 그 이하 버전은 따로 호스트(Host) PC의 커널 패치가 필요하다. 이는 다른 매뉴얼을 참고하기 바란다.

1) 커널 구성(Kernel configuration)

```
USB support --->
USB Gadget Support --->
<*> Support for USB Gadgets
USB Peripheral Controller (PXA3xx Processor USB 1.1 controller)  --->
<*> USB Gadget Drivers (Ethernet Gadget (with CDC Ethernet support))
--->
[*] RNDIS support (EXPERIMENTAL) (NEW)
```

2) USB 네트워크 설정(Network Setting)

Host PC IP(usb0) :10.1.1.1, X-Hyper320MINI IP(usb0) : 10.1.1.2

(1) 타깃보드(Target Board)

```
[root@WENDER ~]# ifconfig usb0 10.1.1.2
```

위와 같이 설정한 후 USB 케이블(Cable)을 연결하면 호스트(Host) PC에서 다음과 같이 메시지가 나온다.

(2) 호스트(Host) PC의 메시지

```
#tail -f /var/log/message
Apr 8 15:43:01kernel:usb.c:registerednewdriverusbnet
Apr 8 16:24:58kernel:usb0:registerusbnet001/005,LinuxDevice
Apr 8 16:24:59kernel:NET4:LinuxIPX0.46forNET4.0
Apr 8 16:24:59kernel:IPXPortionsCopyright(c)1995Caldera,
Apr 8 16:24:59kernel:NET4:AppleTalk0.18aforLinuxNET4.0
```

이는 배포판마다 차이가 있으니 참고하기 바란다. 연결 후 ifconfig -a를 실행하면 usb0 장치가 생성이 되는 것을 알 수 있다.

(3) 호스트(Host) PC

```
[root@xhyper ~]# ifconfig usb0 10.1.1.1
```

IP를 부여한 후 타깃보드(Target Board)와 통신이 가능하다.

(4) 테스트(Test)

위에서 설정한 IP 주소로 핑(ping)테스트를 하면 다음과 같이 연결된 것을 확인할 수 있다.

```
[root@WENDERS ~]# ping 10.1.1.1
```

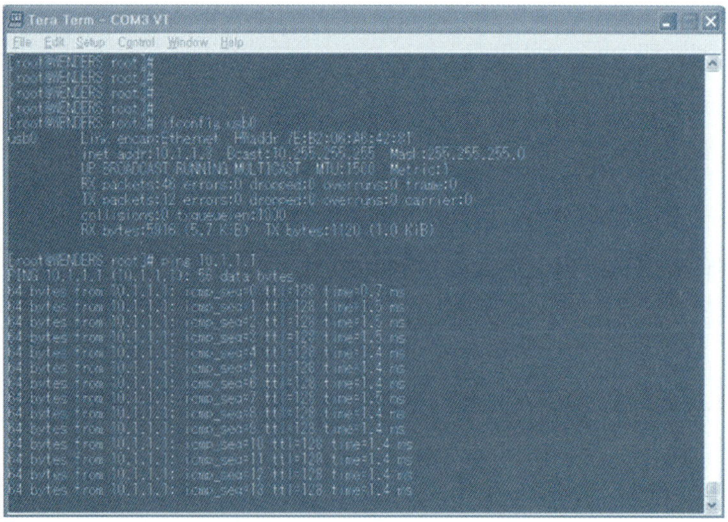

[그림 5-3] 설정한 IP주소로 핑 테스트

05 WLAN

메탈 파이터의 X-Hyper320MINI 보드는 WM-G-MR-09 칩셋을 사용하여 무선(Wireless) LAN을 지원한다. 무선 LAN을 이용하여 tftp, NFS 등의 무선 네트워크 환경을 구축할 수 있다.

1) 일반적인 특징(General Features)

[표 5-4] WM-G-MR-09 칩셋의 일반적인 특징

	항 목	설 명	비고
802.11b.g	표준	Complies with the latest IEEE 802.11b/g wireless LAN Physical Layer Specification (IEEE 802.11g dated 12/6/2003)	
	칩 셋	Marvell 88W8686	
	모듈 인터페이스 형태	SDIO(1bit and 4bit), SDIO_SPI, G-SPI	
	모듈 연결	36pin LGA	
	Co-existence	Supports 3-Wire BT coexistence scheme for an external BT solution	
	데이터 비율	802.11g : 54, 48, 36, 24, 18, 12, 9, 6Mbps, auto rate 802.11b : 11, 5.5, 2, 1Mbps, auto rate	
	변조방식	OFDM(54, 48, 36, 24, 18, 12, 9, 6Mbps) CCK(11Mbps, 5.5Mbps) DQPSK(2Mbps) DBPSK(1Mbps)	
	동작 주파수	2.4GHz ISM band	
	동작 채널	IEEE Channels 1-14 depending on Regulatory Domain settings	
	기 타	Compliance with FCC Class B Part 15.247, R&TTE, TELEC major RF regulatory requirements	

[표 5-4]는 WM-G-MR-09 칩셋의 일반적인 특징이다. 위의 내용을 보면 무선(Wireless) LAN의 지원 범위와 세부 사항을 알 수 있다.

2) 커널 구성(Kernel configuration)

```
Network device support --->
[*] Network device support
Wireless Lan ( non-hamradio )  --->
[*] Wireless LAN drivers ( non-hamradio ) & Wireless Extensions
```

3) 무선(Wireless) LAN 설정(Setting)

```
[root@WENDERS ~]# iwconfig eth0 mode ad-hoc essid hybus channel 5
[root@WENDERS ~]# iwconfig eth0 192.168.1.40
```

위와 같이 메탈 파이터에 있는 무선랜의 설정을 한다. 위의 연결은 AP가 없이 호스트(Host) PC와의 연결을 구성하기 위하여 모드(mode)를 애드홉(ad-hoc)으로 설정하고 호스트 PC에서 메탈 파이터의 무선랜을 찾기 위한 essid는 hybus, 주파수 채널을 5로 설정한 내용이다. 그리고 무선랜을 사용하는 eth0의 IP를 192.168.1.40으로 설정한다.

위의 메탈 파이터의 무선랜 설정을 마쳤으면 Host PC의 무선랜의 IP를 192.168.1.41로 설정한 후에 주변의 무선랜을 검색하여 위에서 메탈 파이터에 설정한 essid, 즉 hybus를 찾아서 연결한다.

호스트(Host) PC와 메탈 파이터 간의 무선랜 연결이 정상적으로 되었다면 ping 테스트를 통하여 연결을 확인한다.

4) 테스트(Test)

핑 테스트(ping test)를 통한 정상적인 무선랜의 연결을 확인하기 위해 "ping [Host 무선랜 IP]"를 입력한다.

```
[root@WENDERS ~]# ping 192.168.1.41
```

호스트(Host) PC와 메탈 파이터의 무선랜이 정상적으로 연결되었다면 [그림 5-4]와 같이 핑(ping)값이 되돌아오는 것을 볼 수 있다.

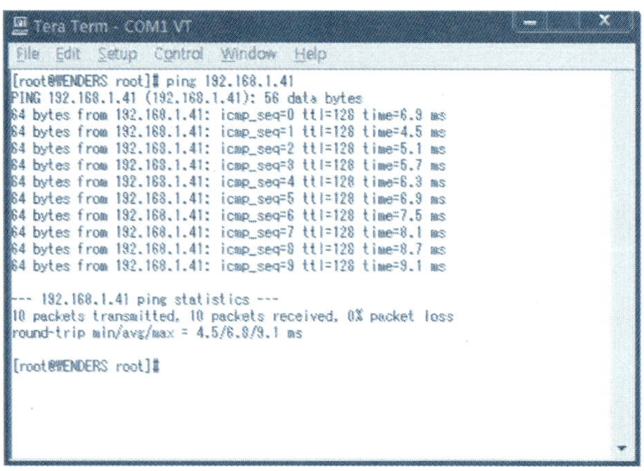

[그림 5-4] 핑 테스트를 통한 정상 무선랜 확인

06 블루투스

메탈 파이터의 X-Hyper320MINI 보드는 HBM2X1M 칩셋을 사용하여 블루투스(Bluetooth)를 지원한다. HBM2X1M은 블루투스(Bluetooth) 1.2를 지원하며 주변의 블루투스 장치를 검색, 연결하여 사용할 수 있다. 블루투스는 UART를 사용하며 메탈 파이터의 BTUART(/dev/ttyS1)를 사용한다.

1) 응용(Application) 분야

- 스테레오 헤드폰(Stereo Headphones)
- 자동차 핸즈프리 키트(Automotive Hands-Free Kits)
- 음향 삭제(Echo Cancellation)
- 고성능 전화기 헤드셋(High Performance Telephony Headsets)
- A/V 프로파일 제공(Profile Support)
- 핸드폰 헤드셋(Cellular Handsets)

2) UART 설정(Setting)

[표 5-5] 블루투스 UART 설정

파라미터	가능한 값
보드 비율	9600~1.5M Baud
흐름 제어	RTS/CTS or None
패리티	None, Odd or Even
정지 비트의 수	1 or 2
체널당 비트수	8

3) 커널 구성(Kernel configuration)

블루투스(Bluetooth)는 UARTs를 사용한다. 블루투스를 사용하기 위해서는 UARTs에 관한 커널 구성(kernel configuration)에서 다음과 같은 설정을 해줘야 한다. 다음과 같이 설정을 함으로써 UARTs에 관한 내용이 커널 컴파일시에 포함되어 UARTs를 사용할 수 있다.

```
Character devices --->
Serial drivers --->
[*] PXA2xx/PXA3xx Processor serial port support
[*] Console on PXA2xx/3xx Processor serial port
```

4) 디바이스 드라이버 소스(Device Driver Source)

메탈 파이터에서 사용하는 블루투스(Bluetooth) 드라이버는 다음과 같은 경로에 위치해 있다.

```
drivers/bluetooth/
drivers/bluetooth/
```

5) AT 명령어

메탈 파이터의 블루투스(Bluetooth)는 AT 명령어(Command)를 사용한다. 일반적으로 많이 사용되는 AT 명령어는 [표 5-6]과 같다.

[표 5-6] 블루투스 AT 명령어

명령어	응답(Response)	비고(Comments)
AT〈cr〉	OK	호스트와의 연결 상태 확인
ATZ〈cr〉	OK	소프트 리셋
AT+BTINQ?〈cr〉	주소, Name, CoD	주변 BT 장치 검색
AT+BTINFO?〈cr〉	주소, Name, Mode, State.....	내부 정보를 호스트로 전송

이 외의 명령어(Command)는 [표 5-6] AT 명령어(Command)를 참고하여 사용한다.

6) 테스트(Test)

① 블루투스(Bluetooth) 테스트를 위하여 "/root/test_app/bluetooth_test"를 실행하여 블루투스를 테스트한다.

```
[root@WENDERS ~]# cd /root/test_app
[root@WENDERS ~]# ./bluetooth_test
```

② bluetooth_test가 실행되면 "atz"를 입력하여 블루투스를 초기화시킨다.

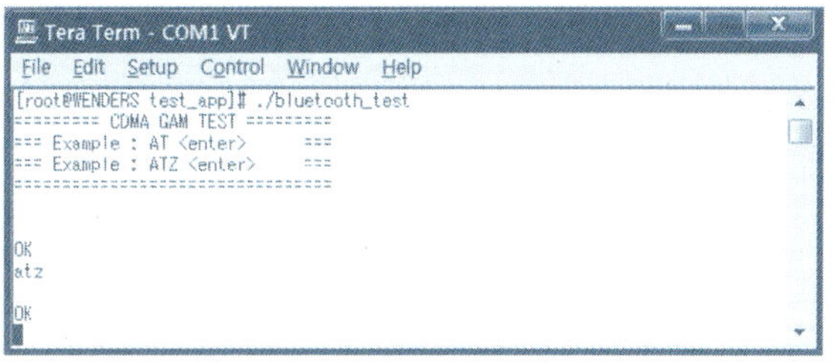

[그림 5-5] "atz"를 입력하여 블루투스를 초기화

③ "AT+BTINFO?"를 입력하면 현재 메탈 파이터에 장착된 블루투스(bluetooth)의 주소 및 상태, 모드 등이 표시된다.

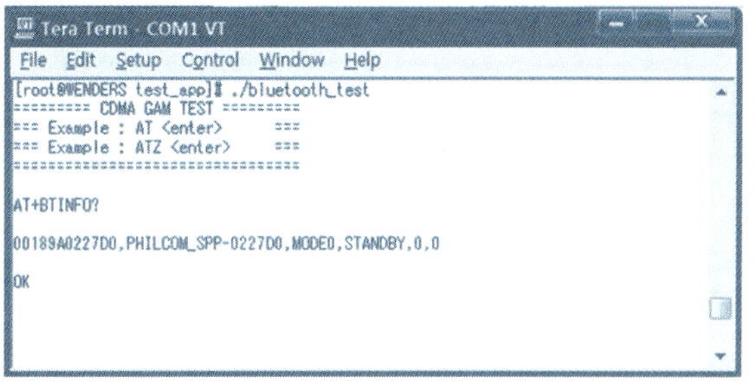

[그림 5-6] "AT+BTINFO?"를 입력하면 블루투스의 주소 및 상태, 모드 등이 표시

④ Host PC의 블루투수 동글(bluetooth dongle)을 이용하여 메탈 파이터와 호스트(Host) PC를 블루투스로 연결한다. 우선 Host PC의 블루투스 장치를 검색하기 위하여 메탈 파이터의 미니콤 창에서 "at+btinq?"를 입력하면 주변 블루투스 장치를 검색한다.

Host PC의 블루투스 장치가 검색이 되면 "atd" 명령을 이용하여 Host PC의 블루투스에 접속한다.

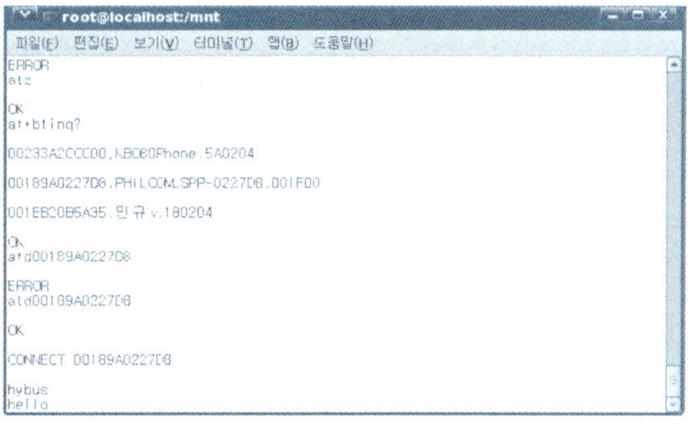

[그림 5-7] "atd" 명령을 이용 Host PC의 블루투스에 접속

⑤ 장치가 접속되면 위와 같이 연결(Connect)된 장치의 주소가 출력되고, text를 입력하면 [그림 5-8]과 같이 접속된 다른 블루투스 터미널에서 입력된 메시지가 출력되는 것을 볼 수 있다.

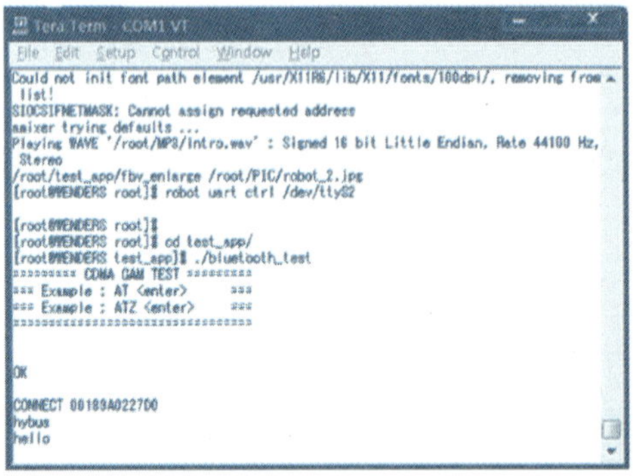

[그림 5-8] 다른 블루투스 터미널에서 입력된 메시지 출력

07 3-축 가속도기

메탈 파이터의 X-Hyper320MINI 보드에는 메탈 파이터의 제어와 동작(Motion)을 감지하기 위한 3-축 가속도기(Axis-Accelerometer) 센서가 탑재되어 있다. 3-축 가속도기는 메탈 파이터의 기울어짐 상태, 넘어진 상태 등을 감지하여 동작을 취하도록 구현할 수 있다.

1) 동적 가속도(Dynamic Acceleration)

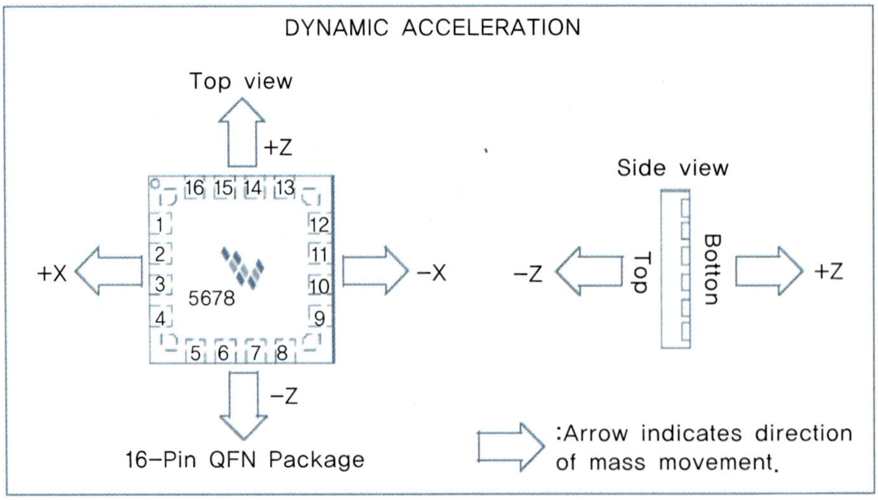

[그림 5-9] 3-축 가속도기 센서 구성

2) 디바이스 드라이버 소스(Device Driver Source)

메탈 파이터에서 사용하는 3-축 가속도기(Axis Accelerometer) 드라이버는 다음과 같은 경로에 위치해 있다.

```
drivers/bluetooth/
drivers/bluetooth/
```

3) 감도 설정(Select Sensitivity)

메탈 파이터에서 사용하는 3-축 가속도기(Axis-Accelerometer)는 MMA 7260 QT 칩셋을 확장하여 사용한다. MMA7260QT는 4개의 민감도를 지원하며 사용자가 원하는 감도를 선택하여 사용할 수 있다.

[표 5-7] MMA7260QT는 4개의 민감도 지원

g-Select2	g-Select1	g-Range	민감도
0	0	1.5g	800 mV/g
0	1	2g	600 mV/g
1	0	4g	300 mV/g
1	1	6g	200 mV/g

민감도는 테스트 애플리케이션에서 설정이 가능하며 1.5g에서 가장 높은 민감도를 6g에서 가장 낮은 민감도를 가진다.

- BSP의 Device/mma_adc/test_3axis.c

```
#define MMA_SENS_15G            0x1005  // 800mVg
#define MMA_SENS_20G            0x1006  // 600mVg
#define MMA_SENS_40G            0x1007  // 300mVg
#define MMA_SENS_60G            0x1008  // 200mVg
.
.
ioctl(fd, MMA_SENS_15G , 0 );              // Sensitivity
```

사용자가 원하는 민감도를 설정하여 컴파일하여 사용하면 된다.

4) 테스트(Test)

3-축 가속도기(Axis-Accelerometer) 센서의 테스트를 위해서 "/root/test_app/ bluetooth_

CHAPTER 05

test“ 를 실행하여 3-축 가속도기 센서를 테스트한다.

```
[root@WENDERS ~]# cd /root/test_app
[root@WENDERS ~]# ./test_3axis
```

test_3axis가 실행되면 x, y, z축의 기울기 값이 터미널을 통해 출력되는 것을 볼 수 있다.

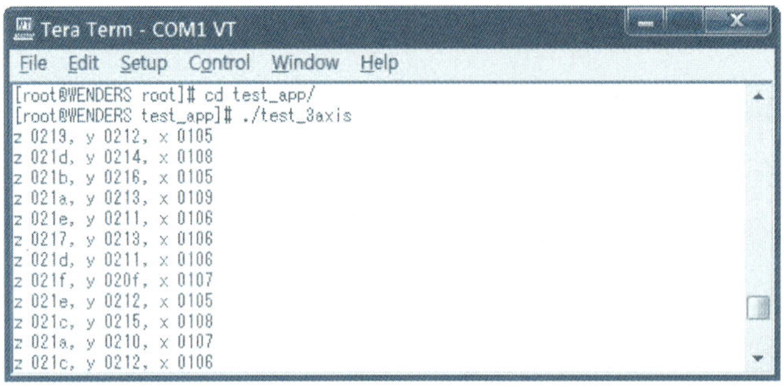

[그림 5-10] 메탈 파이터가 서 있을 때의 센서 값

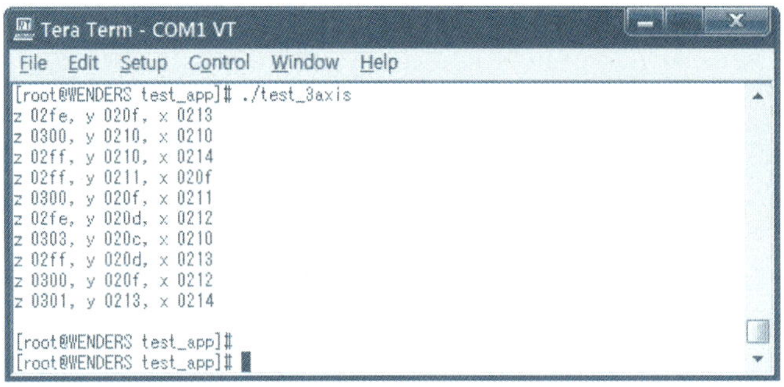

[그림 5-11] 메탈 파이터가 앞으로 넘어졌을 때의 센서 값

08 ADC 4 포트

메탈 파이터에는 3개의 적외선 거리 센서가 부착되어 있다. 거리 센서의 위치는 가슴과 양쪽 팔에 위치하고 있으며 거리 센서를 이용하여 전면의 장애물 유무와 좌, 우측 장애물의 거리를 측정할 수 있다. 거리센서는 ADC 3개 채널을 사용한다.

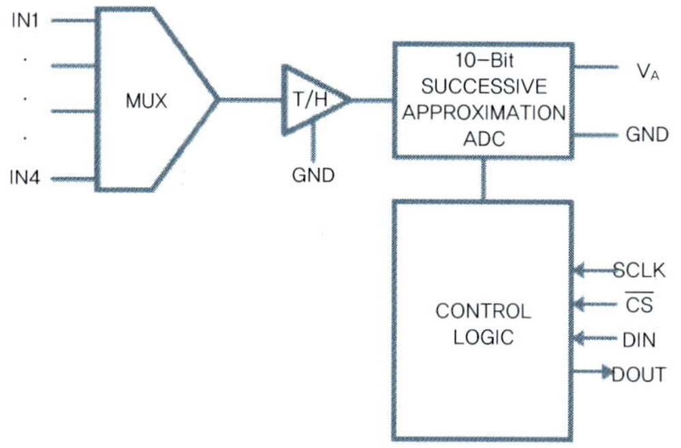

[그림 5-12] ADC104S021 블록 다이어그램

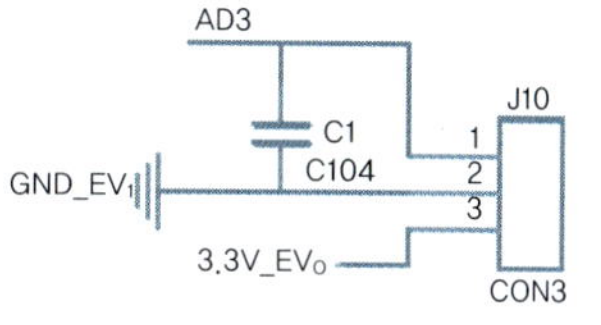

[그림 5-13] 거리 센서 회로도

메탈 파이터의 거리 센서는 리니어(linear)하지 않기 때문에 거리에 대한 값을 실제 거리값의 변환식을 표현할 수가 없다. 이는 직접 테스트하여 테이블 작성 후 사용하면 된다. 거리센서의 최소 감지범위와 최대 감지범위는 [그림 5-14]와 같다.

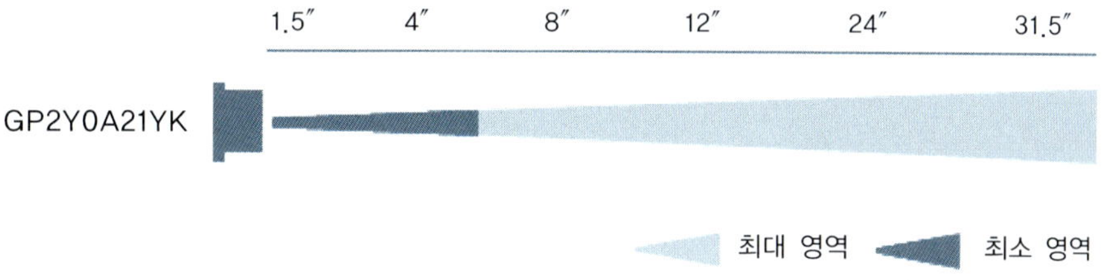

[그림 5-14] 거리 센서의 최소 감지 범위와 최대 감지 범위

1) 테스트(Test)

메탈 파이터의 ADC를 사용하는 거리 센서를 테스트하기 위하여 아래와 같이 입력하여 실행한다.

```
[root@WENDERS ~]# cd /root/test_app
[root@WENDERS ~]# ./test_4adc
```

test_4adc가 실행되면 [그림 5-15]와 같이 3개의 거리 센서에서 나오는 값이 각각의 채널(Channel)에 표시된다.

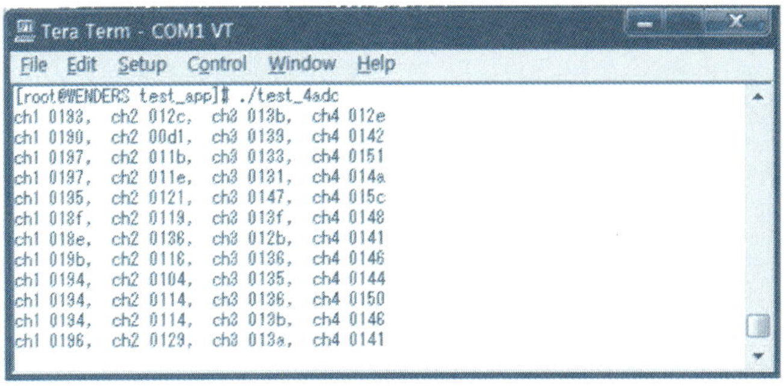

[그림 5-15] 3개의 거리 센서에서 나오는 값이 각각의 채널에 표시

각각의 채널(Channel)에 대한 거리 센서의 위치는 [표 5-8]과 같다.

[표 5-8] 각각의 채널에 대한 거리 센서의 위치

채널	거리 센서 위치
Ch1	왼팔 거리 센서
Ch2	오른팔 거리 센서
Ch4	가슴 거리 센서

09 TFT LCD

메탈 파이터는 2.5″의 TFT LCD를 장착하여 로봇의 비주얼(Visual)한 구동 및 제어가 가능하도록 구성되어 있다.

❖ LMS250GF04-001
- Trans missive with Micro Reflective type and back-light with 3 LEDs.
- TN mode (Normally White).
- Wide Viewing Angle.
- Stripe Pixel structure.
- 18bit RGB parallel Interface + Serial Peripheral Interface (SPI)
- Gate Driver IC embeded on Panel
- Low Power consumption.

[그림 5-16] TFT LCD를 장착하여 로봇의 비주얼한 구동 및 제어 구성

1) 일반적인 특성(General Information)

[표 5-9] TFT LCD 특징

항목	사양	단위	비고
Display Area	50.88(H)×38.16(V)	mm	
Driver Element	a-Si TFT active matrix	–	
Display Colors	262k	color	
Number of Pixels	320(H)×240(V)	pixel	
Pixel Arrangement	Stripe Structure	–	
Pixel Pitch	0.159(H)×0.159(V)	mm	
Display Mode	Normally White	–	
Gray Inversion Angle	12	o'clock	
Surface Treatment	2H	–	

2) 커널 구성(Kernel configuration)

```
Graphics support --->
<*> Support for frame buffer devices
<*> PXA2xx/PXA3xx Processor LCD framebuffer support
<*> LCD overlay support
LCD type (samsung LMS250GF04_001 (320x240)) --->
(x) samsung LMS250GF04_001 (320x240)
Console display driver support --->
<*> Framebuffer Console support
[*] Select compiled-in fonts
[*] VGA 8x16 font
Logo configuration --->
[*] Bootup logo
[*] Metal Fighter Linux logo(320x240)
```

3) 디바이스 노드(Device Node)

```
/dev/fb0 frame buffer Node
```

4) 디바이스 드라이버 소스(Device Driver source)

실제 사용하는 LCD에 관한 설정은 arch/arm/mach-pxa/xhyper320mini.c에 있다.

```
drivers/video/
arch/arm/mach-pxa/xhyper320mini.c Initialize TFT LCD Timing
```

5) 테스트(Test)

메탈 파이터의 전원을 ON시키면 메탈 파이터의 부팅과 동시에 메탈 파이터의 로고가 TFT LCD를 통해 디스플레이된다. 레고(logo)의 디스플레이 화면으로 메탈 파이터의 LCD의 정상 작동 상태를 1차적으로 확인할 수 있다. 다음은 메탈 파이터의 로고를 반전 / 재반전시킴으로써 LCD의 디스플레이 상태를 변경할 수 있다.

```
[root@WENDERS ~]# echo b > /proc/invert/tb        --> 영상 반전
[root@WENDERS ~]# echo t > /proc/invert/tb        --> 영산 재반전
```

위의 입력을 통해 메탈 파이터의 로고 화면이 다음과 같이 반전 / 재반전이 되는 것을 볼 수 있다.

[그림 5-17] echo t 〉 /proc/invert/tb

[그림 5-18] echo b 〉 /proc/invert/tb

10 카메라

메탈 파이터의 머리에 장착되어 있는 CMOS 카메라(camera)에 대한 부분이다. 메탈 파이터는 1.3M Pixels의 CMOS 카메라를 장착하여 전방 또는 좌, 우측의 사물 인식 또는 영상 데이터 저장 및 처리가 가능하도록 구성되어 있다.

- V412 비디오 포맷(Video Format) 지원

- YCBCR422 픽셀 포맷(Pixel Format) 지원
- PXA 오버레이(Overlay)-2 사용
- 비디오 핸들링(Video Handling)
- 640x480 모드(Mode) 지원
- OV7660 CMOS 센서(Sensor) 지원

콘솔 기반의 CMOS 카메라(Camera) 프로그램은 [그림 5-19]와 같은 구조로 되어 있다.

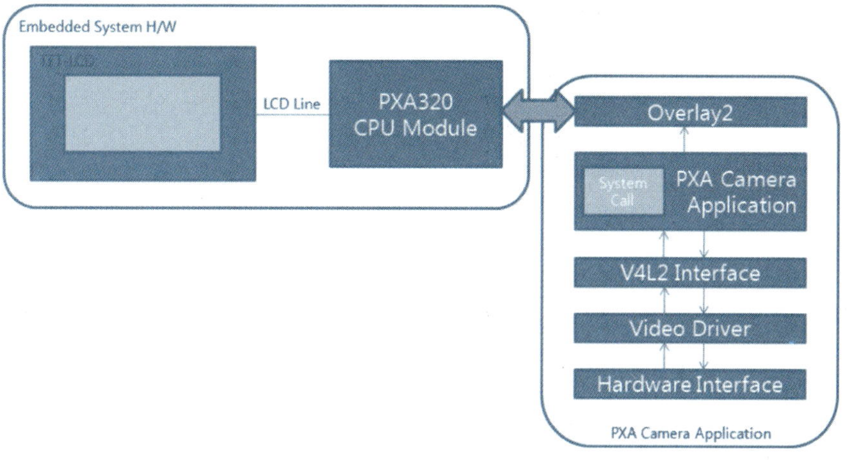

[그림 5-19] 카메라 프로그램 구조

1) 디바이스 드라이버 소스(Device Driver source)

CMOS 카메라를 사용하기 위한 디바이스 드라이버는 다음과 같은 디렉토리에 위치해 있다.

```
kernel/driver/media/video/monahans
```

2) 테스트(Test)

메탈 파이터의 카메라는 카메라의 영상을 LCD에 출력하고 카메라에 입력되어진 영상의 캡처를 지원한다.

1. 우선 카메라의 영상은 LCD로 디스플레이하기 위하여 "/root/test_app/camera"를 실행시킨다.

CHAPTER 05

```
[root@WENDERS ~]# cd /root/test_app
[root@WENDERS ~]# ./camera
```

② 카메라가 실행되면 카메라의 영상이 LCD를 통해 디스플레이되는 것을 볼 수 있다.

[그림 5-20] 영상이 LCD 통해 디스플레이

③ 실행된 카메라를 종료시키고 카메라 영상 캡처를 실행한다. 캡처 프로그램의 실행 방법은 다음과 같다.

```
[root@WENDERS ~]# cd /root/test_app
[root@WENDERS ~]# ./camera_yuv_capture
```

④ camera_yuv_capture를 실행하게 되면 카메라에 입력된 영상이 yuv422p 형식의 파일로 저장된다. 파일의 저장 상태를 확인하기 위하여 "ls" 명령어를 입력하여 캡처된 영상이 파일로 정상적으로 저장되었는지 확인한다.

```
[root@WENDERS test_app]# ls
```

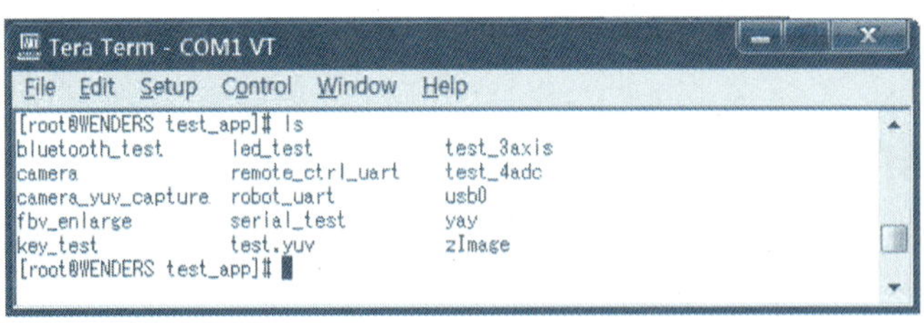

[그림 5-21] "ls" 명령어를 입력하여 영상이 파일로 저장 확인

⑤ 위에서 캡처된 화면은 test.yuv로 저장되었음을 알 수 있다.
다음은 위에서 캡처된 영상을 다시 LCD로 디스플레이하는 방법이다. 위에서 캡처

된 파일은 yuv422p 형식의 파일로 저장이 된다고 하였다. 저장된 test.yuv 파일을 LCD에 디스플레이하기 위해서 다음과 같이 입력한다.

```
[root@WENDERS ~]# cd /root/test_app/yay
[root@WENDERS ~]# export SDL_NOMOUSE=1
[root@WENDERS ~]# ./yay ../test.yuv
```

위와 같이 입력하면 위에서 캡처한 yuv형식의 파일이 LCD를 통해 디스플레이되는 것을 볼 수 있다.

[그림 5-22] yuv 형식 파일이 LCD를 통해 디스플레이

11 로봇 테스트

4장의 로보 베이직을 이용하여 메탈 파이터를 구동하는 법을 설명하였다. 이번에는 임베디드 보드로부터 직접 메탈 파이터를 제어하는 테스트를 해보도록 하겠다. 메탈 파이터는 로보 베이직이라는 프로그램에 작성된 코드를 기본으로 동작을 구성하고 있다. 이를 이용하여 메탈 파이터의 임베디드 보드에 탑재되어 있는 리눅스에서 코드를 넣어 메탈 파이터를 구동하는 테스트이다.

로봇 테스트(Robot Test)는 로보 베이직을 기본으로 하기 때문에 로보 베이직의 기본 코드 구성표에 맞춰서 테스트를 진행한다.

Robot Test를 하기 위하여 우선 메탈 파이터의 DIP 스위치를 PXA320 제어 모드로 전환해야 한다. 모드 전환은 4장에서 이미 설명하였으므로 모드 전환방법 설명은 생략하도록 한다.

① 로봇 테스트를 하기 위해서 아래와 같이 입력한다.

```
[root@WENDERS ~]# cd /root/test_app/
[root@WENDERS ~]# ./robot_uart
```

② 위와 같이 입력하면 터미널창에는 명령 코드를 입력할 수 있는 입력창이 나타난다. 이 입력창에 메탈 파이터의 기본 코드표를 참고하여 코드를 입력한다. (명령 코드에 "1(dec) = 인사"라면 "1"을 입력하면 인사 동작을 수행한다.)

```
[root@WENDERS ~]# ./robot_uart
robot uart ctrl /dev/ttyS2
1↵
Embedded->Robot [1]
```

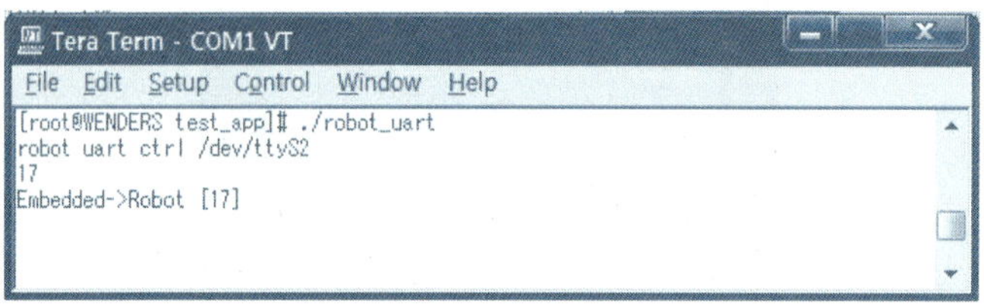

[그림 5-23] "1(dec) = 인사"라면 "1"을 입력하면 인사 동작을 수행

③ 앞의 테스트 프로그램의 소스는 BSP의 Device/robot_uart/robot_uart.c이다.

```
[root@WENDERS ~]# vi device/robot_uart/robot_uart.c
```

Robot Test 프로그램은 고정적으로 FFUART(/dev/ttyS2)를 사용하며 보드 비율(Boud rate)는 4800을 고정으로 사용한다. 이 외의 동작은 코드 구성표 또는 로보 베이직의 프로그램 소스를 참고하여 테스트한다.

06장 메탈 파이터 임베디드 프로그래밍

이 장에서는 메탈 파이터에 탑재되어 있는 PXA320 프로세서와 모터를 제어하는 MR-C3024FX 마이컴의 통신을 이용하여 임베디드 보드에서 메탈 파이터를 제어할 수 있는 간단한 임베디드용 프로그램을 작성해 보도록 한다. 이를 통하여 임베디드와 마이컴의 연동으로 메탈 파이터를 제어하는 기본적인 흐름을 이해하고 더 나아가 사용자가 원하는 응용 프로그램을 작성할 수 있도록 이해를 돕기 위한 장이다.

임베디드 보드에서 메탈 파이터를 제어하기 위해서는 로보 베이직 프로그램으로 기본적인 동작을 구성하여야 하며, 이를 바탕으로 임베디드 보드에서 메탈 파이터를 제어할 수 있다.

01 주사위 게임

주사위 게임은 메탈 파이터의 기본 동작에 포함되어 있는 로보 베이직의 주사위 게임 동작을 이용하여 주사위를 던지는 모션을 임베디드에서 랜덤한 동작으로 던질 수 있도록 제어하는 프로그램을 작성해 본다. 기본으로 제공되는 로보 베이직에서의 주사위 게임은 마이컴 보드에서 주사위 게임의 동작을 제어하도록 되어 있는 것을 임베디드 보드에서 제어할 수 있도록 구성한다.

주사위 게임의 모션은 총 3개로 구성되어 있으며 다음의 사진과 같이 왼쪽 던지기, 정면 던지기, 오른쪽 던지기 동작으로 구성된다.

왼쪽 던지기　　　　정면 던지기　　　　오른쪽 던지기

[그림 6-1] 주사위 게임의 모션은 총 3개로 구성

1-1 로보 베이직 프로그래밍

임베디드를 통한 주사위 게임을 하기 위해서는 우선 로보 베이직에서 주사위 게임을 기본 모션을 구성해야 한다. 주사위 게임의 모션은 다음과 같이 구성하며, 기존에 제공된 주사위 게임의 로보 베이직 프로그램 소스를 수정해서 사용해도 무방하다.

여기서는 주사위 게임을 위한 동작을 새로 작성하는 방법을 소개한다.

1. 메탈 파이터의 주사위 게임 모션을 프로그래밍하기 위해서 로보 베이직을 실행시킨 후 파일→새 프로그램 작성을 클릭한다.

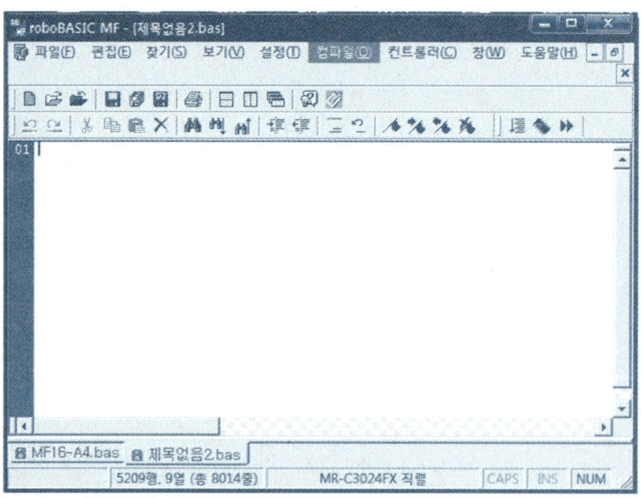

[그림 6-2] 새 프로그램 작성

새로운 프로그램을 작성하기 위하여 3장의 기본적인 로보 베이직 프로그램의 헤더의 내용을 다음과 같이 작성한다.

② 내용에는 각 모터의 방향설정과 속도, 초기 위치, 변수지정 등이 포함되어 있다.

```
'변수선언
DIM A AS BYTE
DIM A_old AS BYTE


'PTP 기능 설정 (로봇 동시 제어)
PTP SETON
PTP ALLON



'모터 방향 설정 (메탈파이터용)
DIR G6A,1,0,0,1,0,0
DIR G6B,1,1,1,1,1,1
DIR G6C,0,0,0,0,0,0
DIR G6D,0,1,1,0,1,0



'모터 동작 시작위치 설정 (급격한 모터 동작 방지)
'HMI 프로토콜 기능 모터의 위치 피드백 기능
GETMOTORSET G6A,1,1,1,1,1,0
GETMOTORSET G6B,1,1,1,0,0,0
GETMOTORSET G6C,1,1,1,0,0,0
GETMOTORSET G6D,1,1,1,1,1,0



'기본 모터 속도 설정
SPEED 5
```

[그림 6-3] 각 모터의 방향설정과 속도, 초기 위치, 변수 지정

③ 다음은 메탈 파이터에 전원이 인가되면 출력되는 시작음과 메탈 파이터의 초기 자세를 설정하는 내용이다.

```
    '****초기위치 피드백*****************************
GOSUB MOTOR_ON

SPEED 5
GOSUB 전원초기자세
GOSUB 기본자세

GOTO MAIN
    '************************************************
시작음:
    TEMPO 220
    MUSIC "O23EAB7EA>3#C"
    RETURN
    '************************************************
MOTOR_ON:

    GOSUB MOTOR_GET

    MOTOR G6B
    DELAY 50
    MOTOR G6C
    DELAY 50
    MOTOR G6A
    DELAY 50
    MOTOR G6D

    GOSUB 시작음
    RETURN
    '************************************************
MOTOR_GET:
    GETMOTORSET G6A,1,1,1,1,1,0
    GETMOTORSET G6B,1,1,1,0,0,0
    GETMOTORSET G6C,1,1,1,0,0,0
    GETMOTORSET G6D,1,1,1,1,1,0
    RETURN
```

[그림 6-4] 출력되는 시작음과 메탈 파이터의 초기 자세를 설정하는 내용

CHAPTER 06

④ 다음은 위에서 초기 상태를 설정한 내용 중에 "전원초기자세", "기본자세"에 대한 모터 값을 넣어준다.

```
전원초기자세:
    MOVE G6A,95,  76, 145,  93, 105, 100
    MOVE G6D,95,  76, 145,  93, 105, 100
    MOVE G6B,100,  45,  90, 100, 100, 100
    MOVE G6C,100,  45,  90, 100, 100, 100
    WAIT
    RETURN

'************************************************
기본자세:
    MOVE G6A,100,  76, 145,  93, 100, 100
    MOVE G6D,100,  76, 145,  93, 100, 100
    MOVE G6B,100,  30,  80, 100, 100, 100
    MOVE G6C,100,  30,  80, 100, 100, 100
    WAIT

    RETURN
```

[그림 6-5] "전원초기자세", "기본자세"에 대한 모터 값

⑤ 다음으로 로보 베이직에서 모터의 파워를 설정하는 내용을 작성한다. 모터의 설정 내용은 [그림 6-6]과 같다.

```
All_motor_mode3:

    MOTORMODE G6A,3,3,3,3,3
    MOTORMODE G6D,3,3,3,3,3
    MOTORMODE G6B,3,3,3
    MOTORMODE G6C,3,3,3

    RETURN
    '*************************************
All_motor_Reset:

    MOTORMODE G6A,1,1,1,1,1
    MOTORMODE G6D,1,1,1,1,1
    MOTORMODE G6B,1,1,1
    MOTORMODE G6C,1,1,1

    RETURN
```

[그림 6-6] 모터의 파워를 설정하는 내용

⑥ 위의 내용은 모든 모터의 파워를 설정한 내용과 모든 모터의 상태를 초기 상태로 Reset하는 내용이다. 위의 내용은 아래 작성할 주사위 게임의 모션에서 사용하는 내용으로 MOTORMODE라는 함수를 사용하여 모터의 토크 값을 설정한 것이다.

다음으로 동작이 완료되었을 때 리턴 값을 받기 위한 내용과 현재 동작하는 내용이 없을 때에 입력값을 받기 위한 MAIN문을 구성한다. 각각의 내용은 [그림 6-7]과 같다.

```
RX_EXIT:

    ERX 4800, A, MAIN

    GOTO RX_EXIT
    '**************************************************

MAIN: '라벨설정

    '**** 입력된 A값이 0 이면 MAIN 라벨로 가고
    '**** 1이면 KEY1 라벨, 2이면 key2로... 가는문


    ERX 4800,A,MAIN
    A_old = A

    ON A GOTO MAIN,KEY1,KEY2,KEY3

    GOTO MAIN
```

[그림 6-7] 입력값을 받기 위한 MAIN문을 구성

위에서 RX_EXIT는 동작이 완료되었을 때에 실행되는 부분으로 동작이 완료되었음을 알리는 리턴 값을 보내는 부분이다. MAIN의 경우 동작이 실행되지 않을 때에 입력값을 받기 위한 부분이다. 위에서는 3개의 동작을 사용하기 때문에 KEY1~KEY3의 값을 사용한 것을 볼 수 있다.

주사위 게임에서는 3개의 모션만을 사용하기 때문에 위에서는 3개의 키 값만을 사용한 것이며 추가적으로 다른 모션에 대한 리모콘 키의 값을 설정하고자 하는 경우에는 KEY 값을 더 추가하여 사용하면 된다.

다음으로 주사위 게임의 모션 동작을 작성한다. 모션은 총 3개로 이루어져 있으며 각각 왼쪽 던지기, 오른쪽 던지기, 정면 던지기 동작으로 구성되어진다. 모션 동작의 프로그램 구성은 다음과 같다.

```
주사위게임:
    GOSUB All_motor_mode3
    SPEED 5
    MOVE G6A,100,  30, 188,  155, 100
    MOVE G6D,100,  30, 188,  155, 100
    MOVE G6B,185,  30,  80
    MOVE G6C,185,  30,  80
    WAIT

    MOVE G6B,185,  15,  65
    MOVE G6C,185,  15,  65
    WAIT

    SPEED 4
    MOVE G6A,100,  30, 170,  155, 100
    MOVE G6D,100,  30, 170,  155, 100
    WAIT

    SPEED 5
    MOVE G6A,100,  60, 150,  115, 100
    MOVE G6D,100,  60, 150,  115, 100
    WAIT

    SPEED 6
    MOVE G6A,100,  74, 145,  85, 100
    MOVE G6D,100,  74, 145,  85, 100
    WAIT

        SPEED 4
        MOVE G6B,135,  13,  50
        MOVE G6C,188,  13,  50
        WAIT

        SPEED 15
        MOVE G6C,188,  60,  50
        MOVE G6B,165,  13,  50
        WAIT

         DELAY 1000

    SPEED 10
    MOVE G6B,140,  70,  80
    MOVE G6C,140,  70,  80
    WAIT


    SPEED 4
    MOVE G6A,100,  76, 145,  93, 100
    MOVE G6D,100,  76, 145,  93, 100
    MOVE G6B,100,  30,  80
    MOVE G6C,100,  30,  80
    WAIT

    GOSUB All_motor_Reset
    RETURN
```

[그림 6-8] 오른쪽 던지기

```
주사위게임1:
    GOSUB All_motor_mode3
    SPEED 5
    MOVE G6A,100,  30, 188,  155, 100
    MOVE G6D,100,  30, 188,  155, 100
    MOVE G6B,185,  30,  80
    MOVE G6C,185,  30,  80
    WAIT

    MOVE G6B,185,  15,  65
    MOVE G6C,185,  15,  65
    WAIT

    SPEED 4
    MOVE G6A,100,  30, 170,  155, 100
    MOVE G6D,100,  30, 170,  155, 100
    WAIT

    SPEED 5
    MOVE G6A,100,  60, 150,  115, 100
    MOVE G6D,100,  60, 150,  115, 100
    WAIT

    SPEED 6
    MOVE G6A,100,  74, 145,  85, 100
    MOVE G6D,100,  74, 145,  85, 100
    WAIT

        SPEED 4
        MOVE G6C,135,  13,  50
        MOVE G6B,188,  13,  50
        WAIT

        SPEED 15
        MOVE G6B,188,  60,  50
        MOVE G6C,165,  13,  50
        WAIT

         DELAY 1000

    SPEED 10
    MOVE G6B,140,  70,  80
    MOVE G6C,140,  70,  80
    WAIT


    SPEED 4
    MOVE G6A,100,  76, 145,  93, 100
    MOVE G6D,100,  76, 145,  93, 100
    MOVE G6B,100,  30,  80
    MOVE G6C,100,  30,  80
    WAIT

    GOSUB All_motor_Reset
    RETURN
```

[그림 6-9] 왼쪽 던지기

```
주사위게임2:
    GOSUB All_motor_mode3
    SPEED 5
    MOVE G6A,100,  30, 188,  155, 100
    MOVE G6D,100,  30, 188,  155, 100
    MOVE G6B,185,  30,  80
    MOVE G6C,185,  30,  80
    WAIT

    MOVE G6B,185,  15,  65
    MOVE G6C,185,  15,  65
    WAIT

    SPEED 4
    MOVE G6A,100,  30, 170,  155, 100
    MOVE G6D,100,  30, 170,  155, 100
    WAIT

    SPEED 5
    MOVE G6A,100,  60, 150,  115, 100
    MOVE G6D,100,  60, 150,  115, 100
    WAIT

    SPEED 6
    MOVE G6A,100,  74, 145,  85, 100
    MOVE G6D,100,  74, 145,  85, 100
    WAIT

        SPEED 15
        MOVE G6B,188,  50,  65
        MOVE G6C,188,  50,  65
        WAIT



    DELAY 1000

    SPEED 10
    MOVE G6B,140,  70,  80
    MOVE G6C,140,  70,  80
    WAIT


    SPEED 4
    MOVE G6A,100,  76, 145,  93, 100
    MOVE G6D,100,  76, 145,  93, 100
    MOVE G6B,100,  30,  80
    MOVE G6C,100,  30,  80
    WAIT

    GOSUB All_motor_Reset
    RETURN
```

[그림 6-10] 정면 던지기

위의 3가지 모션을 로보 베이직에 추가시킨 뒤에 메탈 파이터의 임베디드에서 위의 동작에 대한 제어 명령과 리모콘에서 제어시킬 수 있도록 Key값을 설정한다.

```
KEY1:
    GOSUB 주사위게임
    ETX 4800, 1
    GOTO RX_EXIT

KEY2:
    GOSUB 주사위게임1
    ETX 4800, 2
    GOTO RX_EXIT

KEY3:
    GOSUB 주사위게임2
    ETX 4800, 3
    GOTO RX_EXIT
```

[그림 6-11] 제어 명령과 리모콘에서 제어 Key값을 설정

주사위 게임에 대한 최종적으로 작성된 소스는 아래와 같다.

```
'변수선언
DIM A AS BYTE
DIM A_old AS BYTE

'PTP 기능 설정 (로봇 동시 제어)
PTP SETON
PTP ALLON

'모터 방향 설정 (메탈 파이터용)
DIR G6A,1,0,0,1,0,0
DIR G6B,1,1,1,1,1,1
DIR G6C,0,0,0,0,0,0
DIR G6D,0,1,1,0,1,0

'모터 동작 시작위치 설정 (급격한 모터 동작 방지)
'HMI 프로토콜 가능 모터의 위치 피드백 기능
GETMOTORSET G6A,1,1,1,1,1,0
GETMOTORSET G6B,1,1,1,0,0,0
GETMOTORSET G6C,1,1,1,0,0,0
GETMOTORSET G6D,1,1,1,1,1,0

'기본 모터 속도 설정
SPEED 5
    '****초기위치 피드백*****************************
GOSUB MOTOR_ON

SPEED 5
GOSUB 전원초기자세
GOSUB 기본자세

GOTO MAIN
    '***********************************************
시작음:
    TEMPO 220
    MUSIC "O23EAB7EA>3#C"
    RETURN
    '***********************************************
MOTOR_ON:

    GOSUB MOTOR_GET

    MOTOR G6B
    DELAY 50
    MOTOR G6C
    DELAY 50
    MOTOR G6A
    DELAY 50
    MOTOR G6D

    GOSUB 시작음
    RETURN

   '***********************************************
MOTOR_GET:
```

```
    GETMOTORSET G6A,1,1,1,1,1,0
    GETMOTORSET G6B,1,1,1,0,0,0
    GETMOTORSET G6C,1,1,1,0,0,0
    GETMOTORSET G6D,1,1,1,1,1,0
    RETURN
   '*************************************************
All_motor_mode3:
    MOTORMODE G6A,3,3,3,3,3
    MOTORMODE G6D,3,3,3,3,3
    MOTORMODE G6B,3,3,3
    MOTORMODE G6C,3,3,3
    RETURN
    '*************************************************
All_motor_Reset:
    MOTORMODE G6A,1,1,1,1,1
    MOTORMODE G6D,1,1,1,1,1
    MOTORMODE G6B,1,1,1
    MOTORMODE G6C,1,1,1
    RETURN
    '*******************************************
RX_EXIT:
    ERX 4800, A, MAIN
    GOTO RX_EXIT
    '*************************************************
MAIN: '라벨 설정
    '**** 입력된 A값이 0이면 MAIN 라벨로 가고
    '**** 1이면 KEY1 라벨, 2이면 key2로... 가는문
    ERX 4800,A,MAIN
    A_old = A
    ON A GOTO MAIN,KEY1,KEY2,KEY3
    GOTO MAIN
주사위 게임:
    GOSUB All_motor_mode3
    SPEED 5
    MOVE G6A,100,  30, 188,  155, 100
    MOVE G6D,100,  30, 188,  155, 100
    MOVE G6B,185,  30,  80
    MOVE G6C,185,  30,  80
    WAIT

    MOVE G6B,185,  15,  65
    MOVE G6C,185,  15,  65
    WAIT

    SPEED 4
    MOVE G6A,100,  30, 170,  155, 100
    MOVE G6D,100,  30, 170,  155, 100
    WAIT

    SPEED 5
    MOVE G6A,100,  60, 150,  115, 100
    MOVE G6D,100,  60, 150,  115, 100
    WAIT

    SPEED 6
    MOVE G6A,100,  74, 145,  85, 100
```

CHAPTER 06

```
    MOVE G6D,100,  74, 145,  85, 100
    WAIT

        SPEED 4
        MOVE G6B,135,  13,  50
        MOVE G6C,188,  13,  50
        WAIT

        SPEED 15
        MOVE G6C,188,  60,  50
        MOVE G6B,165,  13,  50
        WAIT

         DELAY 1000

    SPEED 10
    MOVE G6B,140,  70,  80
    MOVE G6C,140,  70,  80
    WAIT

    SPEED 4
    MOVE G6A,100,  76, 145,  93, 100
    MOVE G6D,100,  76, 145,  93, 100
    MOVE G6B,100,  30,  80
    MOVE G6C,100,  30,  80
    WAIT

    GOSUB All_motor_Reset
    RETURN
주사위 게임1:
    GOSUB All_motor_mode3
    SPEED 5
    MOVE G6A,100,  30, 188,  155, 100
    MOVE G6D,100,  30, 188,  155, 100
    MOVE G6B,185,  30,  80
    MOVE G6C,185,  30,  80
    WAIT

    MOVE G6B,185,  15,  65
    MOVE G6C,185,  15,  65
    WAIT

    SPEED 4
    MOVE G6A,100,  30, 170,  155, 100
    MOVE G6D,100,  30, 170,  155, 100
    WAIT

    SPEED 5
    MOVE G6A,100,  60, 150,  115, 100
    MOVE G6D,100,  60, 150,  115, 100
    WAIT

    SPEED 6
    MOVE G6A,100,  74, 145,  85, 100
    MOVE G6D,100,  74, 145,  85, 100
    WAIT
```

```
        SPEED 4
        MOVE G6C,135,  13,  50
        MOVE G6B,188,  13,  50
        WAIT

        SPEED 15
        MOVE G6B,188,  60,  50
        MOVE G6C,165,  13,  50
        WAIT

        DELAY 1000

    SPEED 10
    MOVE G6B,140,  70,  80
    MOVE G6C,140,  70,  80
    WAIT

    SPEED 4
    MOVE G6A,100,  76, 145,  93, 100
    MOVE G6D,100,  76, 145,  93, 100
    MOVE G6B,100,  30,  80
    MOVE G6C,100,  30,  80
    WAIT

    GOSUB All_motor_Reset
    RETURN
주사위 게임2:
    GOSUB All_motor_mode3
    SPEED 5
    MOVE G6A,100,  30, 188,  155, 100
    MOVE G6D,100,  30, 188,  155, 100
    MOVE G6B,185,  30,  80
    MOVE G6C,185,  30,  80
    WAIT

    MOVE G6B,185,  15,  65
    MOVE G6C,185,  15,  65
    WAIT

    SPEED 4
    MOVE G6A,100,  30, 170,  155, 100
    MOVE G6D,100,  30, 170,  155, 100
    WAIT

    SPEED 5
    MOVE G6A,100,  60, 150,  115, 100
    MOVE G6D,100,  60, 150,  115, 100
    WAIT

    SPEED 6
    MOVE G6A,100,  74, 145,  85, 100
    MOVE G6D,100,  74, 145,  85, 100
    WAIT

        SPEED 15
```

```
        MOVE G6B,188,  50,  65
        MOVE G6C,188,  50,  65
        WAIT

    DELAY 1000

    SPEED 10
    MOVE G6B,140,  70,  80
    MOVE G6C,140,  70,  80
    WAIT

    SPEED 4
    MOVE G6A,100,  76, 145,  93, 100
    MOVE G6D,100,  76, 145,  93, 100
    MOVE G6B,100,  30,  80
    MOVE G6C,100,  30,  80
    WAIT

    GOSUB All_motor_Reset
    RETURN

KEY1:
        GOSUB 주사위 게임
        ETX 4800, 1
        GOTO RX_EXIT

KEY2:
        GOSUB 주사위 게임1
        ETX 4800, 2
        GOTO RX_EXIT

KEY3:
        GOSUB 주사위 게임2
        ETX 4800, 3
        GOTO RX_EXIT
```

위에서 작성된 소스를 메탈 파이터에 다운로드한다. 다운로드의 내용은 3장에서 언급된 내용이므로 다운로드 방법은 생략한다. 다운로드가 완료되었으면 메탈 파이터의 모드 스위치를 리모콘 모드로 전환한 후에 리모콘의 1, 2, 3 번 키를 이용하여 각각의 동작이 정상적으로 수행되는지 테스트 해본다.

위에서 한 내용은 로보 베이직 프로그래밍을 이용한 메탈 파이터의 주사위 게임 모션을 작성하는 방법을 설명하였다. 다음은 본격적으로 임베디드 보드에서 위에 작성한 로보 베이직 소스를 활용하여 메탈 파이터를 구동하는 내용을 설명하겠다.

1-2 임베디드 프로그래밍

이번에 작성할 임베디드의 프로그램 소스의 개요는 주사위 게임 3개의 동작 중에 임베디드 프로세서에서 랜덤한 한 동작을 선택하여 해당 동작을 수행하는 프로그램 작성을 해본다. 프로그램 내용에는 우선 PXA320과 MR-C3024FX가 통신하기 위해 해당 시리얼 포트를 열고 write 함수를 사용하여 임베디드 보드에서 MR-C3024FX 보드로 명령을 전송한다.

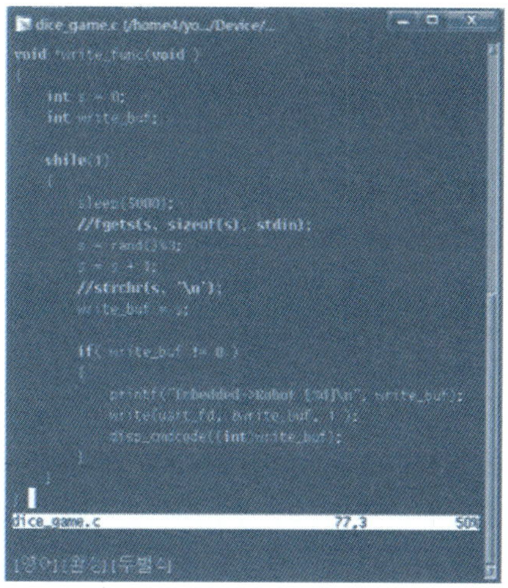

[그림 6-12] 프로그램의 기본 구조

[그림 6-12]는 프로그램의 기본 구조이다. rand( )함수를 이용하여 난수를 발생시키고 발생된 난수에서 나머지 값을 이용하여 1~3까지의 값을 생성한다. 이 값을 메탈 파이터의 PXA320과 MR-C3024FX의 통신 포트를 이용하여 PXA320→MR-C3024FX로 값을 전송하면 위의 로보 베이직에서 구성된 1~3까지의 KEY값에 해당되는 동작이 수행된다.

임베디드 프로그래밍의 전체적인 소스 내용은 다음과 같다.

```
/*  dice_game  */

#include <stdlib.h>
#include <termios.h>
#include <stdio.h>
#include <unistd.h>
#include <fcntl.h>
#include <sys/signal.h>
#include <sys/types.h>
#include <time.h>
#include <string.h>
```

```
#include <pthread.h>
#include <unistd.h>

int uart_fd;
char cmd[100];

#define BAUDRATE B4800
#define MODEDEVICE "/dev/ttyS2"

int open_serial(void)
{
    char fd_serial[20];
    int fd;
    struct termios oldtio, newtio;

    strcpy(fd_serial, MODEDEVICE); //FFUART

    fd = open(fd_serial, O_RDWR | O_NOCTTY );
    if (fd <0) {
        printf("Serial %s  Device Err\n", fd_serial );
        exit(1);
    }
         printf("robot uart ctrl %s\n", MODEDEVICE);

    tcgetattr(fd,&oldtio); /* save current port settings */
    bzero(&newtio, sizeof(newtio));
    newtio.c_cflag = BAUDRATE | CS8 | CLOCAL | CREAD;
    newtio.c_iflag = IGNPAR;
    newtio.c_oflag = 0;
    newtio.c_lflag = 0;
    newtio.c_cc[VTIME]    = 0;   /* inter-character timer unused */
    newtio.c_cc[VMIN]     = 1;   /* blocking read until 8 chars received
*/

    tcflush(fd, TCIFLUSH);
    tcsetattr(fd,TCSANOW,&newtio);

    return fd;
}

void *write_func(void )
{
        int s = 0;
        int write_buf;

        while(1)
        {
                sleep(5000);
                //fgets(s, sizeof(s), stdin);
                s = rand()%3;
                s = s + 1;
                //strchr(s, '\n');
                write_buf = s;

                if( write_buf != 0 )
                {
```

```
                        printf("Embedded->Robot [%d]\n", write_buf);
                        write(uart_fd, &write_buf, 1 );
                        disp_cmdcode((int)write_buf);
                }
        }
}

void disp_cmdcode ( int num)
{
    sprintf(cmd,"/root/test_app/fbv_enlarge /root/PIC/%d.jpg", num);
    printf("%s\n", cmd);
    system( cmd );
}
 void *read_func(void )
{
    char read_buf;

        while(1)
        {
       read(uart_fd, &read_buf, 1);

       if( read_buf != 0 )
                        printf("Robot->Embedded [%d]\n", read_buf);
        }
}

int main(int argc, char* argv[])
{
    int write_buf;
    char read_buf;

    int thr_id1;
    int thr_id2;
    int status;
    pthread_t p_thread[2];

    uart_fd = open_serial();

        thr_id1 = pthread_create(&p_thread[0], NULL, write_func, (void
*)NULL);
        if (thr_id1 < 0)
        {
                perror("thread1 create error : ");
                exit(0);
        }
        thr_id2 = pthread_create(&p_thread[1], NULL, read_func, (void
*)NULL);
        if (thr_id2 < 0)
        {
                perror("thread2 create error : ");
                exit(0);
        }
        pthread_join(p_thread[0], (void **)&status);
        pthread_join(p_thread[1], (void **)&status);
        return 0;
}
```

CHAPTER 06

위의 소스 작성을 마쳤으면 dice_game.c란 이름으로 저장한 후 작성된 코드를 컴파일하기 위하여 [그림 6-13]과 같이 Makefile을 작성한다.

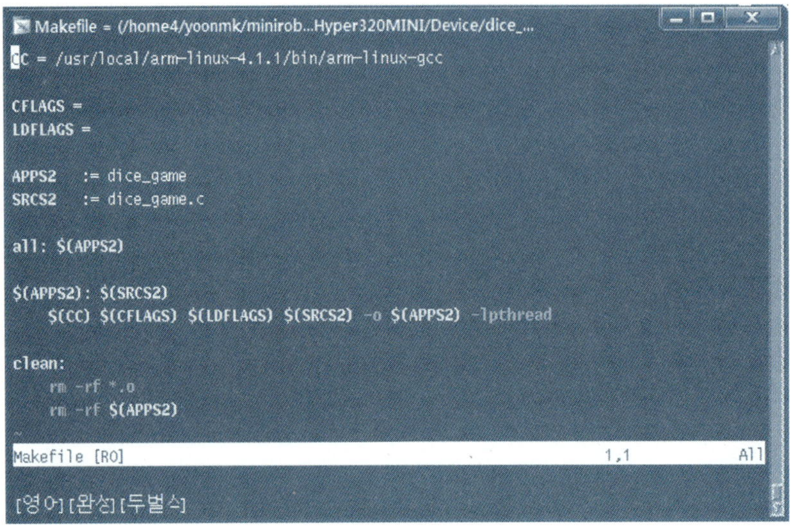

[그림 6-13] Makefile 작성

위에서 "CC =" 부분에는 컴파일러의 경로를 적어준다. 위의 4장의 내용대로 컴파일러를 설치하였다면 [그림 6-13]과 같이 입력하면 된다.

위와 같이 Makefile의 작성을 마쳤다면 저장하고 나와서 "make"란 명령으로 컴파일하게 되면 "dice_game"이라는 실행 파일이 만들어지는 것을 [그림 6-14]와 같이 볼 수 있다.

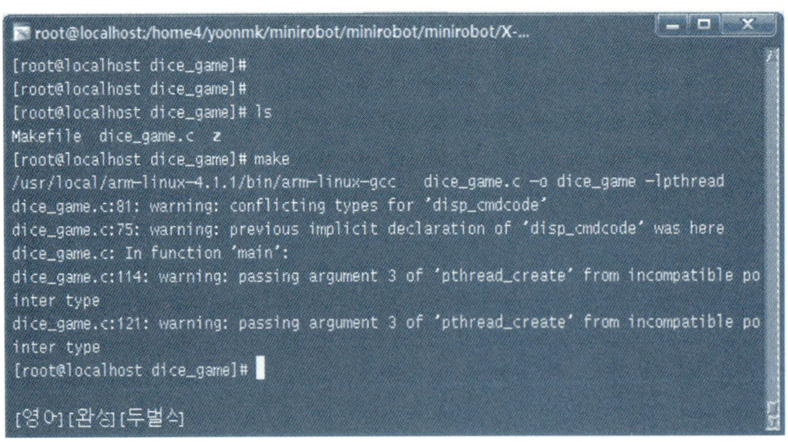

[그림 6-14] "dice_game" 실행 파일 생성

이렇게 컴파일된 "dice_game"을 메탈 파이터에 tftp 또는 zmodem 등의 파일 전송 프로

토콜을 이용하여 다운로드한 후에 "./dice_game"을 입력하면 소스에서 작성한 주사위 게임이 실행된다.

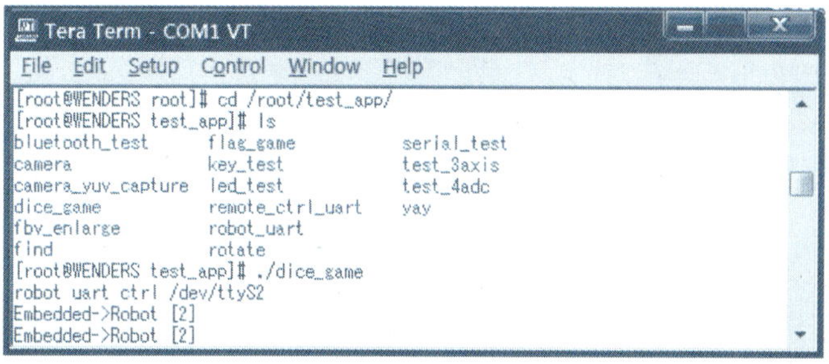

[그림 6-15] "./dice_game"을 입력하면 소스에서 작성한 주사위 게임 실행

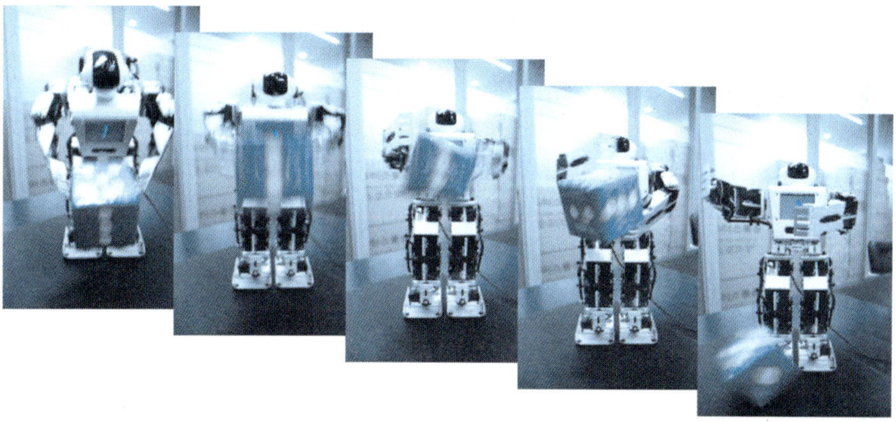

[그림 6-16] 메탈 파이터의 주사위 게임 실행 사진

02 주인 찾기

주인 찾기는 메탈 파이터의 좌, 우측과 전면에 장착된 적외선 거리 센서를 이용하여 좌, 우측 또는 전면에 거리 센서를 통한 물체가 감지되었을 때 감지된 방향으로 이동하는 프로그램이다. 주인 찾기 프로그래밍을 통하여 메탈 파이터의 외부 디바이스인 거리 센서 값을 이용하여 메탈 파이터를 구동하는 방법을 [그림 6-17]과 같이 알아본다.

CHAPTER 06

오른쪽 이동　　　　정면 이동　　　　왼쪽 이동

[그림 6-17] 주인 찾기 프로그래밍 구동방법

2-1 로보 베이직 프로그래밍

주인 찾기 역시 위의 주사위 게임과 마찬가지로 로보 베이직에서 주인 찾기의 기본적인 모션을 구성하는 프로그램을 작성해야 한다. 아래의 내용은 위의 주사위 게임에서 작성한 프로그램에 주인 찾기의 모션의 내용을 추가하여서 사용하여도 무방하나, 기본적인 이해를 쉽게 하기 위해서 주인 찾기만을 위한 로보 베이직 소스를 새로 작성하는 방법을 설명하겠다.

1. 메탈 파이터의 주인 찾기 모션을 프로그래밍하기 위해서 로보 베이직을 실행시킨 후 파일→새 프로그램 작성을 클릭한다.

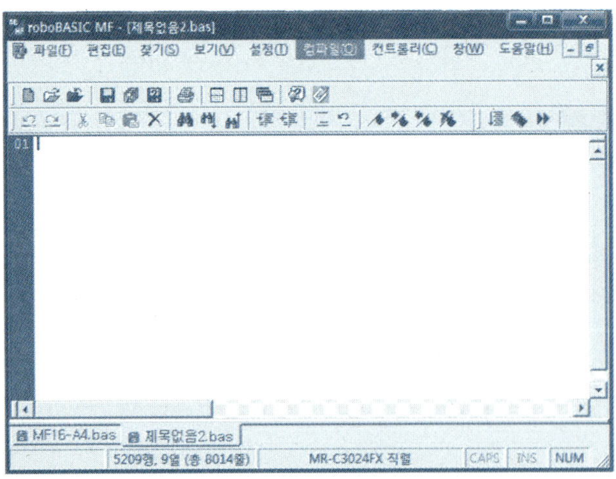

[그림 6-18] 새 프로그램 작성을 클릭

② 새로운 프로그램을 작성하기 위하여 위의 주사위 게임에서 작성한 내용과 같이 기본적인 모터의 방향과 속도 등을 정의하는 기본 헤더의 내용을 작성한다.

```
'변수선언
DIM A AS BYTE
DIM A_old AS BYTE
DIM 보행속도 AS BYTE
DIM 좌우속도 AS BYTE
DIM 좌우속도2 AS BYTE
DIM 보행순서 AS BYTE

'PTP 기능 설정 (토봇 동시 제어)
PTP SETON
PTP ALLON



'모터 방향 설정 (메탈파이터용)
DIR G6A,1,0,0,1,0,0
DIR G6B,1,1,1,1,1,1
DIR G6C,0,0,0,0,0,0
DIR G6D,0,1,1,0,1,0



'모터 동작 시작위치 설정 (급격한 모터 동작 방지)
'HMI 프로토콜 가능 모터의 위치 피드백 기능
GETMOTORSET G6A,1,1,1,1,1,0
GETMOTORSET G6B,1,1,1,0,0,0
GETMOTORSET G6C,1,1,1,0,0,0
GETMOTORSET G6D,1,1,1,1,1,0



'기본 모터 속도 설정
SPEED 5
```

[그림 6-19] 기본 헤더의 내용 작성

③ 다음은 메탈 파이터에 전원이 인가되면 출력되는 시작음과 메탈 파이터의 초기 자세를 설정하는 내용이다.

```
    '****초기위치 피드백*****************************
GOSUB MOTOR_ON

SPEED 5
GOSUB 전원초기자세
GOSUB 기본자세

GOTO MAIN
    '************************************************
시작음:
    TEMPO 220
    MUSIC "O23EAB7EA>3#C"
    RETURN
    '************************************************
MOTOR_ON:

    GOSUB MOTOR_GET

    MOTOR G6B
    DELAY 50
    MOTOR G6C
    DELAY 50
    MOTOR G6A
    DELAY 50
    MOTOR G6D

    GOSUB 시작음
    RETURN
    '************************************************
MOTOR_GET:
    GETMOTORSET G6A,1,1,1,1,1,0
    GETMOTORSET G6B,1,1,1,0,0,0
    GETMOTORSET G6C,1,1,1,0,0,0
    GETMOTORSET G6D,1,1,1,1,1,0
    RETURN
```

[그림 6-20] 시작음과 메탈 파이터의 초기 자세를 설정

CHAPTER 06

④ 위의 내용은 이전에 했던 주사위 게임과 내용이 동일하다.

```
Leg_motor_mode1:
    MOTORMODE G6A,1,1,1,1,1
    MOTORMODE G6D,1,1,1,1,1
    RETURN
    '*************************************************
Leg_motor_mode2:
    MOTORMODE G6A,2,2,2,2,2
    MOTORMODE G6D,2,2,2,2,2
    RETURN

    '*************************************************
Leg_motor_mode3:
    MOTORMODE G6A,3,3,3,3,3
    MOTORMODE G6D,3,3,3,3,3
    RETURN
    '*************************************************
```

[그림 6-21] 보행동작을 할 때 모터의 설정값

위의 내용은 보행동작을 할 때 모터의 설정값이다. mode 1, 2, 3을 만들어 보행동작을 할 때 요구되는 모터의 파워를 설정하기 위한 부분이다.

⑤ 다음으로 동작이 완료되었을 때 리턴 값을 받기 위한 내용과 현재 동작하는 내용이 없을 때에 입력값을 받기 위한 MAIN문을 구성한다. 각각의 내용은 [그림 6-22]와 같다.

```
RX_EXIT:

    ERX 4800, A, MAIN

    GOTO RX_EXIT
    '*************************************************
MAIN: '라벨설정

    '**** 입력된 A값이 0 이면 MAIN 라벨로 가고
    '**** 1이면 KEY1 라벨, 2이면 key2로... 가는문


    ERX 4800,A,MAIN
    A_old = A

    ON A GOTO MAIN,KEY1,KEY2,KEY3,KEY4,KEY5,KEY6,KEY7,KEY8,KEY9,KEY10,KEY11,KEY12,KEY13,KEY14

    GOTO MAIN
```

[그림 6-22] 입력값을 받기 위한 MAIN문을 구성

⑥ 위에서 RX_EXIT는 동작이 완료되었을 때에 실행되는 부분으로 동작이 완료되었음을 알리는 리턴 값을 보내는 부분이다. MAIN의 경우 동작이 실행되지 않을 때에 입력값을 받기 위한 부분이다. 주인 찾기는 KEY10, KEY11, KEY13, KEY14의 총 4개의 동작만을 사용하지만 14까지의 KEY를 사용하기 때문에 KEY1~KEY14까지 적어주어야 한다.

```
전원초기자세:
    MOVE G6A,95,   76, 145,   93, 105, 100
    MOVE G6D,95,   76, 145,   93, 105, 100
    MOVE G6B,100,   45,  90, 100, 100, 100
    MOVE G6C,100,   45,  90, 100, 100, 100
    WAIT
    RETURN

    '************************************************
기본자세:
    MOVE G6A,100,   76, 145,   93, 100, 100
    MOVE G6D,100,   76, 145,   93, 100, 100
    MOVE G6B,100,   30,  80, 100, 100, 100
    MOVE G6C,100,   30,  80, 100, 100, 100
    WAIT

    RETURN
    '************************************************
기본자세_1:
    MOVE G6A,100,   76, 145,   93, 100, 100
    MOVE G6D,100,   76, 145,   93, 100, 100
    MOVE G6B,100,   30,  80, 100, 100
    MOVE G6C,100,   30,  80, 100, 100, 100
    WAIT

    RETURN
```

[그림 6-23] 전원초기 자세와 기본 자세의 모터 값 내용

7 위는 메탈 파이터의 전원초기 자세와 기본 자세의 모터 값에 대한 내용이다. 기본자세와 기본자세_1은 머리 부분에 해당되는 모터 값의 차이로 기본자세_1의 경우는 머 부분의 모터 값을 삭제하여 사용한다.

```
'************************************************
도리도리:
    SPEED 5
    SERVO 11,60
    DELAY 500

    SERVO 11, 100
    DELAY 500

    SERVO 11,140
    DELAY 500

    SERVO 11, 100
    DELAY 500

    GOTO MAIN
    '************************************************
```

[그림 6-24] 주위를 두리번거리는 모션 부분

위의 내용은 주인 찾기 프로그램을 실행할 때 메탈 파이터가 주위를 두리번거리는 모션을 취하게 하는 부분이다. 머리 부분의 모터만을 이용하여 고개를 좌우로 돌리는 내용이 있다.

8 위에서 한 내용은 기본 동작과 고개를 돌리는 모션의 동작으로 정지 상태에서 동작하는 모션을 구성해 보았다. 다음으로 할 내용은 센서의 방향에 따라 메탈 파이터가 이동하는 모션을 구성해 본다.

```
오른쪽옆으로70:

    SPEED 10
    MOVE G6D, 90,   90, 120, 105, 110, 100
    MOVE G6A,100,   76, 146,  93, 107, 100
    MOVE G6B,100,   40
    MOVE G6C,100,   40
    SERVO 11, 180
    WAIT

    SPEED 12
    MOVE G6D, 102,   76, 147, 93, 100, 100
    MOVE G6A,83,   78, 140,  96, 115, 100
    WAIT

    SPEED 10
    MOVE G6D,98,   76, 146,   93, 100, 100
    MOVE G6A,98,   76, 146,   93, 100, 100
    WAIT

    SPEED 15
    GOSUB 기본자세_1

    GOTO RX_EXIT
```

[그림 6-25] 오른쪽의 거리 센서에 물체가 감지되면 오른쪽으로 이동

⑨ 오른쪽 옆으로라는 내용으로 오른쪽의 거리 센서에 물체가 감지되면 오른쪽으로 이동하도록 하는 내용이다.

```
왼쪽옆으로70:

    SPEED 10
    MOVE G6A, 90,   90, 120, 105, 110, 100
    MOVE G6D,100,   76, 146,  93, 107, 100
    MOVE G6B,100,   40
    MOVE G6C,100,   40
    SERVO 11, 10
    WAIT

    SPEED 12
    MOVE G6A, 102,   76, 147, 93, 100, 100
    MOVE G6D,83,   78, 140,  96, 115, 100
    WAIT

    SPEED 10
    MOVE G6A,98,   76, 146,   93, 100, 100
    MOVE G6D,98,   76, 146,   93, 100, 100
    WAIT

    SPEED 15
    GOSUB 기본자세_1

    GOTO RX_EXIT
```

[그림 6-26] 왼쪽의 거리 센서에 물체가 감지되었을 경우 왼쪽으로 이동

왼쪽 옆으로는 오른쪽 옆으로와 마찬가지로 왼쪽의 거리 센서에 물체가 감지되었을 경우 왼쪽으로 이동하게 하는 내용이다.

⑩ 다음은 전면의 거리 센서에 물체가 감지되면 메탈 파이터가 보행하는 내용이다. 보행의 경우 총 3개의 동작으로 구성되어 있고, 이는 메탈 파이터가 정상적으로 중심을 잡으며 이동할 수 있도록 하기 위해서 여러 개의 SUB를 사용하여 모션을 구성하였다.

```
전진보행50:

    보행속도 = 13'5
    좌우속도 = 6'8'3
    좌우속도2 = 4'5'2

    GOSUB Leg_motor_mode3

    IF 보행순서 = 0 THEN
        보행순서 = 1

        SPEED 4
        '오른쪽기울기
        MOVE G6A, 88,  71, 152,  91, 110
        MOVE G6D,108,  76, 146,  93,  94
        MOVE G6B,100,35
        MOVE G6C,100,35
        SERVO 11, 100
        WAIT

        SPEED 10'보행속도
        '왼발들기
        MOVE G6A, 90, 100, 115, 105, 114
        MOVE G6D,113,  78, 146,  93,  94
        MOVE G6B,90
        MOVE G6C,110
        WAIT


        GOTO 전진보행50_1
    ELSE
        보행순서 = 0

        SPEED 4
        '왼쪽기울기
        MOVE G6D,  88,  71, 152,  91, 110
        MOVE G6A, 108,  76, 146,  93,  94
        MOVE G6C, 100,35
        MOVE G6B, 100,35
        WAIT

        SPEED 10'보행속도
        '오른발들기
        MOVE G6D, 90, 100, 115, 105, 114
        MOVE G6A,113,  78, 146,  93,  94
        MOVE G6C,90
        MOVE G6B,110
        WAIT


        GOTO 전진보행50_2

    ENDIF
```

[그림 6-27] 전면의 거리 센서에 물체가 감지되면 보행

CHAPTER 06

```
전진보행50_1:

    SPEED 보행속도
    '왼발뻗어착지
    MOVE G6A, 90,  44, 163, 113, 114
    MOVE G6D,110,  77, 146,  93,  94
    WAIT

    SPEED 좌우속도
    GOSUB Leg_motor_mode3
    '왼발중심이동
    MOVE G6A,110,  76, 144, 100,  93
    MOVE G6D,90, 93, 155,  71, 112
    WAIT


    SPEED 보행속도
    GOSUB Leg_motor_mode2
    '오른발들기10
    MOVE G6A,111,  77, 146,  93, 94
    MOVE G6D,90, 100, 105, 110, 114
    MOVE G6B,110
    MOVE G6C,90
    WAIT

    ERX 4800,A, 전진보행50_2
    IF A <> A_old THEN
        HIGHSPEED SETOFF
        GOSUB Leg_motor_mode3
        SPEED 5

        '왼쪽기울기2
        MOVE G6A, 106,  76, 146,  93,  96
        MOVE G6D,  88,  71, 152,  91, 106
        MOVE G6B, 100,35
        MOVE G6C, 100,35
        WAIT


        SPEED 3
        GOSUB 기본자세
        GOSUB Leg_motor_mode1
        ' GOSUB 자이로OFF
        GOTO RX_EXIT
    ENDIF
```

[그림 6-28] 이동 위해 여러 개의 SUB를 사용하여 모션 구성

⑪ 전진보행50_1은 왼발을 내밀어서 땅을 딛고 다시 오른발을 드는 내용으로 구성된다. 이와 반대로 다음에 나올 전진보행50_2의 내용은 오른발을 내밀어 땅을 딛고 다시 왼발을 드는 내용이 포함되어 있다. 전진보행50_1과 전진보행50_2가 서로 번갈아 동작하며 메탈 파이터는 앞으로 전진하게 된다.

```
전진보행50_2:


    SPEED 보행속도
    '오른발뻗어좌지
    MOVE G6D,90,  44, 163, 113, 114
    MOVE G6A,110,  77, 146,  93,  94
    WAIT

    SPEED 좌우속도
    GOSUB Leg_motor_mode3
    '오른발중심이동
    MOVE G6D,110,  76, 144, 100,  93
    MOVE G6A, 90, 93, 155,  71, 112
    WAIT

    SPEED 보행속도
    GOSUB Leg_motor_mode2
    '왼발들기10
    MOVE G6A, 90, 100, 105, 110, 114
    MOVE G6D,111,  77, 146,  93,  94
    MOVE G6B, 90
    MOVE G6C,110
    WAIT

    ERX 4800,A, 전진보행50_1
    IF A <> A_old THEN
        HIGHSPEED SETOFF
        GOSUB Leg_motor_mode3
        SPEED 5

        '오른쪽기울기2
        MOVE G6D, 106,  76, 146,  93,  96
        MOVE G6A,  88,  71, 152,  91, 106
        MOVE G6C, 100,35
        MOVE G6B, 100,35
        WAIT

        SPEED 3
        GOSUB 기본자세
        GOSUB Leg_motor_mode1
        ' GOSUB 자이로OFF
        GOTO RX_EXIT
    ENDIF


    GOTO 전진보행50_1
```

[그림 6-29] 전진보행50_2의 내용

```
KEY1:
    ETX 4800, 1
    GOTO RX_EXIT

KEY2:
    ETX 4800, 2
    GOTO RX_EXIT

KEY3:
    ETX 4800, 3
    GOTO RX_EXIT

KEY4:
    ETX 4800, 4
    GOTO RX_EXIT

KEY5:
    ETX 4800, 5
    GOTO RX_EXIT

KEY6:
    ETX 4800, 6
    GOTO RX_EXIT

KEY7:
    ETX 4800, 7
    GOTO RX_EXIT

KEY8:
    ETX 4800, 8
    GOTO RX_EXIT

KEY9:
    ETX 4800, 9
    GOTO RX_EXIT

KEY10:
    GOSUB 도리도리
    ETX 4800, 10
    GOTO RX_EXIT

KEY11: '▲
    GOSUB 전진보행50
    ETX 4800, 11
    GOTO RX_EXIT

KEY12: '▼
    ETX 4800, 12
    GOTO RX_EXIT

KEY13: '▶
    GOSUB 오른쪽옆으로70
    ETX 4800, 13
    GOTO RX_EXIT

KEY14: '◀
    GOSUB 왼쪽옆으로70
    ETX 4800, 14
    GOTO RX_EXIT
```

[그림 6-30] 주인 찾기에서 사용하는 KEY의 내용

주인 찾기에서 사용하는 KEY의 내용이다. 위의 MAIN에서 KEY1~KEY14를 사용하였기 때문에 KEY1~KEY14의 내용에 해당되는 부분을 모두 포함하여야 하며, 실제로 사용하는 키는 KEY10, KEY11, KEY13, KEY14이기 때문에 이를 제외한 받은 키에 대한 리턴 값을 보내주는것 외에 다른 모션은 취하지 않는다.

⑫ 주인 찾기의 최종적인 로보 베이직 소스내용은 다음과 같다.

```
'변수선언
DIM A AS BYTE
```

```
DIM A_old AS BYTE
DIM 보행속도 AS BYTE
DIM 좌우속도 AS BYTE
DIM 좌우속도2 AS BYTE
DIM 보행순서 AS BYTE

'PTP 기능 설정 (로봇 동시 제어)
PTP SETON
PTP ALLON

'모터 방향 설정 (메탈 파이터용)
DIR G6A,1,0,0,1,0,0
DIR G6B,1,1,1,1,1,1
DIR G6C,0,0,0,0,0,0
DIR G6D,0,1,1,0,1,0

'모터 동작 시작위치 설정 (급격한 모터 동작 방지)
'HMI 프로토콜 가능 모터의 위치 피드백 기능
GETMOTORSET G6A,1,1,1,1,1,0
GETMOTORSET G6B,1,1,1,0,0,0
GETMOTORSET G6C,1,1,1,0,0,0
GETMOTORSET G6D,1,1,1,1,1,0

'기본 모터 속도 설정
SPEED 5
    '****초기위치 피드백****************************
GOSUB MOTOR_ON

SPEED 5
GOSUB 전원초기자세
GOSUB 기본자세

GOTO MAIN
    '************************************************
시작음:
    TEMPO 220
    MUSIC "O23EAB7EA>3#C"
    RETURN
    '************************************************
MOTOR_ON:
    GOSUB MOTOR_GET

    MOTOR G6B
    DELAY 50
    MOTOR G6C
    DELAY 50
    MOTOR G6A
    DELAY 50
    MOTOR G6D

    GOSUB 시작음
    RETURN
MOTOR_GET:
    GETMOTORSET G6A,1,1,1,1,1,0
    GETMOTORSET G6B,1,1,1,0,0,0
    GETMOTORSET G6C,1,1,1,0,0,0
```

```
    GETMOTORSET G6D,1,1,1,1,1,0
    RETURN
    '*********************************************
Leg_motor_mode1:
    MOTORMODE G6A,1,1,1,1,1
    MOTORMODE G6D,1,1,1,1,1
    RETURN
    '*********************************************
Leg_motor_mode2:
    MOTORMODE G6A,2,2,2,2,2
    MOTORMODE G6D,2,2,2,2,2
    RETURN
    '*********************************************
Leg_motor_mode3:
    MOTORMODE G6A,3,3,3,3,3
    MOTORMODE G6D,3,3,3,3,3
    RETURN
    '*********************************************
RX_EXIT:
    ERX 4800, A, MAIN
    GOTO RX_EXIT
    '*********************************************
MAIN: '라벨 설정
    '**** 입력된 A값이 0이면 MAIN 라벨로 가고
    '**** 1이면 KEY1 라벨, 2이면 key2로... 가는문
    ERX 4800,A,MAIN
    A_old = A
    ON A GOTO MAIN,KEY1,KEY2,KEY3,KEY4,KEY5,KEY6,KEY7,KEY8,KEY9,KEY10,
KEY11,  KEY12,KEY13,KEY14
    GOTO MAIN
    '*********************************************
전원초기자세:
    MOVE G6A,95,  76, 145,  93, 105, 100
    MOVE G6D,95,  76, 145,  93, 105, 100
    MOVE G6B,100,  45,  90, 100, 100, 100
    MOVE G6C,100,  45,  90, 100, 100, 100
    WAIT
    RETURN
    '*********************************************
기본자세:
    MOVE G6A,100,  76, 145,  93, 100, 100
    MOVE G6D,100,  76, 145,  93, 100, 100
    MOVE G6B,100,  30,  80, 100, 100, 100
    MOVE G6C,100,  30,  80, 100, 100, 100
    WAIT

    RETURN
    '*********************************************
기본자세_1:
    MOVE G6A,100,  76, 145,  93, 100, 100
    MOVE G6D,100,  76, 145,  93, 100, 100
    MOVE G6B,100,  30,  80, 100, 100
    MOVE G6C,100,  30,  80, 100, 100, 100
    WAIT

    RETURN
```

```
    '*********************************************************
도리도리:
    SPEED 5
    SERVO 11,60
    DELAY 500

    SERVO 11, 100
    DELAY 500

    SERVO 11,140
    DELAY 500

    SERVO 11, 100
    DELAY 500

    GOTO MAIN
    '*****************************************************
오른쪽 옆으로70:

    SPEED 10
    MOVE G6D, 90,  90, 120, 105, 110, 100
    MOVE G6A,100,  76, 146,  93, 107, 100
    MOVE G6B,100,  40
    MOVE G6C,100,  40
    SERVO 11, 180
    WAIT

    SPEED 12
    MOVE G6D, 102,  76, 147, 93, 100, 100
    MOVE G6A,83,  78, 140,  96, 115, 100
    WAIT

    SPEED 10
    MOVE G6D,98,  76, 146,  93, 100, 100
    MOVE G6A,98,  76, 146,  93, 100, 100
    WAIT

    SPEED 15
    GOSUB 기본자세_1

    GOTO RX_EXIT
왼쪽 옆으로70:

    SPEED 10
    MOVE G6A, 90,  90, 120, 105, 110, 100
    MOVE G6D,100,  76, 146,  93, 107, 100
    MOVE G6B,100,  40
    MOVE G6C,100,  40
    SERVO 11, 10
    WAIT

    SPEED 12
    MOVE G6A, 102,  76, 147, 93, 100, 100
    MOVE G6D,83,  78, 140,  96, 115, 100
    WAIT
```

```
    SPEED 10
    MOVE G6A,98,  76, 146,  93, 100, 100
    MOVE G6D,98,  76, 146,  93, 100, 100
    WAIT

    SPEED 15
    GOSUB 기본자세_1

    GOTO RX_EXIT
    '************************************************
전진보행50:

    보행속도 = 13'5
    좌우속도 = 6'8'3
    좌우속도2 = 4'5'2

    GOSUB Leg_motor_mode3

    IF 보행순서 = 0 THEN
        보행순서 = 1

        SPEED 4
        '오른쪽 기울기
        MOVE G6A, 88,  71, 152,  91, 110
        MOVE G6D,108,  76, 146,  93,  94
        MOVE G6B,100,35
        MOVE G6C,100,35
        SERVO 11, 100
        WAIT

        SPEED 10'보행속도
        '왼발들기
        MOVE G6A, 90, 100, 115, 105, 114
        MOVE G6D,113,  78, 146,  93,  94
        MOVE G6B,90
        MOVE G6C,110
        WAIT

        GOTO 전진보행50_1
    ELSE
        보행순서 = 0

        SPEED 4
        '왼쪽기울기
        MOVE G6D,  88,  71, 152,  91, 110
        MOVE G6A, 108,  76, 146,  93,  94
        MOVE G6C, 100,35
        MOVE G6B, 100,35
        WAIT

        SPEED 10'보행속도
        '오른발들기
        MOVE G6D, 90, 100, 115, 105, 114
        MOVE G6A,113,  78, 146,  93,  94
        MOVE G6C,90
```

```
        MOVE G6B,110
        WAIT


        GOTO 전진보행50_2

    ENDIF

    '*****************************************


전진보행50_1:

    SPEED 보행속도
    '왼발뻗어착지
    MOVE G6A, 90,  44, 163, 113, 114
    MOVE G6D,110,  77, 146,  93,  94
    WAIT

    SPEED 좌우속도
    GOSUB Leg_motor_mode3
    '왼발중심이동
    MOVE G6A,110,  76, 144, 100,  93
    MOVE G6D,90, 93, 155,  71, 112
    WAIT


    SPEED 보행속도
    GOSUB Leg_motor_mode2
    '오른발들기10
    MOVE G6A,111,  77, 146,  93, 94
    MOVE G6D,90, 100, 105, 110, 114
    MOVE G6B,110
    MOVE G6C,90
    WAIT

    ERX 4800,A, 전진보행50_2
    IF A <> A_old THEN
        HIGHSPEED SETOFF
        GOSUB Leg_motor_mode3
        SPEED 5

        '왼쪽 기울기2
        MOVE G6A, 106,  76, 146,  93,  96
        MOVE G6D,  88,  71, 152,  91, 106
        MOVE G6B, 100,35
        MOVE G6C, 100,35
        WAIT


        SPEED 3
        GOSUB 기본자세
        GOSUB Leg_motor_mode1
        ' GOSUB 자이로OFF
        GOTO RX_EXIT
```

```
    ENDIF
    '*************************************
전진보행50_2:

    SPEED 보행속도
    '오른발뻗어착지
    MOVE G6D,90,  44, 163, 113, 114
    MOVE G6A,110,  77, 146,  93,  94
    WAIT

    SPEED 좌우속도
    GOSUB Leg_motor_mode3
    '오른발중심이동
    MOVE G6D,110,  76, 144, 100,  93
    MOVE G6A, 90, 93, 155,  71, 112
    WAIT

    SPEED 보행속도
    GOSUB Leg_motor_mode2
    '왼발들기10
    MOVE G6A, 90, 100, 105, 110, 114
    MOVE G6D,111,  77, 146,  93,  94
    MOVE G6B, 90
    MOVE G6C,110
    WAIT

    ERX 4800,A, 전진보행50_1
    IF A <> A_old THEN
       HIGHSPEED SETOFF
       GOSUB Leg_motor_mode3
       SPEED 5

       '오른쪽 기울기2
       MOVE G6D, 106,  76, 146,  93,  96
       MOVE G6A,  88,  71, 152,  91, 106
       MOVE G6C, 100,35
       MOVE G6B, 100,35
       WAIT

       SPEED 3
       GOSUB 기본자세
       GOSUB Leg_motor_mode1
       ' GOSUB 자이로OFF
       GOTO RX_EXIT
    ENDIF


    GOTO 전진보행50_1

        '*******************************************
KEY1:
        ETX 4800, 1
        GOTO RX_EXIT

KEY2:
```

```
        ETX 4800, 2
        GOTO RX_EXIT

KEY3:
        ETX 4800, 3
        GOTO RX_EXIT

KEY4:
        ETX 4800, 4
        GOTO RX_EXIT

KEY5:
        ETX 4800, 5
        GOTO RX_EXIT

KEY6:
        ETX 4800, 6
        GOTO RX_EXIT

KEY7:
        ETX 4800, 7
        GOTO RX_EXIT

KEY8:
        ETX 4800, 8
        GOTO RX_EXIT

KEY9:
        ETX 4800, 9
        GOTO RX_EXIT

KEY10:
        GOSUB 도리도리
        ETX 4800, 10
        GOTO RX_EXIT

KEY11: '▲
        GOSUB 전진보행50
        ETX 4800, 11
        GOTO RX_EXIT

KEY12: '▼
        ETX 4800, 12
        GOTO RX_EXIT

KEY13: '▶
        GOSUB 오른쪽 옆으로70
        ETX 4800, 13
        GOTO RX_EXIT

KEY14: '◀
        GOSUB 왼쪽 옆으로70
        ETX 4800, 14
        GOTO RX_EXIT
```

앞에서 작성된 소스를 메탈 파이터에 다운로드한다. 다운로드의 내용은 3장에서 언급된 내용이므로 다운로드 방법은 생략한다.

다운로드가 완료되었으면 메탈 파이터의 모드 스위치를 리모콘 모드로 전환한 후에 리모콘의 1, 2, 3번 키를 이용하여 각각의 동작이 정상적으로 수행되는지 테스트 해본다.

앞에서 한 내용은 로보 베이직 프로그래밍을 이용한 메탈 파이터의 주사위 게임 모션을 작성하는 방법을 설명하였다. 다음은 본격적으로 임베디드 보드에서 작성한 로보 베이직 소스를 활용하여 메탈 파이터를 구동하는 내용을 설명하겠다.

2-2 임베디드 프로그래밍

이번에 작성할 주인 찾기 임베디드의 프로그램 소스의 개요는 주인 찾기 프로그램을 실행하면 메탈 파이터가 두리번 두리번 거리며 주인을 찾다가 주인이 손을 대면 손을 댄 쪽으로 이동하게 되는 프로그램이다. 주인 찾기에서는 3개의 거리 센서를 이용하여 거리 값을 수집한 후에 거리 센서에 주인의 손이 포착되면 PXA320에서 MR-C3024FX로 동작 코드를 전송하여 메탈 파이터는 주인이 감지된 쪽으로 이동하게 된다.

주인 찾기는 거리 센서를 사용하기 위한 ADC를 사용하기 때문에 ADC에 대한 소스를 포함하여 프로그램 구성을 해야 한다.

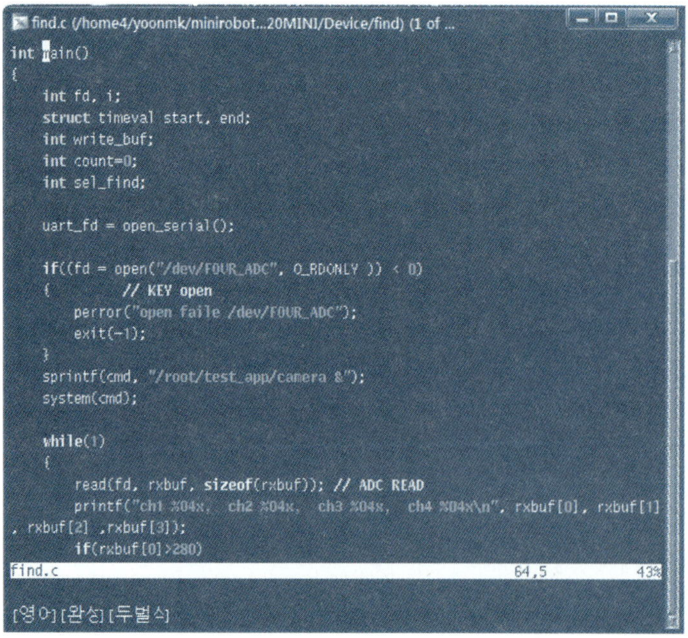
find.c (/home4/yoonmk/minirobot...20MINI/Device/find) (1 of ...

```
int main()
{
    int fd, i;
    struct timeval start, end;
    int write_buf;
    int count=0;
    int sel_find;

    uart_fd = open_serial();

    if((fd = open("/dev/FOUR_ADC", O_RDONLY )) < 0)
    {         // KEY open
        perror("open faile /dev/FOUR_ADC");
        exit(-1);
    }
    sprintf(cmd, "/root/test_app/camera &");
    system(cmd);

    while(1)
    {
        read(fd, rxbuf, sizeof(rxbuf)); // ADC READ
        printf("ch1 %04x,  ch2 %04x,  ch3 %04x,  ch4 %04x\n", rxbuf[0], rxbuf[1]
, rxbuf[2] ,rxbuf[3]);
        if(rxbuf[0]>280)
find.c                                                          64,5           43%

[영어][완성][두벌식]
```

[그림 6-31] 주인 찾기의 소스 일부분

앞의 화면은 주인 찾기의 소스 일부분이다. 앞의 내용과 같이 ADC를 사용하기 위한 포트를 Open하고 입력되는 거리값을 이용하여 왼쪽, 오른쪽, 전면의 거리 센서에서 입력되는 값이 일정범위 내에 들어오면 PXA320에서 MR-C3024FX 보드로 이동할 방향에 따른 값을 전송하게 되면 메탈 파이터는 그쪽 방향으로 이동하게 되는 원리이다.

임베디드 프로그래밍에 대한 전체적인 소스의 내용은 아래와 같다. 위에서 말한 것과 같이 거리 센서에서 사용하는 ADC에 대한 소스 내용이 포함되어야 한다.

다음은 메탈 파이터에서 사용하는 ADC에 과한 소스 내용이다. four_adc.c는 BSP의 Device/four_adc/four_adc.c에서 볼 수 있다.

```
/*
 *   Metal Fighter
 *
 *   PXA320 SSP1 - four_adcS021
 *
 */

#include <linux/config.h>
#include <linux/module.h>
#include <linux/fs.h>
#include <linux/kernel.h>
#include <linux/time.h>
#include <linux/types.h>
#include <linux/timer.h>
#include <linux/string.h>
#include <linux/errno.h>
#include <linux/slab.h>
#include <linux/init.h>
#include <linux/vmalloc.h>
#include <linux/ioport.h>
#include <linux/ioctl.h>
#include <linux/fcntl.h>
#include <linux/delay.h>
#include <linux/spinlock.h>
#include <linux/moduleparam.h>

#include <asm/uaccess.h>
#include <asm/io.h>
#include <asm/mach-types.h>
#include <asm/hardware.h>
#include <asm/system.h>

#include <asm/arch/ssp.h>
#include <asm/arch/gpio.h>
#include <asm/arch/pxa-regs.h>

#define FOUR_ADC_NAME          "FOUR_ADC"
#define FOUR_ADC_MAJOR         249

#define MFP_VIN               (MFP_PIN_GPIO123)
#define MFP_VIN_AF             (MFP_PIN_GPIO123_AF_GPIO_123)
```

```
#define VIN_ON        mhn_gpio_set_level(MFP_VIN, GPIO_LEVEL_HIGH)
#define VIN_OFF       mhn_gpio_set_level(MFP_VIN, GPIO_LEVEL_LOW)

#define CH1   1
#define CH2   2
#define CH3   3
#define CH4   4

static struct ssp_dev four_adc_ssp_dev;
static DEFINE_SPINLOCK(four_adc_ssp_lock);
static unsigned short four_adc_read_RXFIFO( unsigned char channel );
static unsigned short ADC_DATA_GET( int channel )
{
    unsigned char ctrl_bits1;
    unsigned short adc_data = 0;

    spin_lock(&four_adc_ssp_lock);

    switch (channel)
    {
        case 1: ctrl_bits1=0x00;break; //channel 1, ADD2 ADD1 ADD0
        case 2: ctrl_bits1=0x20;break; //channel 2, ADD2 ADD1 ADD0
        case 3: ctrl_bits1=0x40;break; //channel 3, ADD2 ADD1 ADD0
        case 4: ctrl_bits1=0x60;break; //channel 4, ADD2 ADD1 ADD0
    }

        adc_data = four_adc_read_RXFIFO( ctrl_bits1 );

    spin_unlock(&four_adc_ssp_lock);

    return adc_data;
}

static void HWSPITxBusy(void)
{
        while ((SSSR_P((&four_adc_ssp_dev)->port) & SSSR_TNF) == 0);
        while (SSSR_P((&four_adc_ssp_dev)->port) & SSSR_BSY);
}
static void HWSPIRxBusy(void)
{
        while ((SSSR_P((&four_adc_ssp_dev)->port) & SSSR_RNE) == 0);
        while (SSSR_P((&four_adc_ssp_dev)->port) & SSSR_BSY);
}

static unsigned short four_adc_read_RXFIFO( unsigned char channel )
{
        unsigned short  iTempData[3] = {0, 0, 0};
    int i;

    spin_lock(&four_adc_ssp_lock);

    /* Empty the PXA receive fifo */
    ssp_flush(&four_adc_ssp_dev);

    /* Activate CSn */
```

```
    mhn_gpio_set_level(MFP_SSP1_FRM, 0);

//   while (SSSR_P((&four_adc_ssp_dev)->port) & (SSSR_BSY| SSSR_TFL));
    SSDR_P((&four_adc_ssp_dev)->port) = ( channel );
        HWSPITxBusy();
    SSDR_P((&four_adc_ssp_dev)->port) = ( channel );
        HWSPITxBusy();
    SSDR_P((&four_adc_ssp_dev)->port) = ( channel );
    HWSPITxBusy();

//   while (SSSR_P((&four_adc_ssp_dev)->port) & (SSSR_BSY | SSSR_TFL));

        HWSPIRxBusy();
        iTempData[0] = SSDR_P((&four_adc_ssp_dev)->port);
        HWSPIRxBusy();
        iTempData[1] = SSDR_P((&four_adc_ssp_dev)->port);
        HWSPIRxBusy();
        iTempData[2] = SSDR_P((&four_adc_ssp_dev)->port);
        mhn_gpio_set_level(MFP_SSP1_FRM, 1);

        /* Empty the PXA receive fifo again*/
        ssp_flush(&four_adc_ssp_dev);

    spin_unlock(&four_adc_ssp_lock);

    return (unsigned short)iTempData[2];
}

static int four_adc_open(struct inode *inode, struct file *filp)
{
        printk(KERN_INFO "Open FOUR ADC driver\n");
    return 0;
}
static int four_adc_release(struct inode *inode, struct file *filp)
{
    printk(KERN_INFO "Close FOUR ADC driver\n");

    return 0;
}
static ssize_t four_adc_read(struct file *filp, unsigned short *buffer,
size_t count, loff_t *ppos)
{
    unsigned short rxbuf[4] = {0, 0, 0, 0};

        rxbuf[0] = ADC_DATA_GET( CH1 );
        rxbuf[1] = ADC_DATA_GET( CH2 );
        rxbuf[2] = ADC_DATA_GET( CH3 );
        rxbuf[3] = ADC_DATA_GET( CH4 );

        if (copy_to_user(buffer, rxbuf , count)) {
                kfree(rxbuf);
                return -EFAULT;
        }
        return count;
}
```

```
// Register Control
static int four_adc_ioctl(struct inode *inode, struct file *file,
unsigned int cmd, unsigned long arg)
{
        int err = 0, ret = 0;

        switch(cmd) {
                default:
                        printk(KERN_ERR "Invalid Command...\n");
                        ret = -ENOTTY;
        }
        return ret;
}

static struct file_operations four_adc_fops = {
        owner   :       THIS_MODULE,
        read    :       four_adc_read,
        ioctl   :       four_adc_ioctl,
        open    :       four_adc_open,
        release :       four_adc_release,
};

static int __init four_adc_init(void)
{
    int result;
    int i;

//power on
    mhn_mfp_set_afds(MFP_VIN , MFP_VIN_AF , MFP_DS03X);
    mhn_gpio_set_direction(MFP_VIN  , GPIO_DIR_OUT);
    VIN_ON;

        mhn_gpio_set_level(MFP_SSP1_FRM, 1);

    // SSP1 init
    result = ssp_init(&four_adc_ssp_dev, 1, 1);       // Port 1, No IRQ

    if (result) {
        printk(KERN_ERR "Unable to register SSP1 handler!\n");
                return result;
        }
    else {
        ssp_disable(&four_adc_ssp_dev);

        ssp_config(&four_adc_ssp_dev,         (SSCR0_Motorola         |
SSCR0_DataSize(10)),
            (SSCR1_TRAIL | SSCR1_TxTresh(8) | SSCR1_RxTresh(8)),
            0,  SSCR0_SerClkDiv(129));
        SSPSP_P1 = SSPSP_SCMODE(3);
        ssp_enable(&four_adc_ssp_dev);
        }

        // Init Module
        result   =   register_chrdev(FOUR_ADC_MAJOR,   FOUR_ADC_NAME,
&four_adc_fops);
        if (result < 0) {
```

```
                printk(KERN_ERR "Failed to get driver major num:%d\n",
FOUR_ADC_MAJOR);
                return result;
        }
        printk(KERN_ERR "four_adc_init - SSP1 register\n");
        spin_lock_init(&four_adc_ssp_lock);

        return result;
}

static void __exit four_adc_exit(void)
{
        mhn_gpio_set_level(MFP_SSP1_FRM, 1);

        // SSP1 Remove
    ssp_disable(&four_adc_ssp_dev);
    ssp_exit(&four_adc_ssp_dev);

        // Remove Module
        if (!unregister_chrdev(FOUR_ADC_MAJOR, FOUR_ADC_NAME))
                printk(KERN_INFO  "FOUR  ADC  control  driver  is
unloading...\n");
        else
                printk(KERN_INFO "Failed to unload FOUR ADC control
driver...\n");
}

module_init(four_adc_init);
module_exit(four_adc_exit);
```

아래의 내용은 위에서 작성한 ADC 소스를 이용한 메탈 파이터의 주인 찾기를 실행시키는 소스이다.

```
/*  arm-linux-gcc -o test_4adc test_4adc.c
    create by newboder@hybus.net */

#include <stdio.h>
#include <sys/ioctl.h>
#include <sys/time.h>
#include <sys/types.h>
#include <fcntl.h>
#include <unistd.h>
#include <errno.h>
#include <time.h>
#include <termios.h>
#include <stdlib.h>
#include <fcntl.h>
#include <string.h>
#include <unistd.h>

#define ADC_1CH                                         0x1000
#define ADC_2CH                                         0x1000
#define ADC_3CH                                         0x1000
```

CHAPTER 06

```
#define ADC_4CH                                        0x1000

static unsigned short rxbuf[4];

int uart_fd;
char cmd[100];

#define BAUDRATE B4800
#define MODEDEVICE "/dev/ttyS2"

int open_serial(void)
{
    char fd_serial[20];
    int fd;
    struct termios oldtio, newtio;

    strcpy(fd_serial, MODEDEVICE); //FFUART

    fd = open(fd_serial, O_RDWR | O_NOCTTY );
    if (fd <0) {
       printf("Serial %s  Device Err\n", fd_serial );
       exit(1);
    }
    printf("robot uart ctrl %s\n", MODEDEVICE);
    tcgetattr(fd,&oldtio); /* save current port settings */
    bzero(&newtio, sizeof(newtio));
    newtio.c_cflag = BAUDRATE | CS8 | CLOCAL | CREAD;
    newtio.c_iflag = IGNPAR;
    newtio.c_oflag = 0;
    newtio.c_lflag = 0;
    newtio.c_cc[VTIME]    = 0;   /* inter-character timer unused */
    newtio.c_cc[VMIN]     = 1;   /* blocking read until 8 chars received
*/

    tcflush(fd, TCIFLUSH);
    tcsetattr(fd,TCSANOW,&newtio);

    return fd;
}
int main()
{
    int fd, i;
         struct timeval start, end;
         int write_buf;
         int count=0;
         int sel_find;
         uart_fd = open_serial();

    if((fd = open("/dev/FOUR_ADC", O_RDONLY )) < 0)
    {        // KEY open
         perror("open faile /dev/FOUR_ADC");
         exit(-1);
         }
         sprintf(cmd, "/root/test_app/camera &");
         system(cmd);
```

```
        while(1)
        {
                read(fd, rxbuf, sizeof(rxbuf));         // ADC READ
                printf("ch1 %04x,  ch2 %04x,  ch3 %04x,  ch4 %04x\n",
rxbuf[0], rxbuf[1], rxbuf[2] ,rxbuf[3]);
                if(rxbuf[0]>280)
                {
                        printf("Detect left\n");
                        count++;
                        if(count >5)
                        {
                                printf("Go left\n");
                                write_buf = 14;
                                write(uart_fd, &write_buf, 1);
                                count = 0;
                        }
                }
                else if(rxbuf[1]>280)
                {
                        printf("Detect ahead\n");
                        count++;
                        if(count>5)
                        {
                                printf("Go ahead\n");
                                write_buf = 11;
                                write(uart_fd, &write_buf, 1);
                                count = 0 ;
                        }
                }
                else if(rxbuf[3]>280)
                {
                        printf("Detect right\n");
                        count++;
                        if(count >5)
                        {
                                printf("Go right\n");
                                write_buf = 13;
                                write(uart_fd, &write_buf, 1);
                                count = 0;
                        }
                }

                else
                {
                        count++;
                        printf("find\n");
                        write_buf = 10;
                        write(uart_fd, &write_buf, 1);
                        count = 0;
                }
                usleep(100000); //0.1 sec
        }
        return 0;
}
```

앞의 소스작성을 마쳤으면 find.c란 이름으로 저장한 후 작성된 코드를 컴파일하기 위하여 [그림 6-32]와 같이 Makefile을 작성한다.

```
Makefile (/home4/yoonmk/minirob.../X-Hyper320MINI/Devic...
################################################################
#
#   X-HYPER320TKU Makefile
#   newboder@hybus.net
#
################################################################

KDIR := /home4/yoonmk/minirobot/minirobot/minirobot/X-Hyper320MINI/Kernel/linux-2.6.14-mf_0622/

CC := /usr/local/arm-linux-4.1.1/bin/arm-linux-gcc

CFLAGS += -I. -O

TEST_TARGET = test_4adc
TARGET = find

build: $(TARGET)
    make -C $(KDIR) SUBDIRS='pwd' modules

obj-m   := adc_4dev.o
adc_4dev-objs := four_adc.o

$(TARGET) :
    $(CC) $(TARGET).c -o $(TARGET) -lpthread

clean:
    rm -rf *.o *.ko *.mod.c  .*.cmd .tmp_versions
    rm -f $(TARGET)
Makefile                                              1,1          All

[영어][완성][두벌식]
```

[그림 6-32] 컴파일하기 위하여 Makefile을 작성

위에서 "KDIR :="의 내용은 현재 자신의 PC에 커널 디렉토리를 적어준다.

위와 같이 Makefile의 작성을 마쳤다면 저장하고 나와서 "make"란 명령으로 컴파일하게 되면 "find"라는 실행 파일이 만들어지는 것을 볼 수 있다.

```
root@localhost:/home4/yoonmk/minirobot/minirobot/minirob...
[root@localhost find]#
[root@localhost find]#
[root@localhost find]# ls
Makefile  find.c  four_adc.c  z
[root@localhost find]# make
/usr/local/arm-linux-4.1.1/bin/arm-linux-gcc find.c -o find -lpthread
make -C /home4/yoonmk/minirobot/minirobot/minirobot/X-Hyper320MINI/Kernel/linux-2.6.14-mf_0622/ SUBDIRS='pwd' modules

[영어][완성][두벌식]
```

[그림 6-33] "find"라는 실행 파일 생성

이렇게 컴파일된 “find”를 메탈 파이터에 tftp 또는 zmodem 등의 파일 전송 프로토콜을 이용하여 다운로드한 후에 “./find”을 입력하면 소스에서 작성한 주인 찾기가 실행된다. 실행과 동시에 터미널창에는 각 센서에 대한 값이 출력된다.

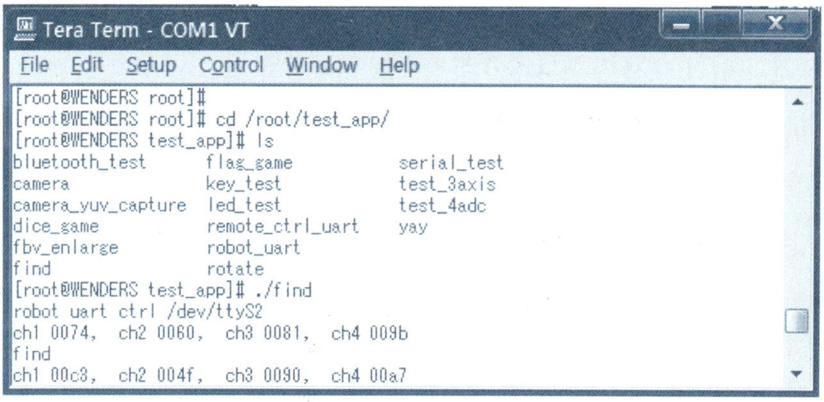

```
[root@WENDERS root]#
[root@WENDERS root]# cd /root/test_app/
[root@WENDERS test_app]# ls
bluetooth_test       flag_game          serial_test
camera               key_test           test_3axis
camera_yuv_capture   led_test           test_4adc
dice_game            remote_ctrl_uart   yay
fbv_enlarge          robot_uart
find                 rotate
[root@WENDERS test_app]# ./find
robot uart ctrl /dev/ttyS2
ch1 0074,  ch2 0060,  ch3 0081,  ch4 009b
find
ch1 00c3,  ch2 004f,  ch3 0090,  ch4 00a7
```

[그림 6-34] 실행과 동시에 각 센서에 대한 값이 출력

03 청기 · 백기 게임

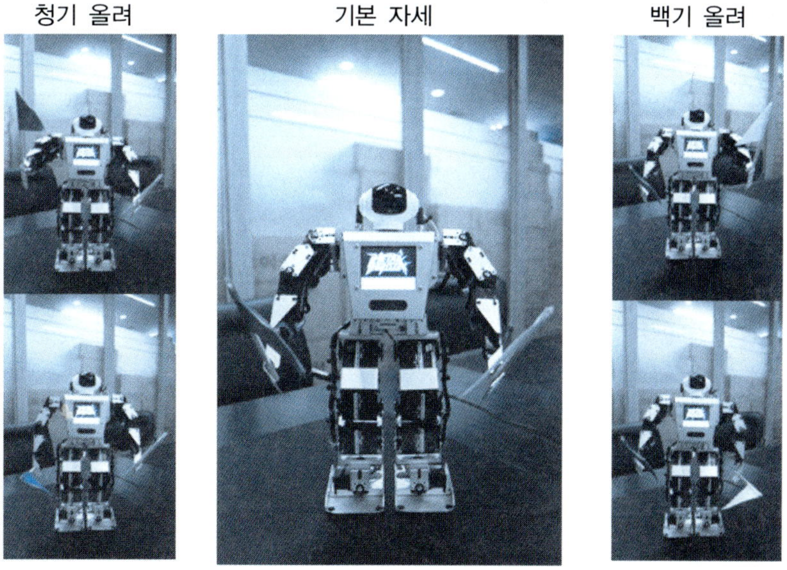

[그림 6-35] 청기 · 백기 게임 구성

청기 · 백기 게임은 메탈 파이터의 리모콘을 이용하여 메탈 파이터가 출력해 주는 사운드에 맞춰서 청기 또는 백기는 올리거나 내리는 게임이다. 사용자는 리모콘을 이용하여 게임을 진행하며 동작이 맞았을 경우에는 점수가 올라가며 틀리거나 시간이 초과될 경우 게임이 종료되게 구성한다.

청기 · 백기 게임의 모션은 총 4개의 동작으로 이루어져 있으며 청기 올려 / 내려, 백기 올려 / 내려 동작으로 구성된다. 동작에 대한 움직임은 [그림 6-35]와 같다.

3-1 로보 베이직 프로그래밍

청기 · 백기 게임 역시 위의 주인 찾기와 마찬가지로 로보 베이직에서 청기 · 백기 게임의 기본적인 모션을 구성하는 프로그램을 작성해야 한다. 아래의 내용은 위의 주사위 게임과 주인 찾기에서 작성한 프로그램에 청기 · 백기 게임 모션의 내용을 추가하여서 사용하여도 무방하나 기본적인 이해를 쉽게 하기 위해서 청기 · 백기 게임만을 위한 로보 베이직 소스를 새로 작성하는 방법을 설명하겠다.

1. 메탈 파이터의 청기 · 백기 게임 모션을 프로그래밍하기 위해서 로보 베이직을 실행시킨 후 파일→새 프로그램 작성을 클릭한다.

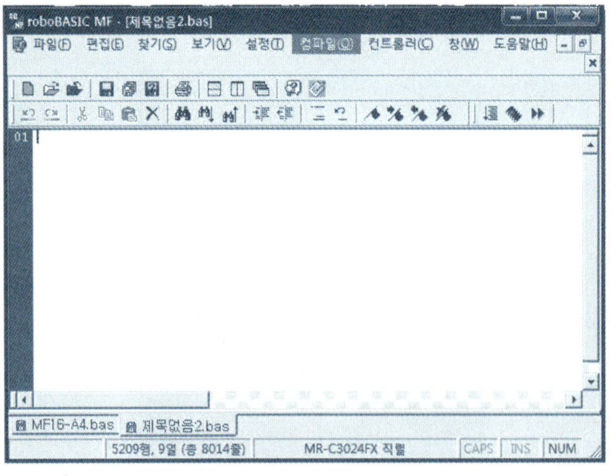

[그림 6-36] 새 프로그램 작성을 클릭

② 새로운 프로그램을 작성하기 위하여 위의 3장에서 언급했던 기본적인 로보 베이직 프로그램의 헤더의 내용을 [그림 6-37]과 같이 작성한다. 내용에는 각 모터의 방향 설정과 속도, 초기 위치, 변수 지정 등이 포함되어 있다.

```
'변수선언
DIM A AS BYTE
DIM A_old AS BYTE


'PTP 기능 설정 (로봇 동시 제어)
PTP SETON
PTP ALLON



'모터 방향 설정 (메탈파이터용)
DIR G6A,1,0,0,1,0,0
DIR G6B,1,1,1,1,1,1
DIR G6C,0,0,0,0,0,0
DIR G6D,0,1,1,0,1,0



'모터 동작 시작위치 설정 (급격한 모터 동작 방지)
'HMI 프로토콜 가능 모터의 위치 피드백 기능
GETMOTORSET G6A,1,1,1,1,1,0
GETMOTORSET G6B,1,1,1,0,0,0
GETMOTORSET G6C,1,1,1,0,0,0
GETMOTORSET G6D,1,1,1,1,1,0



'기본 모터 속도 설정
SPEED 5
```

[그림 6-37] 프로그램의 헤더의 내용을 작성

③ 다음은 메탈 파이터에 전원이 인가되면 출력되는 시작음과 메탈 파이터의 초기자세를 설정하는 내용이다.

```
    '****초기위치 피드백*********************************
GOSUB MOTOR_ON

SPEED 5
GOSUB 전원초기자세
GOSUB 기본자세

GOTO MAIN
    '*************************************************
시작음:
    TEMPO 220
    MUSIC "O23EAB7EA>3#C"
    RETURN
    '*************************************************
MOTOR_ON:

    GOSUB MOTOR_GET

    MOTOR G6B
    DELAY 50
    MOTOR G6C
    DELAY 50
    MOTOR G6A
    DELAY 50
    MOTOR G6D

    GOSUB 시작음
    RETURN
    '*************************************************
MOTOR_GET:
    GETMOTORSET G6A,1,1,1,1,1,0
    GETMOTORSET G6B,1,1,1,0,0,0
    GETMOTORSET G6C,1,1,1,0,0,0
    GETMOTORSET G6D,1,1,1,1,1,0
    RETURN
```

[그림 6-38] 시작음과 메탈 파이터의 초기자세 설정 내용

CHAPTER 06

④ 다음은 위에서 초기 상태를 설정한 내용 중에 "전원초기자세", "기본자세"에 대한 모터 값을 넣어준다.

```
전원초기자세:
    MOVE G6A,95,  76, 145,  93, 105, 100
    MOVE G6D,95,  76, 145,  93, 105, 100
    MOVE G6B,100,  45,  90, 100, 100, 100
    MOVE G6C,100,  45,  90, 100, 100, 100
    WAIT
    RETURN

    '************************************************
기본자세:
    MOVE G6A,100,  76, 145,  93, 100, 100
    MOVE G6D,100,  76, 145,  93, 100, 100
    MOVE G6B,100,  30,  80, 100, 100, 100
    MOVE G6C,100,  30,  80, 100, 100, 100
    WAIT

    RETURN
```

[그림 6-39] "전원초기자세", "기본자세"에 대한 모터 값

⑤ 다음으로 로보 베이직에서 모터의 파워를 설정하는 내용을 작성한다. 모터의 설정 내용은 [그림 6-40]과 같다.

```
All_motor_mode3:

    MOTORMODE G6A,3,3,3,3,3
    MOTORMODE G6D,3,3,3,3,3
    MOTORMODE G6B,3,3,3
    MOTORMODE G6C,3,3,3

    RETURN
    '************************************************
Leg_motor_mode1:
    MOTORMODE G6A,1,1,1,1,1
    MOTORMODE G6D,1,1,1,1,1
    RETURN
```

[그림 6-40] 모터의 파워를 설정하는 내용

위의 내용은 모든 모터의 파워를 설정한 내용과 다리 부분에 해당하는 모터의 파워를 설정한 내용이다. 위의 내용은 아래 작성할 청기・백기 게임의 모션에서 사용하는 내용으로 MOTORMODE라는 함수를 사용하여 모터의 토크 값을 설정한 것이다.

⑥ 다음으로 동작이 완료되었을 때 리턴 값을 받기 위한 내용과 현재 동작하는 내용이 없을 때에 입력값을 받기 위한 MAIN문을 구성한다. 각각의 내용은 [그림 6-41]과 같다.

```
RX_EXIT:

    ERX 4800, A, MAIN

    GOTO RX_EXIT
    '****************************************************

MAIN: '라벨설정

    '**** 입력된 A값이 0 이면 MAIN 라벨로 가고
    '**** 1이면 KEY1 라벨, 2이면 key2로... 가는문


    ERX 4800,A,MAIN
    A_old = A

    ON A GOTO MAIN,KEY1,KEY2,KEY3,KEY4,KEY5,KEY6,KEY7,KEY8,KE

    GOTO MAIN
```

[그림 6-41] 입력 값을 받기 위한 MAIN문을 구성

위에서 RX_EXIT는 동작이 완료되었을 때에 실행되는 부분으로 동작이 완료되었음을 알리는 리턴 값을 보내는 부분이다. MAIN의 경우 동작이 실행되지 않을 때에 입력값을 받기 위한 부분이다. 청기・백기 게임에서는 KEY4, KEY5, KEY6, KEY7, KEY26을 사용하기 때문에 KEY값을 1~26까지 적어준다.

7 다음으로 주사위 게임의 모션 동작을 작성한다. 모션은 총 5개로 이루어져 있으며 각각 청기・백기자세, 왼손 올려, 왼손 내려, 오른손 올려, 오른손 내려로 구성되어진다. 모션 동작의 프로그램 구성은 [그림 6-42]와 같다.

```
청기백기자세:
    GOSUB All_motor_mode3
    SPEED 6
    MOVE G6A,100,  76, 145,  88, 100
    MOVE G6D,100,  76, 145,  88, 100
    MOVE G6B,135,  35,  80
    MOVE G6C,135,  35,  80
    WAIT

    RETURN
```

[그림 6-42] 청기 · 백기자세 모션 동작의 프로그램 구성

```
왼손올려:
    SPEED 15
    SERVO 6,165

    DELAY 500

    GOSUB All_motor_mode3
    SPEED 6
    MOVE G6A,100,  76, 145,  88, 100
    MOVE G6D,100,  76, 145,  88, 100
    MOVE G6B,135,  35,  80
    MOVE G6C,135,  35,  80
    WAIT

    RETURN
'************************************************
왼손내려:
    SPEED 15
    SERVO 6,105

    DELAY 500

    GOSUB All_motor_mode3
    SPEED 6
    MOVE G6A,100,  76, 145,  88, 100
    MOVE G6D,100,  76, 145,  88, 100
    MOVE G6B,135,  35,  80
    MOVE G6C,135,  35,  80
    WAIT

    RETURN
```

[그림 6-43] 왼손 올려, 왼손 내려 모션 동작

```
오른손올려:
    SPEED 15
    SERVO 12,165

    DELAY 500

    GOSUB All_motor_mode3
    SPEED 6
    MOVE G6A,100,  76, 145,  88, 100
    MOVE G6D,100,  76, 145,  88, 100
    MOVE G6B,135,  35,  80
    MOVE G6C,135,  35,  80
    WAIT

    RETURN
'************************************************
오른손내려:
    SPEED 15
    SERVO 12,105

    DELAY 500

    GOSUB All_motor_mode3
    SPEED 6
    MOVE G6A,100,  76, 145,  88, 100
    MOVE G6D,100,  76, 145,  88, 100
    MOVE G6B,135,  35,  80
    MOVE G6C,135,  35,  80
    WAIT

    RETURN
```

[그림 6-44] 오른손 올려, 오른손 내려 모션 동작

8. 위의 4가지 모션을 로보 베이직에 추가시킨 뒤에 메탈 파이터의 임베디드에서 위의 동작에 대한 제어 명령과 리모콘에서 제어시킬 수 있도록 Key값을 설정한다.

```
KEY4:
    GOSUB 왼손올려
    ETX 4800, 4
    GOTO RX_EXIT

KEY5:
    GOSUB 청기백기자세
    ETX 4800, 5
    GOTO RX_EXIT

KEY6:
    GOSUB 오른손올려
    ETX 4800, 6
    GOTO RX_EXIT

KEY7:
    GOSUB 왼손내려
    ETX 4800, 7
    GOTO RX_EXIT

KEY8:
    ETX 4800, 8
    GOTO RX_EXIT

KEY9:
    GOSUB 오른손내려
    ETX 4800, 9
    GOTO RX_EXIT
```

[그림 6-45] Key 4~9값 설정

```
KEY25: ' P1
    ETX  4800,25


    GOTO RX_EXIT

KEY26: ' ■
    ETX  4800,26

    SPEED 5
    GOSUB 기본자세
    GOSUB Leg_motor_mode1
    GOTO RX_EXIT
```

[그림 6-46] Key 25~26값 설정

⑨ KEY값 4~9번 26번을 위와 같이 설정을 하고 나머지 키 값은 KEY25와 같이 ETX 함수를 사용하여 리턴 값만을 받을 수 있도록 작성한다.

⑩ 주사위 게임에 대한 최종적으로 작성된 소스는 다음과 같다.

```
'변수선언
DIM A AS BYTE
DIM A_old AS BYTE

'PTP 기능설정 (로봇 동시 제어)
PTP SETON
PTP ALLON

'모터 방향 설정 (메탈 파이터용)
DIR G6A,1,0,0,1,0,0
DIR G6B,1,1,1,1,1,1
DIR G6C,0,0,0,0,0,0
DIR G6D,0,1,1,0,1,0
```

```
'모터 동작 시작위치 설정 (급격한 모터 동작 방지)
'HMI 프로토콜 가능 모터의 위치 피드백 기능
GETMOTORSET G6A,1,1,1,1,1,0
GETMOTORSET G6B,1,1,1,0,0,0
GETMOTORSET G6C,1,1,1,0,0,0
GETMOTORSET G6D,1,1,1,1,1,0

'기본 모터 속도 설정
SPEED 5
    '****초기위치 피드백****************************
GOSUB MOTOR_ON

SPEED 5
GOSUB 전원초기자세
GOSUB 기본자세

GOTO MAIN
    '*********************************************
시작음:
    TEMPO 220
    MUSIC "O23EAB7EA>3#C"
    RETURN
    '*********************************************
MOTOR_ON:

    GOSUB MOTOR_GET

    MOTOR G6B
    DELAY 50
    MOTOR G6C
    DELAY 50
    MOTOR G6A
    DELAY 50
    MOTOR G6D

    GOSUB 시작음
    RETURN

    '*********************************************
MOTOR_GET:
    GETMOTORSET G6A,1,1,1,1,1,0
    GETMOTORSET G6B,1,1,1,0,0,0
    GETMOTORSET G6C,1,1,1,0,0,0
    GETMOTORSET G6D,1,1,1,1,1,0
    RETURN
   '*********************************************
전원초기자세:
    MOVE G6A,95,  76, 145,  93, 105, 100
    MOVE G6D,95,  76, 145,  93, 105, 100
    MOVE G6B,100,  45,  90, 100, 100, 100
    MOVE G6C,100,  45,  90, 100, 100, 100
    WAIT
    RETURN
   '*********************************************
기본자세:
```

```
    MOVE G6A,100,  76, 145,  93, 100, 100
    MOVE G6D,100,  76, 145,  93, 100, 100
    MOVE G6B,100,  30,  80, 100, 100, 100
    MOVE G6C,100,  30,  80, 100, 100, 100
    WAIT

    RETURN
   '**************************************************
All_motor_mode3:
    MOTORMODE G6A,3,3,3,3,3
    MOTORMODE G6D,3,3,3,3,3
    MOTORMODE G6B,3,3,3
    MOTORMODE G6C,3,3,3
    RETURN
    '*******************************************
Leg_motor_mode1:
    MOTORMODE G6A,1,1,1,1,1
    MOTORMODE G6D,1,1,1,1,1
    RETURN
    '*************************************************
RX_EXIT:
    ERX 4800, A, MAIN
    GOTO RX_EXIT
    '*************************************************
MAIN: '라벨 설정
    '**** 입력된 A값이 0 이면 MAIN 라벨로 가고
    '**** 1이면 KEY1 라벨, 2이면 key2로... 가는문
    ERX 4800,A,MAIN
    A_old = A
    ON                              A                             GOTO
MAIN,KEY1,KEY2,KEY3,KEY4,KEY5,KEY6,KEY7,KEY8,KEY9,KEY10,KEY11,

KEY12,KEY13,KEY14,KEY15,KEY16,KEY17,KEY18,KEY19,KEY20,KEY21,KEY22,
        KEY23,KEY24,KEY25,KEY26
    GOTO MAIN
청기백기자세:
    GOSUB All_motor_mode3
    SPEED 6
    MOVE G6A,100,  76, 145,  88, 100
    MOVE G6D,100,  76, 145,  88, 100
    MOVE G6B,135,  35,  80
    MOVE G6C,135,  35,  80
    WAIT

    RETURN
    '*************************************************
왼손올려:
    SPEED 15
    SERVO 6,165

    DELAY 500

    GOSUB All_motor_mode3
    SPEED 6
    MOVE G6A,100,  76, 145,  88, 100
    MOVE G6D,100,  76, 145,  88, 100
```

CHAPTER 06

```
    MOVE G6B,135,  35,  80
    MOVE G6C,135,  35,  80
    WAIT

    RETURN
    '*************************************************
왼손 내려:
    SPEED 15
    SERVO 6,105

    DELAY 500

    GOSUB All_motor_mode3
    SPEED 6
    MOVE G6A,100,  76, 145,  88, 100
    MOVE G6D,100,  76, 145,  88, 100
    MOVE G6B,135,  35,  80
    MOVE G6C,135,  35,  80
    WAIT

    RETURN
    '*************************************************
오른손 올려:
    SPEED 15
    SERVO 12,165

    DELAY 500

    GOSUB All_motor_mode3
    SPEED 6
    MOVE G6A,100,  76, 145,  88, 100
    MOVE G6D,100,  76, 145,  88, 100
    MOVE G6B,135,  35,  80
    MOVE G6C,135,  35,  80
    WAIT

    RETURN
    '*************************************************
오른손 내려:
    SPEED 15
    SERVO 12,105

    DELAY 500

    GOSUB All_motor_mode3
    SPEED 6
    MOVE G6A,100,  76, 145,  88, 100
    MOVE G6D,100,  76, 145,  88, 100
    MOVE G6B,135,  35,  80
    MOVE G6C,135,  35,  80
    WAIT

    RETURN
KEY1:
        ETX 4800, 1
        GOTO RX_EXIT
```

```
KEY2:
        ETX 4800, 2
        GOTO RX_EXIT
KEY3:
        ETX 4800, 3
        GOTO RX_EXIT
KEY4:
        GOSUB 왼손 올려
        ETX 4800, 4
        GOTO RX_EXIT
KEY5:
        GOSUB 청기백기자세
        ETX 4800, 5
        GOTO RX_EXIT
KEY6:
        GOSUB 오른손 올려
        ETX 4800, 6
        GOTO RX_EXIT
KEY7:
        GOSUB 왼손 내려
        ETX 4800, 7
        GOTO RX_EXIT
KEY8:
        ETX 4800, 8
        GOTO RX_EXIT
KEY9:
        GOSUB 오른손 내려
        ETX 4800, 9
        GOTO RX_EXIT
KEY10:
        ETX 4800, 10
        GOTO RX_EXIT
KEY11: '▲
        ETX 4800, 11
        GOTO RX_EXIT
KEY12: '▼
        ETX 4800, 12
        GOTO RX_EXIT
KEY13: '▶
        ETX 4800, 13
        GOTO RX_EXIT
KEY14: '◀
        ETX 4800, 14
        GOTO RX_EXIT
KEY15: ' A
        ETX  4800,15
        GOTO RX_EXIT
KEY16: ' POWER
        ETX  4800,16
        GOTO RX_EXIT
KEY17: ' C
        ETX  4800,17
        GOTO RX_EXIT
KEY18: ' E
        ETX  4800,18
        GOTO RX_EXIT
```

```
KEY19: ' P2
        ETX  4800,19
        GOTO RX_EXIT
KEY20: ' B
        ETX  4800,20
        GOTO RX_EXIT
KEY21: ' △
        ETX  4800,21
        GOTO RX_EXIT
KEY22: ' *
        ETX  4800,22
        GOTO RX_EXIT
KEY23: ' G
        ETX  4800,23
        GOTO RX_EXIT
KEY24: ' #
        ETX  4800,24
        GOTO RX_EXIT
KEY25: ' P1
        ETX  4800,25
        GOTO RX_EXIT
KEY26: ' ■
        ETX  4800,26
        SPEED 5
        GOSUB 기본자세
        GOSUB Leg_motor_mode1
        GOTO RX_EXIT
```

위에서 작성된 소스를 메탈 파이터에 다운로드한다. 다운로드의 내용은 3장에서 언급된 내용이므로 다운로드 방법은 생략한다. 다운로드가 완료되었으면 메탈 파이터의 모드 스위치를 리모콘 모드로 전환한 후에 리모콘의 4, 5, 6, 7, 9, 26(■) 번 키를 이용하여 각각의 동작이 정상적으로 수행되는지 테스트 해본다.

위에서 한 내용은 로보 베이직 프로그래밍을 이용한 메탈 파이터의 청기·백기 게임 모션을 작성하는 방법을 설명하였다. 다음은 본격적으로 임베디드 보드에서 위에 작성한 로보 베이직 소스를 활용하여 메탈 파이터를 구동하는 내용을 설명하겠다.

3-2 임베디드 프로그래밍

이번에 작성할 임베디드의 프로그램 소스의 개요는 메탈 파이터에서 스피커를 통하여 사운드를 출력하고 사용자의 리모콘 값을 받아서 입력받은 리모콘 값이 사운드 값과 일치되면 카운트가 올라가고, 틀리거나 시간이 초과되면 게임을 종료하는 프로그램으로 구성한다.

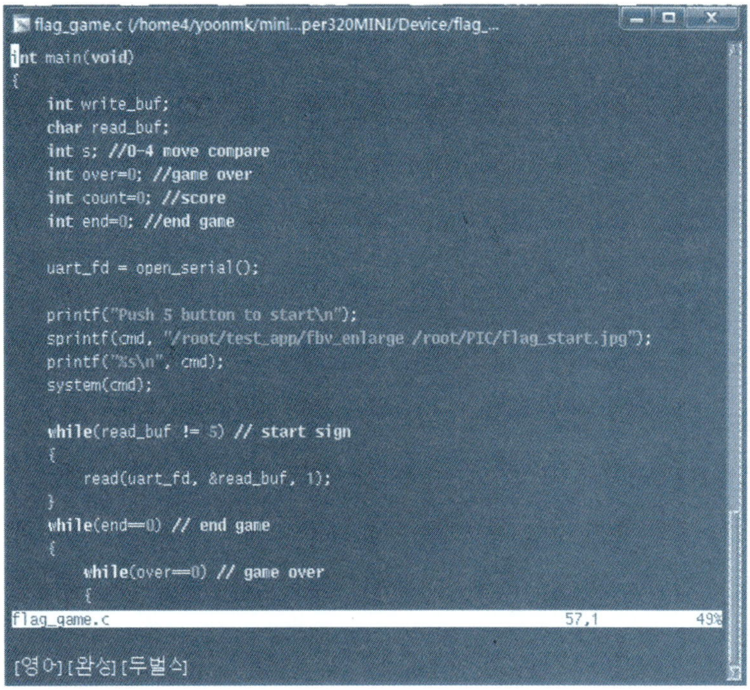

```
flag_game.c (/home4/yoonmk/mini...per320MINI/Device/flag_...
int main(void)
{
	int write_buf;
	char read_buf;
	int s; //0-4 move compare
	int over=0; //game over
	int count=0; //score
	int end=0; //end game

	uart_fd = open_serial();

	printf("Push 5 button to start\n");
	sprintf(cmd, "/root/test_app/fbv_enlarge /root/PIC/flag_start.jpg");
	printf("%s\n", cmd);
	system(cmd);

	while(read_buf != 5) // start sign
	{
		read(uart_fd, &read_buf, 1);
	}
	while(end==0) // end game
	{
		while(over==0) // game over
		{
flag_game.c                                        57,1          49%
[영어][완성][두벌식]
```

[그림 6-47] 프로그램의 기본 구조

프로그램의 기본 구조는 [그림 6-47]과 같다. 게임을 시작하게 되면 메탈 파이터에서는 랜덤으로 사운드를 출력시키고 사용자의 리모콘 입력을 기다린다. 리모콘 입력은 MR-C3024FX에서 처리하며 리모콘 값이 입력이 되면 MR-3024에서 PXA320으로 입력된 리모콘 값을 전송한다. 이 전송된 값으로 PXA320에서는 출력 사운드와 리모콘 입력의 일치 여부를 판변하며, 일치할 경우 카운트를 증가시켜 LCD에 점수를 표시하고, 일치하지 않았을 경우에 게임 종료 화면은 LCD에 출력하며 게임을 종료한다.

프로그램에 대한 소스의 전체적인 내용은 다음과 같다.

```
/ *   Metal Fighter
  *   flag_game
  *   <yoonmk@hybus.net> */

#include <stdlib.h>
#include <termios.h>
#include <stdio.h>
#include <unistd.h>
#include <fcntl.h>
#include <sys/signal.h>
#include <sys/types.h>
```

CHAPTER 06

```
#include <time.h>
#include <string.h>
#include <pthread.h>
#include <unistd.h>

int uart_fd;
char cmd[100];

#define BAUDRATE B4800
#define MODEDEVICE "/dev/ttyS2"

int open_serial(void)
{
    char fd_serial[20];
    int fd;
    struct termios oldtio, newtio;

    strcpy(fd_serial, MODEDEVICE); //FFUART

    fd = open(fd_serial, O_RDWR | O_NOCTTY );
    if (fd <0) {
        printf("Serial %s  Device Err\n", fd_serial );
        exit(1);
    }
        printf("robot uart ctrl %s\n", MODEDEVICE);

    tcgetattr(fd,&oldtio); /* save current port settings */
    bzero(&newtio, sizeof(newtio));
    newtio.c_cflag = BAUDRATE | CS8 | CLOCAL | CREAD;
    newtio.c_iflag = IGNPAR;
    newtio.c_oflag = 0;
    newtio.c_lflag = 0;
    newtio.c_cc[VTIME]    = 5;   /* inter-character timer unused */
    newtio.c_cc[VMIN]    = 0;   /* blocking read until 8 chars received */

    tcflush(fd, TCIFLUSH);
    tcsetattr(fd,TCSANOW,&newtio);

    return fd;
}
int main(void)
{
    int write_buf;
    char read_buf;
        int s; //0-4 move compare
        int over=0; //game over
        int count=0; //score
        int end=0; //end game

    uart_fd = open_serial();

        printf("Push 5 button to start\n");
    sprintf(cmd, "/root/test_app/fbv_enlarge /root/PIC/flag_start.jpg");
        printf("%s\n", cmd);
        system(cmd);

        while(read_buf != 5) // start sign
```

```
        {
                read(uart_fd, &read_buf, 1);
        }
        while(end==0) // end game
        {
                while(over==0) // game over
                {
                        s = rand()%12;
                        s = s +1;

                        sprintf(cmd,"aplay wav/%d.wav", s);
                        //printf("%s\n", cmd);
                        system(cmd);
                        printf("playing sound is %d.wav\n",s);

                        s = s%4;
                        usleep(100000);

                        read(uart_fd, &read_buf, 1);
                        if( read_buf !=0 )
                        {
                                printf("Remote Input is %d\n", read_buf);
                                read_buf = read_buf%4;
                                if(read_buf == s)
                                {
                                        printf("good\n");
                                        count++;
                                        sprintf(cmd, "/root/test_app/fbv
enlarge /root/PIC/%d.jpg", count);
                                        printf("%s\n", cmd);
                                        system(cmd);
                                }
                                else
                                {
                                        printf("bad\n");
                                        over = 1;
                                }
                        }
                        else if(read_buf ==0)
                        {
                                printf("bad\n");
                                over = 1;
                        }
                }
                printf("GAME OVER\n Restart = 5, End Game = stop\n");
                sprintf(cmd, "/root/test_app/fbv_enlarge /root/PIC/flag_over.jpg");
                system(cmd);
                while(read_buf != 5 && read_buf !=26) // restart or end
                {
                        read(uart_fd, &read_buf, 1);
                        if(read_buf == 26)
                        {
                                end = 1;
                                printf("End Game\n");
                                sprintf(cmd,       "/root/test_app/fbv_
enlarge /root/PIC/robot_2.jpg");
                          printf("%s\n", cmd);
```

```
                                        system(cmd);
                                }
                                else if(read_buf == 5)
                                {
                                        count = 0;
                                        over = 0;
                                }
                        }
                }
        }
```

위의 소스 작성을 마쳤으면 flag_game.c란 이름으로 저장한 후 작성된 코드를 컴파일하기 위하여 [그림 6-48]과 같이 Makefile을 작성한다.

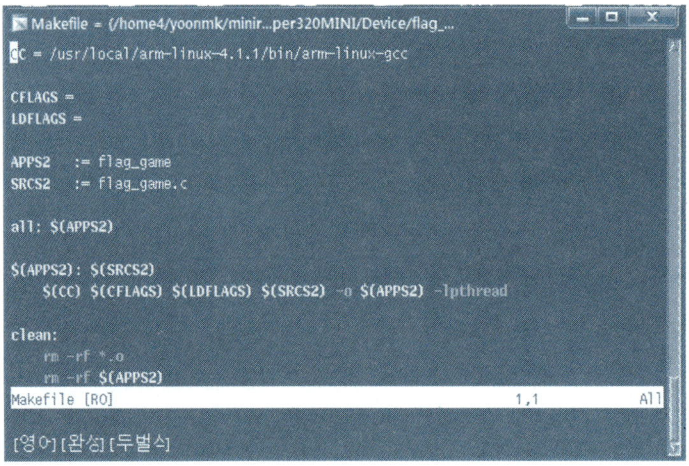

[그림 6-48] 작성된 코드를 컴파일하기 위하여 Makefile 작성

위에서 "CC =" 부분에는 컴파일러의 경로를 적어준다. 앞의 4장 내용대로 컴파일러를 설치하였다면 [그림 6-48]과 같이 입력하면 된다.

위와 같이 Makefile의 작성을 마쳤다면 저장하고 나와서 "make"란 명령으로 컴파일하게 되면 "flag_game"이라는 실행 파일이 만들어지는 것을 [그림 6-49]에서 볼 수 있다.

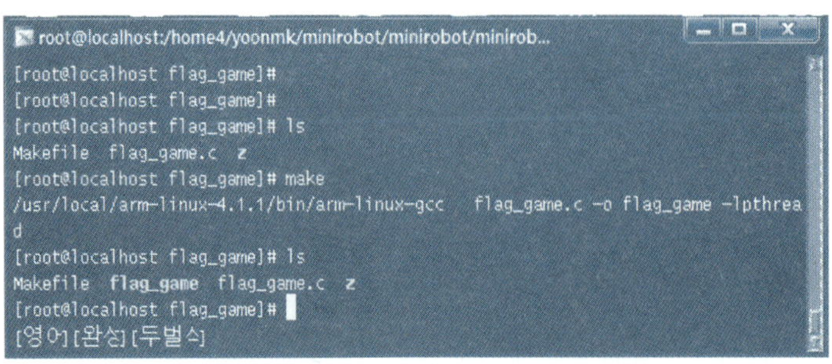

[그림 6-49] flag_game 실행 파일 생성

이렇게 컴파일된 “flag_game”을 메탈 파이터에 tftp 또는 zmodem 등의 파일 전송 프로토콜을 이용하여 다운로드한 후에 “./flag_game”을 입력하면 소스에서 작성한 주사위 게임이 실행된다.

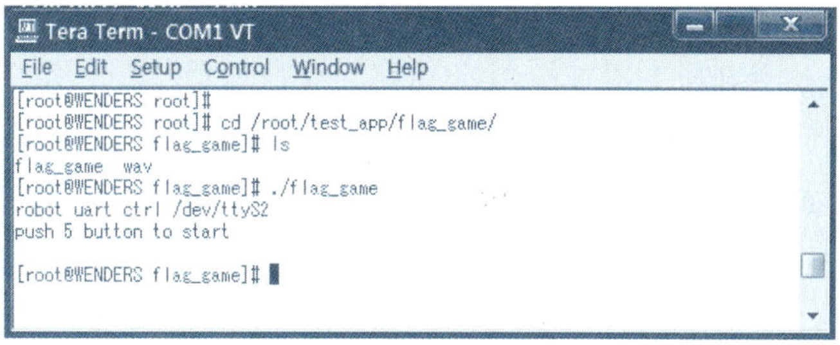

[그림 6-50] 게임이 실행

- 메탈 파이터 모드 스위치를 리모콘 모드로 스위치 변경
- 리모콘 5KEY로 게임 시작
- 출력 사운드에 맞춰서 리모콘 입력
  4 → 백기들어
  6 → 백기내려
  7 → 청기올려
  8 → 청기내려
- 동작이 맞았으면 점수 증가
- 동작이 틀렸으면 게임 종료
- restart → 5, end → 26(■) 버튼

[그림 6-51] 청기 · 백기 게임 진행방법

청기 · 백기 게임에서 메탈 파이터의 오른손이 청기, 왼손이 백기를 기준으로 소스가 작성되어 있기 때문에 깃발 구성시에 오른손에 청기를 왼손에 백기를 셋팅하여 실행한다.

04 영상처리

영상처리는 메탈 파이터의 머리에 장착된 카메라 모듈을 이용하여 좌, 우측 또는 전면에 인식하고자 하는 물체를 인지하고 이에 대한 다양한 수행활동을 할 수 있도록 하는데 목적이 있다. 우선적으로, 영상처리 부문에 대한 간단한 프로그래밍 과정을 통하여 메탈 파이터의 영상인식 과정을 보도록 한다.

메탈 파이터에 장착된 카메라는 320*240 크기의 픽셀을 지원을 하며, YUV422 파일 형식으로 그 구성은 Y, Cb, Cr 값으로 [그림 6-52]과 같이 구성되어 있다.

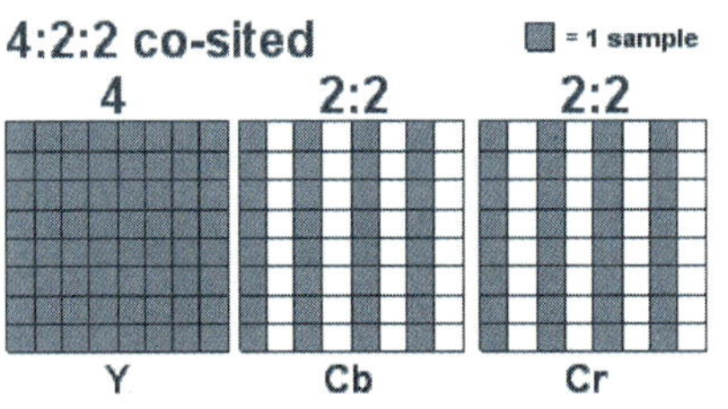

[그림 6-52] 카메라 모듈의 YCbCr 값 정보

YCbCr은 컬러 정보로부터 밝기값과 색차신호를 분리하여 표현하는 컬러모델이다. 밝기값은 Y로 기호화되고 색차신호는 Cb, Cr로 기호화된다. 이러한 정보를 Subsampling이나 양자화 과정에서 압축을 하게 되는데, 사람의 눈이 색차 신호에 대한 정보손실은 차이를 별로 느끼지 못하기 때문에 위와 같이 정보 압축의 효율성을 위해 YCbCr 정보의 비율을 4 : 2 : 2로 사용을 할 수 있게 되는 것이다.

4-1 임베디드 프로그래밍

기본적인 영상 출력에 대한 임베디드 프로그래밍 소스는 아래와 같다.
(카메라 드라이브에 대한 소스는 생략을 하도록 하였다.)

```
////// 기본적인 카메라 실시간 출력//////
#include <stdio.h>
#include <signal.h>
#include <pxa_lib.h>
#include <pxa_camera_zl.h>

// VIDEOBUF_COUNT must be larger than STILLBUF_COUNT
```

```
#define VIDEOBUF_COUNT  3
#define STILLBUF_COUNT  2
#define CAM_STATUS_INIT    0
#define CAM_STATUS_READY   1
#define CAM_STATUS_BUSY    2

struct pxa_camera{
int handle;
int status;
int mode;
int sensor;
int ref_count;

// Video Buffer
   int width;
int height;
enum   pxavid_format format;
};

int fd;
struct sigaction act;
void sighandler(int signo)
{
        close(fd);

        exit(0);
}

int main(int argc, char* argv[])
{
        int handle;
        int handle_overlay2;
        struct pxa_video_buf* vidbuf;
        struct pxacam_setting camset;
        struct pxa_video_buf vidbuf_overlay;
        int len;

        handle = camera_open(NULL,0);
        ASSERT(handle);

        system("echo b > /proc/invert/tb"); //LCD DriverIC top-bottom
invert ctrl

        memset(&camset,0,sizeof(camset));
        camset.mode = CAM_MODE_VIDEO;
        camset.format = pxavid_ycbcr422;
        camset.width = 320;
        camset.height = 240;

        camera_config(handle,&camset);

        camera_start(handle);

handle_overlay2 = overlay2_open(NULL,pxavid_ycbcr422,NULL, 320, 240, 0
, 0);
```

```
overlay2_getbuf(handle_overlay2,&vidbuf_overlay);
len = vidbuf_overlay.width*vidbuf_overlay.height;

        while(1){
                vidbuf = camera_get_frame(handle);

        memcpy(vidbuf_overlay.ycbcr.y,vidbuf->ycbcr.y,len);
            memcpy(vidbuf_overlay.ycbcr.cb,vidbuf->ycbcr.cb,len/2);
            memcpy(vidbuf_overlay.ycbcr.cr,vidbuf->ycbcr.cr,len/2);

                camera_release_frame(handle,vidbuf);
        }
        camera_stop(handle);
        camera_close(handle);
        return 0;
}
```

다음으로는 영상처리에서 가장 기본이 되어지는 확장 / 축소의 과정을 보도록 할 것이다. 이 과정은 [그림 6-53]에서 볼 수 있듯이 인식하고자 하는 물체에서 보여지는 잡음을 제거하기 위한 과정으로써 자주 사용되어지는 한 방법 중의 하나이다.

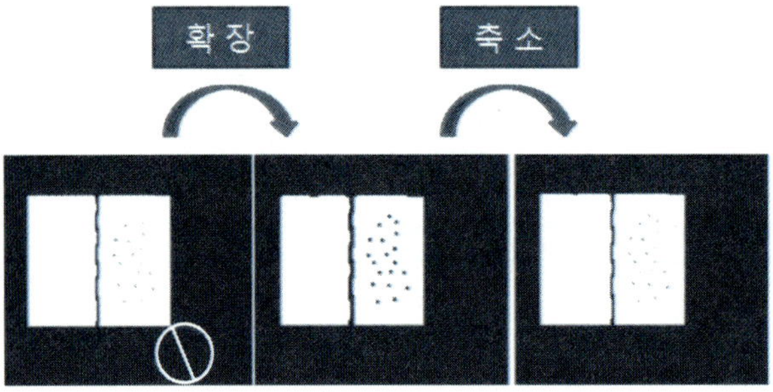

[그림 6-53] 확장 및 축소로 인한 잡은 제거

[그림 6-53]에서 볼 수 있듯이 2진화된 영상에서 인식하고자 하는 물체를 제외한 나머지 부분의 잡음 부분에 대한 영역들이 제거가 되어지는 것을 눈으로 확인할 수가 있다. 이로써 다음 단계에서 이루어질 라벨링 단계에 대한 기초적인 발판이 마련되어지게 되는 것이다.

4-2 임베디드 프로그래밍

확장 / 축소에 대한 임베디드 프로그래밍 소스 개요는 아래와 같다.

```
/*******************************************************************
*       확장축소
        Y_buf_label : 2진화영상
        clo_dil : 0   -> DILATION
                       255 ->  CLOSE
*******************************************************************/
void close_dilation(unsigned char *Y_buf_label, int clo_dil)
{
        unsigned char *result_buf;
        unsigned char mask = clo_dil;

        int i, k, n, m;
        int count = 0;

        result_buf    =    (unsigned    char    *)malloc(IMAGE_HEIGHT    *
IMAGE_WIDTH);

        for(i = 1; i < IMAGE_HEIGHT-1; i++)
                for(k = 1; k < IMAGE_WIDTH-1; k++)
                {
                        for(n = -1; n <= 1; n++)
                                for(m = -1; m <= 1; m++)
                                {
                                        if(Y_buf_label[(i           +
n)*IMAGE_WIDTH + (k+m)] == mask)            count++;
                                }
                        if(CLOSE == clo_dil)
                        {
                                if(count == FILTER)
result_buf[i*IMAGE_WIDTH + k] = 255;
                                else
result_buf[i*IMAGE_WIDTH + k] = 0;
                        }
                        else if(DILATION == clo_dil)
                        {
                                if(count == FILTER)
result_buf[i*IMAGE_WIDTH + k] = 0;
                                else
result_buf[i*IMAGE_WIDTH + k] = 255;
                        }
                        count = 0;
        }
        memcpy(Y_buf_label, result_buf, IMAGE_HEIGHT*IMAGE_WIDTH);
        free(result_buf);
}
```

영상처리의 기초적인 단계 중 마지막 단계로는 라벨링이 있다. 이는 [그림 6-54]에서 볼 수 있듯이 2진화된 영상에서 부분적으로 구분이 되어지는 영역에 대해 고유한 번호를 매기게 되는 과정이다.

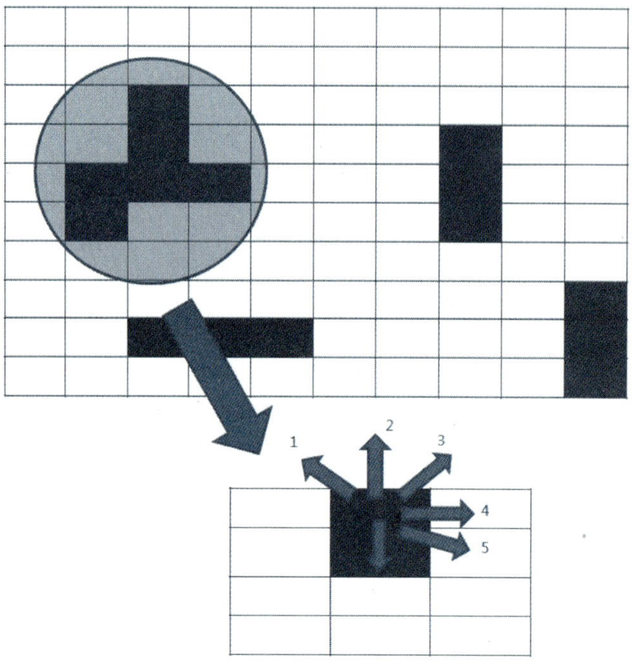

[그림 6-54] Grass-fire 알고리즘 연산 과정

➡ Grass-fire 알고리즘을 이용한 라벨링 연산

2진화된 영상의 데이터 값을 8방향 탐색을 하게 되는데 우선순위를 가지고 탐색을 하게 된다. 탐색을 하는 도중에 255의 픽셀 값을 가지는 화소를 만나게 되면 그쪽을 기준으로 주변 픽셀을 모두 살피게 된다.

실제 함수가 돌아가는 부분은 재귀함수로 호출이 되고 매번 255의 픽셀을 만날 때마다 라벨링 번호가 붙으면서 재귀함수에 의해 다음 주변 픽셀이 검사가 되는 것이다.

[그림 6-55]는 Grass-fire 알고리즘을 이용한 라벨링 연산의 순서를 간략히 나타내 본 것이다.

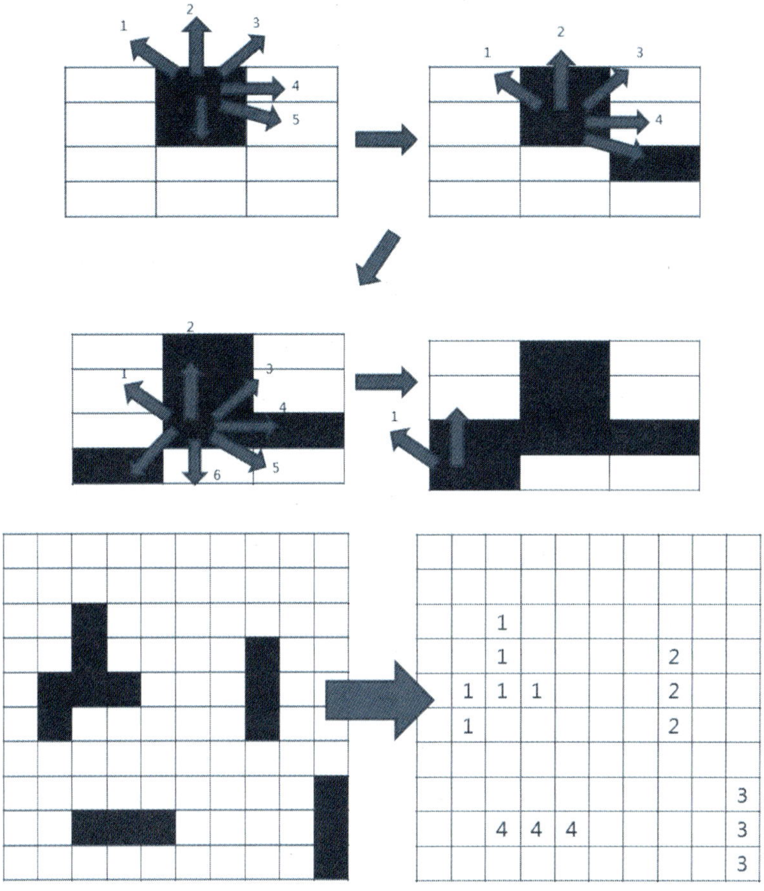

[그림 6-55] Grass-fire 알고리즘 라벨링 연산

이러한 과정을 거쳐서 라벨링 연산이 이루어지게 되고 그 결과는 각각의 인접한 객체에 동일한 라벨링 ID가 부여되는 것이다. 이렇게 인접한 물체들은 각각 동일한 ID를 부여받게 되고, 이는 후에 객체를 분리할 때 아주 요긴하게 쓰이는 방법이다.

4-3 임베디드 프로그래밍

라벨링에 대한 임베디드 프로그래밍 소스 개요는 다음과 같다.

라벨링 과정을 거친 후 가장 큰 즉, 우리가 얻고자 하는 물체에 대한 정보만 획득하는 함수를 추가하였다.

```
/*****************************************************************
*       라벨링 알고리즘을 사용하기 위한 재귀함수
        Y_buf_label : 2진화된 원영상
        color_info : 원영상과 같은 크기를 갖고 라벨링된 결과값을 저장할 수 있는 배열
        CurColor : 라벨링 결과로 그룹화될 각각의 번호
*****************************************************************/
void grass(unsigned char * color_info, int i, int j, int CurColor,
unsigned char * Y_buf_label)
{
        int k, I;               //관심화소의 주변화소들을 검색하기 위한 변수
  int index;            //color_info배열의 주소를 나타낼 변수

        /grass_labeling 함수에서 최초의 관심화소로 등록된 좌표값에 대해서 주변화소
들을 검사함
        or(k = i - 1 ; k <= i + 1; k++)
        {
                for(I = j - 1 ; I <= j + 1; I++)
                {
                        //영상의 경계점이라면 라벨링 과정을 거치지 않음
                        f(k < 0 || k >= IMAGE_HEIGHT || I < 0 || I >=
IMAGE_WIDTH)    continue
                        else
                        {
                                index = k * IMAGE_WIDTH + I;
                                //영상 데이터의 값이면서 아직 방문하지 않은 곳이라
면 라벨링 시작
                                f((Y_buf_label[k * IMAGE_WIDTH + I] ==
255) && (color_info[index] == 0))
                                {
                                        color_info[index] = CurColor;
                                                //라벨링된 결과값을 배열에 저장

rass(color_info,k,I,CurColor,Y_buf_label);              //주변화소들을 다시
재귀함수를 이용해서 검색

/*****************************************************************
*       라벨링 알고리즘 사용
        Y_buf_label : 2진화된 원영상
        color_info : 원영상과 같은 크기의 배열을 갖고 라벨링된 결과값을 저장
        CurColor : 라벨링 결과로 그룹화될 각각의 번호
*****************************************************************/

int grass_labeling(unsigned char *Y_buf_label)
{
        unsigned char* color_info;              //라벨링 결과를 저장할 포인터
변수선언
        /라벨링 결과를 저장할 포인터 변수에 메모리 할당
        olor_info = (unsigned char *)malloc(IMAGE_HEIGHT*IMAGE_WIDTH);
        int i, j;

        int CurColor = 0;                       //라벨 결과를 저장하기 위한 변
수 초기화

        /라벨링 결과를 저장할 배열값 초기화
        or(i = 0; i < IMAGE_HEIGHT * IMAGE_WIDTH ; i++)
        {
                color_info[i] = 0;
```

```
        }


        for(i = 0 ; i < IMAGE_HEIGHT; i++)
        {
                for(j = 0 ; j < IMAGE_WIDTH; j++)
                {
                        //영상 데이터값이거나 아직 방문하지 않은 픽셀이라면 라벨링
시작
                        f((Y_buf_label[i * IMAGE_WIDTH + j] == 255) &&
(color_info[i * IMAGE_WIDTH + j] == 0))
                        {
                                CurColor++;

grass(color_info,i,j,CurColor,Y_buf_label);
                        }
                }
        }
        //라벨링된 결과값을 원영상에 메모리 카피
        emcpy(Y_buf_label, color_info, IMAGE_HEIGHT * IMAGE_WIDTH);

        free(color_info);               //결과 저장을 위해 만든 메모리 해제
        eturn CurColor;
}

/*******************************************************************
*       라벨링된 결과값 중에서 가장 큰 객체를 찾아내는 함수
        Y_buf_label : 2진화된 원영상
        CurColor : 라벨링 결과로 그룹화될 각각의 번호
        rect_point : 가장 큰 객체를 찾은 뒤 그 부분을 사각형으로 그려줄 때의 좌표값
*******************************************************************/

int find_max(unsigned char *Y_buf_label, int CurColor, int* rect_point)
{
        int i, j, k;
        int temp=0;
        int result=0;
        int cnt=0;
        int dect_result=0;
        int temp_max_i =0, temp_max_j=0, temp_min_i=IMAGE_HEIGHT - 1,
temp_min_j=IMAGE_WIDTH - 1;

        //전체 라벨링된 개수만큼 반복문을 돌면서 각 라벨 번호마다 몇 개의 픽셀을 가지고
있는지를 판단해서 가장 큰 라벨 번호를 찾음
        or( k=1; k<=CurColor; k++ )
        {
                for(i = 0; i < IMAGE_HEIGHT; i++)
                {
                        for(j = 0; j < IMAGE_WIDTH; j++)
                        {
                                if(Y_buf_label[i*IMAGE_WIDTH+j] == k)
                                {
                                        cnt=cnt+1;
                                        if( temp_min_i > i )
temp_min_i = i;
                                        if( temp_min_j > j )
temp_min_j = j;
```

CHAPTER 06

```
                                              if( temp_max_i < i )
temp_max_i = i;
                                              if( temp_max_j < j )
temp_max_j = j;
                                     }
                            }
                   }
                   if(temp<cnt)
                   {
                            temp=cnt;
                            result = k;
                            many_label = k;

                            if(temp > FIND_PIXEL_NUMBER)
                                              // test
                            {
                                     dect_result = 1;
                                     rect_point[0] = temp_min_i;
                                     rect_point[1] = temp_min_j;
                                     rect_point[2] = temp_max_i;
                                     rect_point[3] = temp_max_j;
                            }
                            else
                                     dect_result = 0;

                   }
                   temp_max_i =0; temp_max_j=0; temp_min_i=IMAGE_HEIGHT -
1; temp_min_j=IMAGE_WIDTH - 1;
                   cnt=0;
         }
         return dect_result;
}
```

05 물체 트랙킹

물체 트랙킹은 머리에 장착된 카메라 모듈를 이용하여 앞서 설명한 기본적인 영상처리를 바탕으로 좌, 우측 또는 전면에 인식하고자 하는 물체를 인식하고 전면에 장착된 LCD 화면에 실시간으로 볼을 트랙킹하는 모습을 보여주는 것으로 구성된다.

우선, 여기서는 환경에 따른 조도의 영향에 대한 강건성을 유지하기 위해 카메라에 들어오게 되는 실시간 영상에 대한 물체의 색상 임계값을 획득하는 방식을 사용하였다. 이로써 인식하고자 하는 물체를 LCD 화면의 중간 위치에 놓고, 리모콘을 이용하여 [그림 6-56]과 같이 사각형이 그려지는 부분에 물체를 일정 시간동안 위치시켜 인식하고자 하는 물체의 색상 임계값을 획득하도록 한다.

[그림 6-56] 인식 물체 색상 임계값 획득

위와 같은 과정 수행 뒤에는 LCD 화면에 실시간으로 물체를 인식하고 [그림 6-57]과 같이 인식 물체에 사각형을 그리는 모습을 볼 수가 있다.

[그림 6-57] 인식한 물체 실시간 트랙킹

5-1 임베디드 프로그래밍

물체 트랙킹에 대한 임베디드 프로그래밍 소스 개요는 아래와 같다.

※ 전체 소스는 임베디드 프로그램 전체 소스 부분에 첨부되어 있다. 리모콘 번호에 따라 각 기능을 수행하게 된다. 여기서의 물체 트랙킹을 위해서는 리모콘 버튼 '2'를 눌러 색상 임계값을 획득한 후 다시 리모콘 버튼 '3'을 누르게 되면 물체 트랙킹이 실행된다. 이 부분에서 추가된 함수는 인식된 물체에 사각형을 그려주는 함수로 다음과 같다.

```
/*********************************************************************
*        라벨링 연산 후 가장 큰 객체에 사각형 테두리를 그려주는 함수
         Y_buf : YCbCr 영상 데이터 중의 값
         Cb_buf : YCbCr 영상 데이터 중의 값
         Cr_buf : YCbCr 영상 데이터 중의 값
         rect_point : 라벨링 연산으로 찾은 가장 큰 객체의 좌표값
*********************************************************************/
```

CHAPTER 06

```
void draw_rect(unsigned char *Y_buf,unsigned char *Cb_buf,unsigned
char *Cr_buf, int* rect_point){

        int i, j;

        for(i = rect_point[0] ; i < rect_point[2]; i++)
        {
                for(j = rect_point[1] ; j < rect_point[3]; j++)
                {
                        //사각 테두리 중에서 크기로 사각 테두리를 씌워줌
                        f(i < rect_point[0] + 3 || i > rect_point[2] - 3
|| j < rect_point[1] + 3 || j > rect_point[3] -3)
                        {
                                Y_buf[i*IMAGE_WIDTH + j] = 0;
                                Cr_buf[(i*IMAGE_WIDTH + j)/2] = 0;
                                Cb_buf[(i*IMAGE_WIDTH + j)/2] = 0;

                        }
                }
        }
}
```

06 인식 물체 따라가기

앞서, 설명하게 된 물체 트랙킹을 이용하여 이번에는 머리에 장착된 카메라 모듈로 인식 물체를 로봇의 시선 중앙에 올 수 있게 행동을 하는 프로그래밍을 해보도록 할 것이다. 이로써 영상처리를 통한 기본적인 로봇에 대한 행동을 컨트롤할 수 있는 부분을 배울 수가 있을 것이다.

우선, 물체 인식은 앞서 설명한 부분과 동일한 방법을 사용할 것이다. 물체인식 후에는 [그림 6-58]과 같이 로봇이 물체를 따라 좌, 우로 행동을 하며 물체가 시선의 중앙에 올 수 있게 움직이는 것을 확인할 수가 있다.

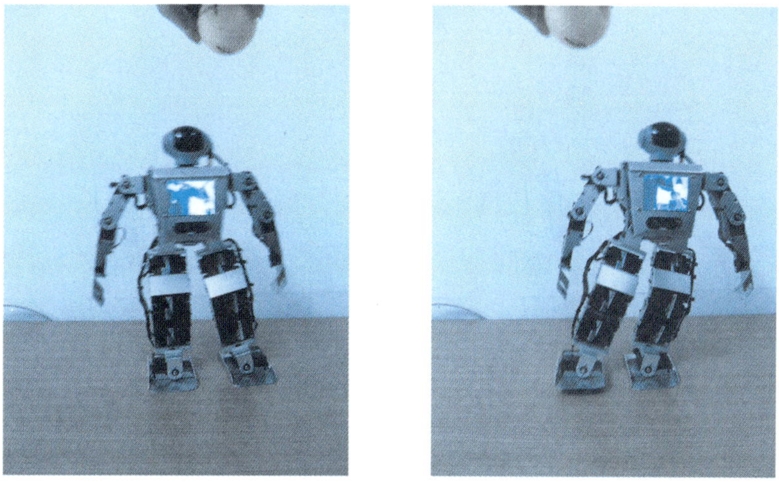

[그림 6-58] 인식 볼 위치에 따른 좌/우로 이동

6-1 임베디드 프로그래밍

인식 물체 따라가기에 대한 임베디드 프로그래밍 소스 개요는 다음과 같다.

물체인식 부분은 동일하므로 로봇의 움직임에 대한 컨트롤 부분만 설명을 하였다. 전체 소스는 임베디드 프로그램 전체 소스 부분에 첨부가 되어 있다. 로봇은 리모콘 번호에 따라 각 기능을 수행하게 되는데, 여기서의 인식물체 따라가기를 위해서는 리모콘 버튼 '2'를 눌러 색상 임계값을 획득한 후 다시 리모콘 버튼 '4'를 누르면 실행이 되게 된다.

```
  case 3://물체중심맞추기
        dect = find_color(Y_buf_label, Cb_buf, Cr_buf, rect_point);

        if(dect) {
                edge_point2(Y_buf_label,   Y_buf,   Cb_buf,   Cr_buf,
rect_point);

                if(safe ==1) {

                center_move(rect_point);
                        }
        }
        break
```

```
int center_move(int *rect_point){

        int pos;

        pos = object_pos_x(rect_point);
```

```
        if(safe == 1){
                if(pos < -60)                {
write_uart(SIDE_STEP_RIGHT_70);        safe = 0;       return 0;}
                else if(pos > 60)            {
write_uart(SIDE_STEP_LEFT_70);         safe = 0;       return 0;}
                else    return 1;
        }
        else return 0;
}
```

6-2 로보 베이직 프로그래밍

```
'*******************************************************************
KEY13 : '▶
   GOTO 오른쪽 옆으로 70

   GOTO RX_EXIT
'*******************************************************************
KEY14 : '▶
   GOTO 왼쪽 옆으로 70

   GOTO RX_EXIT
```

```
'*******************************************************************
오른쪽 옆으로 70:
   SPEED  10
   MOVE G6D, 90, 90, 120, 105, 110, 100
   MOVE G6A, 100, 76, 146, 93, 107, 100
   MOVE G6B, 100, 40
   MOVE G6C, 100, 40
   WAIT

   SPEED  12
   MOVE G6D, 102, 76, 147, 93, 100, 100
   MOVE G6A, 83, 76, 140, 96, 115, 100
   WAIT

   SPEED  10
   MOVE G6D, 98, 76, 146, 93, 100, 100
   MOVE G6A, 98, 76, 146, 93, 100, 100
   WAIT

   SPEED  15
   GOSUB 기본자세

   DETAY 700
   ETX   4800, 13
```

```
    GOTO RX_EXIT
    '************
왼쪽 옆으로 70:
    SPEED  10
    MOVE G6D, 90, 90, 120, 105, 110, 100
    MOVE G6A, 100, 76, 146, 93, 107, 100
    MOVE G6B, 100, 40
    MOVE G6C, 100, 40
    WAIT

    SPEED  12
    MOVE G6A, 102, 76, 147, 93, 100, 100
    MOVE G6D, 83, 78, 140, 96, 115, 100
    WAIT

    SPEED  10
    MOVE G6A, 98, 76, 146, 93, 100, 100
    MOVE G6D, 98, 76, 146, 93, 100, 100
    WAIT

    SPEED  15
    GOSUB 기본자세

    DETAY 700
    ETX   4800, 14

    GOTO RX_EXIT
'**************************************************************************
```

07 임베디드 프로그램 전체 소스

```
/*
*(C) Copyright 2006 Marvell International Ltd.
* All Rights Reserved
*
* Author:    Neo Li
* Created:   March 07, 2007
* Copyright:  Marvell Semiconductor Inc.
*
* Sample code interface header for PXA Linux release. All interfaces
* introduced in this file is not multiple thread safe unless it's
* specified explicitly.
*
*/
#include <stdio.h>
#include <signal.h>
```

CHAPTER 06

```
#include <pxa_lib.h>
#include <pxa_camera_zl.h>
#include <camera_function.h>
#include <robot_uart.h>
#include <action.h>

// VIDEOBUF_COUNT must be larger than STILLBUF_COUNT
#define VIDEOBUF_COUNT  3
#define STILLBUF_COUNT  2

#define CAM_STATUS_INIT     0
#define CAM_STATUS_READY    1
#define CAM_STATUS_BUSY     2

struct pxa_camera{
int handle;
int status;
int mode;
int sensor;
int ref_count;

// Video Buffer
int width;
int height;
enum   pxavid_format format;
};

int fd;
struct sigaction act;
void sighandler(int signo)
{
        close(fd);

        exit(0);
}

int main(int argc, char* argv[])
{
        int handle;
        int handle_overlay2;
        struct pxa_video_buf* vidbuf;
        struct pxacam_setting camset;
        struct pxa_video_buf vidbuf_overlay;
        int len;

        int count =0;
        int cap_cb, cap_cr;
        int rect_point[4] = {0};
        int rect_point1[4] = {90, 130, 150, 190};
        int dect=0;

        unsigned    char    Y_buf[320*240],    Y_buf_label[320*240],
Cb_buf[(320*240)/2], Cr_buf[(320*240)/2];

int thr_id;
```

```
        pthread_t p_thread;

        handle = camera_open(NULL,0);
        ASSERT(handle);

        system("echo b > /proc/invert/tb"); //LCD DriverIC top-bottom
invert ctrl

        memset(&camset,0,sizeof(camset));
        camset.mode = CAM_MODE_VIDEO;
        camset.format = pxavid_ycbcr422;
        camset.width = 320;
        camset.height = 240;

        camera_config(handle,&camset);

        camera_start(handle);

handle_overlay2 = overlay2_open(NULL,pxavid_ycbcr422,NULL, 320, 240, 0
, 0);

overlay2_getbuf(handle_overlay2,&vidbuf_overlay);
len = vidbuf_overlay.width*vidbuf_overlay.height;

//시리얼
        uart_fd = open_serial();

        thr_id = pthread_create(&p_thread, NULL, (void *)read_func,
NULL);
        if (thr_id < 0)
        {
                perror("thread create error : ");
                exit(0);
        }

        routine = 0;

        while(1){
                vidbuf = camera_get_frame(handle);

                memcpy(Y_buf, vidbuf->ycbcr.y,len);
                memcpy(Cb_buf, vidbuf->ycbcr.cb,len/2);
                memcpy(Cr_buf, vidbuf->ycbcr.cr,len/2);
                memcpy(Y_buf_label, vidbuf->ycbcr.y,len);

                switch(routine)
                {

                        case 0: break

                        case 1:// 색상설정

                                if(count == 0){
                                        capb_cb_init = 0; capb_cr_init =
0;
                                }
```

```
                                        ap_cb = 0; cap_cr = 0;
                                        init(&cap_cb, &cap_cr, Cb_buf, Cr_buf);
                                        capb_cb_init += cap_cb;
                                        capb_cr_init += cap_cr;
                                        count++;

                                        if(count == 10){

                                                capb_cb_init = capb_cb_init/10;
                                                capb_cr_init = capb_cr_init/10;

                                                        routine = 0;
                                                        count = 0;
                                        }
                                        draw_rect(Y_buf,     Cb_buf,     Cr_buf,
rect_point1);
                                break


                                case 2://물체그리기

                                        dect = find_color(Y_buf_label, Cb_buf,
Cr_buf, rect_point);

                                        if(dect){

                                        //edge_point2(Y_buf_label,        Y_buf,
Cb_buf, Cr_buf, rect_point);

draw_rect(Y_buf,Cb_buf,Cr_buf,rect_point);
                                                        }
                                                        break

                                case 3://물체중심 맞추기

                                        dect = find_color(Y_buf_label, Cb_buf,
Cr_buf, rect_point);

                                        if(dect){

                                                edge_point2(Y_buf_label, Y_buf,
Cb_buf, Cr_buf, rect_point);

                                        if(safe ==1){

center_move(rect_point);
                                                }
                                        }
                                break

                        }

                        memcpy(vidbuf_overlay.ycbcr.y, Y_buf,len);
                        memcpy(vidbuf_overlay.ycbcr.cb, Cb_buf,len/2);
                        memcpy(vidbuf_overlay.ycbcr.cr, Cr_buf,len/2);
```

```
            camera_release_frame(handle,vidbuf);
        }

        camera_stop(handle);
        camera_close(handle);
        return 0;
}
```

➡ 참고사항

앞서 설명한 임베디드 프로그래밍을 사용하기 위해서는 이 로봇에서 부팅시 실행되는 리모콘에 대한 소스 부분을 변경하여야 된다. 그 부분에 대한 설명은 아래와 같다.

```
#include <stdlib.h>
#include <termios.h>
#include <stdio.h>
#include <unistd.h>
#include <fcntl.h>
#include <sys/signal.h>
#include <sys/types.h>
#include <time.h>
#include <string.h>
#include <pthread.h>
#include <unistd.h>

#define BAUDRATE B4800
#define MODEDEVICE "/dev/ttyS2"

#define INIT_ROUTINE    1
#define COLOR_1             2
#define DRAW                        3
#define ACTION              4

        int uart_fd;
        int routine;                // SWITCH CASE문의 루틴 변수


int open_serial(void)
{
char fd_serial[20];
int fd;
struct termios oldtio, newtio;

strcpy(fd_serial, MODEDEVICE); //FFUART

fd = open(fd_serial, O_RDWR | O_NOCTTY );
if (fd <0) {
printf("Serial %s  Device Err\n", fd_serial );
exit(1);
        }
        printf("robot uart ctrl %s\n", MODEDEVICE);

tcgetattr(fd,&oldtio); /* save current port settings */
```

```
    bzero(&newtio, sizeof(newtio));
newtio.c_cflag = BAUDRATE | CS8 | CLOCAL | CREAD;
newtio.c_iflag = IGNPAR;
newtio.c_oflag = 0;
newtio.c_lflag = 0;
newtio.c_cc[VTIME]    = 0;   /* inter-character timer unused */
    newtio.c_cc[VMIN]     = 1;   /* blocking read until 8 chars received
*/

tcflush(fd, TCIFLUSH);
tcsetattr(fd,TCSANOW,&newtio);

return fd;
}


//리모콘로봇
void *read_func(void )
{

        char read_data;

        while(1)
        {
                        if(read(uart_fd, &read_data, 1))
                        {
                                safe = 1;

                                if(read_data == INIT_ROUTINE)routine = 0;
                                if(read_data == COLOR_1)
routine = 1;
                                if(read_data == DRAW)          routine =
2;
                                if(read_data == ACTION){
                                                sleep(5);
                                                routine = 3;
                                }
                                printf("read : %d\n", read_data);

                        }

        }
}

//Embedded -> Robot
void write_uart(int command_number)
{
        write(uart_fd, &command_number, 1);
        printf("Embedded -> Robot [%d]\n", command_number);
        safe = 0;
}
```

이와 같이 리모콘(remote_ctrl_uart)에 대한 임베디드 소스 부분을 변경을 하여 make 파일을 이용하여 컴파일을 한 뒤 Z모뎀을 이용하여 로봇의 root/test_app 폴더 아래에 다시 넣어 주도록 한다.

일시적인 사용을 위해서는 [그림 6-59]와 같은 방법을 사용하여도 무방하다.

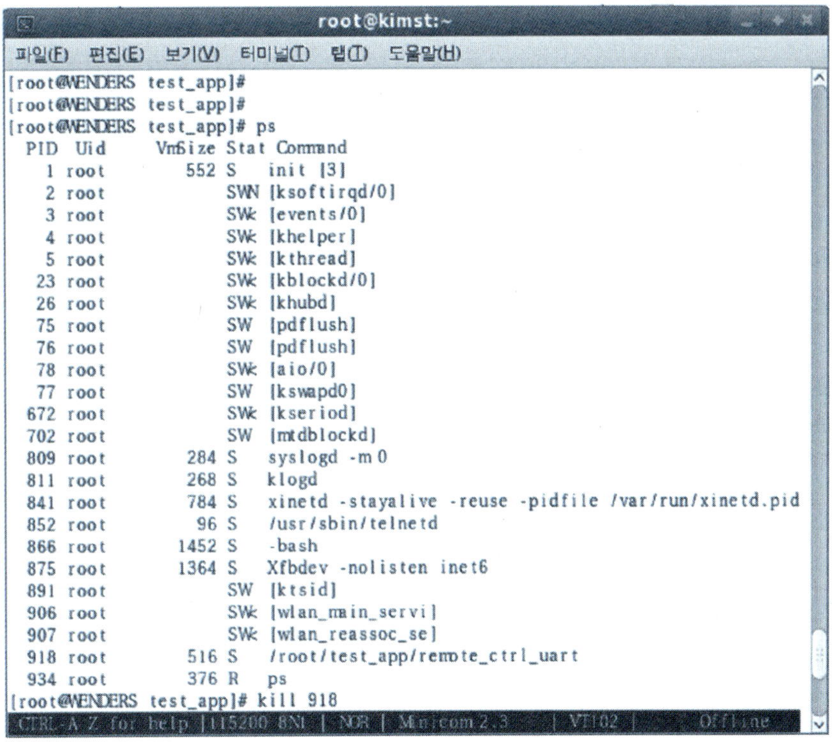

```
root@kimst:~
파일(F) 편집(E) 보기(V) 터미널(T) 탭(T) 도움말(H)
[root@WENDERS test_app]#
[root@WENDERS test_app]#
[root@WENDERS test_app]# ps
  PID  Uid       VmSize Stat Command
    1 root          552 S    init [3]
    2 root              SWN  [ksoftirqd/0]
    3 root              SW<  [events/0]
    4 root              SW<  [khelper]
    5 root              SW<  [kthread]
   23 root              SW<  [kblockd/0]
   26 root              SW<  [khubd]
   75 root              SW   [pdflush]
   76 root              SW   [pdflush]
   78 root              SW<  [aio/0]
   77 root              SW   [kswapd0]
  672 root              SW<  [kseriod]
  702 root              SW   [mtdblockd]
  809 root          284 S    syslogd -m 0
  811 root          268 S    klogd
  841 root          784 S    xinetd -stayalive -reuse -pidfile /var/run/xinetd.pid
  852 root           96 S    /usr/sbin/telnetd
  866 root         1452 S    -bash
  875 root         1364 S    Xfbdev -nolisten inet6
  891 root              SW   [ktsid]
  906 root              SW<  [wlan_main_servi]
  907 root              SW<  [wlan_reassoc_se]
  918 root          516 S    /root/test_app/remote_ctrl_uart
  934 root          376 R    ps
[root@WENDERS test_app]# kill 918
CTRL-A Z for help |115200 8N1 | NOR | Minicom 2.3 | VT102 | Offline
```

[그림 6-59] 프로세스 강제 종료

07장 MF-LIB 프로그램

01 MF-LIB 개요

MF-LIB 프로그램은 손쉽게 메탈 파이터의 프로그래밍을 하기 위해서 작성된 C 라이브러리(Library)이다. MF-LIB은 메탈 파이터의 기본 동작에 대한 라이브러리 형태로 구성되어 메탈 파이터의 프로그래밍을 보다 간편하고 쉽게 코딩할 수 있다.

MF-LIB은 메탈 파이터의 기본 동작과 주변 디바이스 사용에 대한 내용을 포함하고 있으며, 총 메탈 파이터의 동작을 구성할 수 있는 동작(motion)부분과 주변 디바이스를 사용하는 시스템 부분으로 구성되어 총 40여 가지의 라이브러리 형태로 작성되었다.

이 장은 MF-LIB에 대한 내용을 설명하고, MF-LIB을 사용하여 메탈 파이터의 프로그래밍을 하는 내용을 알아보도록 한다.

02 MF-LIB 구성

MF-LIB은 총 40여개로 구성되어 있으며, 로봇의 동작을 제어하는 동작(motion)부분과 주변 디바이스 장치를 제어하는 시스템 부분으로 나누어져 있다고 설명한 바 있다. 우선 메탈 파이터의 동작을 제어하는 동작부분의 함수부터 알아보도록 한다.

2-1 동작(Motion)

MF-LIB의 동작(motion)부분은 총 25가지의 동작으로 구성되어 있다. 각 함수의 명칭과 기능은 다음과 같다.

[표 7-1] MF-LIB의 총 25가지의 동작 함수의 명칭과 기능

명 칭	기 능
robot_lkick()	왼쪽 발차기
robot_rkick()	오른쪽 발차기
robot_turning_20()	왼쪽 턴 20
robot_rapid()	전진 종종 걸음
robot_turning_20()	오른쪽 턴 20
robot_rush()	전진 달리기
robot_walking()	연속 전진
robot_backwalk()	연속 후진
right_move_70()	오른쪽 옆으로 70
left_move_70()	왼쪽 옆으로 70
left_move_20()	왼쪽 옆으로 20
left_view_90()	머리 왼쪽으로 90
right_move_20()	오른쪽 옆으로 20
ahead_view()	머리 중앙
robot_turning_45()	왼쪽 턴 45
robot_turning_45()	오른쪽 턴 45
robot_attention()	기본자세
right_view_90()	머리 오른쪽 90
left_view_45()	머리 왼쪽 45
robot_upndown()	앉기, 일어서기
right_view_45()	머리 오른쪽 45
rapid_backward()	후진 종종 걸음
int robot_walking_count(int)	걸음 횟수(int)
int robot_dcommand(int)	로봇 직접 제어(int)
robot_complete_command(void)	동작 완료 확인

다음은 MF-LIB의 동작(motion)부분에 대한 소스 내용이다.

각 동작은 3장에서 다룬 로보 베이직 프로그램에서 기본으로 작성된 내용을 기준으로 동작하기 때문에 버퍼에 해당 동작에 대한 값을 넣어주고 write 함수를 이용하여 버퍼에 입력된 값을 write하면 해당 동작이 수행된다.

```
void robot_lkick(void)
{
        write_buf = 4;
        printf("Left Kick\n");
        write(uart_fd, &write_buf, 1);
}
void robot_rkick(void)
{
        write_buf  = 6;
        printf("Right Kick\n");
        write(uart_fd, &write_buf, 1);
}
void robot_lturning_20(void)
{
        write_buf = 7;
        printf("Turn Left 20\n");
        write(uart_fd, &write_buf, 1);
}
void robot_rapid(void)
{
        write_buf = 8;
        printf("Rapid Foward\n");
        write(uart_fd, &write_buf, 1);
}
void robot_turning_20(void)
{
        write_buf = 9;
        printf("Turn Right 20\n");
        write(uart_fd, &write_buf, 1);
}
void robot_rush(void)
{
        write_buf = 10;
        printf("Run Foward\n");
        write(uart_fd, &write_buf, 1);
}
void robot_walking(void)
{
        write_buf = 11;
        printf("Walk Foward\n");
        write(uart_fd, &write_buf, 1);
}
void robot_backwalk(void)
{
        write_buf = 12;
        printf("Walk Backward\n");
        write(uart_fd, &write_buf, 1);
}
void  left_move_70(void)
{
        write_buf  = 14;
        printf("Left Move 70\n");
        write(uart_fd, &write_buf, 1);
}
void left_move_20(void)
{
```

```
        write_buf = 15;
        printf("Left Move 20\n");
        write(uart_fd, &write_buf, 1);
}
void left_view_90(void)
{
        write_buf = 17;
        printf("Head turn left 90\n");
        write(uart_fd, &write_buf, 1);
}
void right_move_20(void)
{
        write_buf = 20;
        printf("Right Move 20\n");
        write(uart_fd, &write_buf, 1);
}
void ahead_view(void)
{
        write_buf = 21;
        printf("Shake Head\n");
        write(uart_fd, &write_buf, 1);
}
void robot_lturning_45(void)
{
        write_buf  = 22;
        printf("Turn Left 45\n");
        write(uart_fd, &write_buf, 1);
}
void robot_rturning_45(void)
{
        write_buf = 24;
        printf("Turn Right 45\n");
        write(uart_fd, &write_buf, 1);
}
void robot_attention(void)
{
        write_buf = 26;
        printf("Standard Position\n");
        write(uart_fd, &write_buf, 1);
}
void right_view_90(void)
{
        write_buf = 27;
        printf("Turn Head Right 90\n");
        write(uart_fd, &write_buf, 1);
}
void left_view_45(void)
{
        write_buf = 28;
        printf("Turn Head left 45\n");
        write(uart_fd, &write_buf, 1);
}
void robot_upndown(void)
{
        write_buf = 29;
        printf("Up And Down\n");
```

```
        write(uart_fd, &write_buf, 1);
}
void right_view_45(void)
{
        write_buf = 30;
        printf("Turn Head Right 45\n");
        write(uart_fd, &write_buf, 1);
}
void rapid_backward(void)
{
        write_buf = 32;
        printf("Rapid Backward\n");
        write(uart_fd, &write_buf, 1);
}
int robot_walking_count(int cnt)
{
        char read_buf;
        int icnt=0;

        printf("Robot Walk : %d steps\n", cnt);

        while(icnt!=cnt)
        {
                write_buf = 11;
                write(uart_fd, &write_buf, 1);
                read(uart_fd, &read_buf, 1);
                if(read_buf = 11)
                        icnt++;
        }
        printf("Stop\n");
        write_buf = 26;
        write(uart_fd, &write_buf, 1);

        return icnt;
}
void robot_complete_command(void)
{
        char read_buf;
        while(read_buf != 33)
                read(uart_fd, &read_buf, 1);
        usleep(500000);
}
int robot_dcommand(int com)
{
        char read_buf;
        //uart_fd = open_serial();

        printf("Send Command : %d\n", com);
        write(uart_fd, &com, 1);
        read(uart_fd, &read_buf, 1);
        printf("Receive Message : %d\n", read_buf);

        return read_buf;
}
```

앞의 동작(motion)부분에서 기본 동작에 대한 내용은 리턴 값과 인수를 갖지 않으며, robot_walking_count의 로봇의 기본 보행의 횟수를 제어하는 함수에는 걸음 횟수에 대한 리턴 값과 걸음 횟수에 대한 int형 인자를 가지며, robot_dcommand 함수 역시 리턴 값과 인자를 가진다.

2-2 시스템 부분

MF-LIB의 시스템(system)에 대한 부분은 메탈 파이터의 주변 디바이스 제어와 프로그램을 코딩할 때 많이 사용되는 기능에 대한 부분을 담고 있다. 시스템에 대한 함수는 총 16개의 라이브러리로 되어 있으며 각 함수의 명칭과 기능은 다음과 같다.

[표 7-2] 시스템 함수는 총 16개의 라이브러리 각 함수의 명칭과 기능

명 칭	기 능
robot_connect()	시리얼 연결
uwait(int)	Micro Second Wait
wait(int)	Second Wait
robot_eye_on()	카메라 켜기
robot_eye_off()	카메라 끄기
visual_memory()	카메라 캡처
memory_view(char*)	캡처 보기
lcd_disp_num(int)	LCD에 숫자 표시
lcd_disp_pic(char*)	LCD에 그림 표시
robot_talking(char *)	Sound 출력
disp_inv_up()	화면 반전
disp_inv_down()	화면 반전
voice_memory(char*)	녹음하기
voice_play(char*)	녹음 재생
ps_kill(char*)	Process Kill
int object_distance(int)	거리 센서 읽기

시스템(system) 부분에서는 많은 함수들이 하나의 인자를 가지며 각 함수에 대한 인자에 대한 내용은 이후에 설명하도록 한다.

시스템 부분의 소스의 내용은 아래와 같다.

```
int robot_connect(void)
{
        char fd_serial[20];
        int fd;
        struct termios oldtio, newtio;

        strcpy(fd_serial, MODEDEVICE); //FFUART

        fd = open(fd_serial, O_RDWR | O_NOCTTY );
        if (fd <0) {
                printf("Serial %s  Device Err\n", fd_serial );
                exit(1);
        }
        printf("robot uart ctrl %s\n", MODEDEVICE);

        tcgetattr(fd,&oldtio); /* save current port settings */
        bzero(&newtio, sizeof(newtio));
        newtio.c_cflag = BAUDRATE | CS8 | CLOCAL | CREAD;
        newtio.c_iflag = IGNPAR;
        newtio.c_oflag = 0;
        newtio.c_lflag = 0;
        newtio.c_cc[VTIME]    = 0;   /* inter-character timer unused */
        newtio.c_cc[VMIN]      = 1;    /* blocking read until 8 chars
received */

        tcflush(fd, TCIFLUSH);
        tcsetattr(fd,TCSANOW,&newtio);

        uart_fd = fd;

        return fd;
}

void uwait(int us)
{
        printf("Delay %d Micro Second\n", us);
        usleep(us);
}

void wait(int se)
{
        printf("Wait %d Second\n", se);
        sleep(se);
}

void robot_eye_on(void)
{
        sprintf(cmd, "/root/test_app/camera &");
        printf("%s\n", cmd);
        system(cmd);
}

void robot_eye_off(void)
{
```

```
        sprintf(cmd, "killall -9 camera");
        printf("%s\n", cmd);
        system(cmd);
}

void visual_memory(void)
{
        sprintf(cmd, "/root/test_app/camera_yuv_capture");
        printf("%s\n", cmd);
        system(cmd);
}
void robot_talking(char* sound)
{
        sprintf(cmd, "mpg123 /root/MP3/%s", sound);
        printf("%s\n", cmd);
        system( cmd );
}

void disp_inv_up(void)
{
        sprintf(cmd, "echo t > /proc/invert/tb");
        system(cmd);
}

void disp_inv_down(void)
{
        sprintf(cmd, "echo b > /proc/invert/tb");
        system(cmd);
}
void voice_memory(char* name)
{
        sprintf(cmd, "arecord -f dat -t wav %s.wav &", name);
        system(cmd);
}

void voice_play(char* name)
{
        sprintf(cmd, "/usr/bin/aplay %s.wav", name);
        system(cmd);
}

void ps_kill(char* kill)
{
        sprintf(cmd, "killall %s", kill);
        system(cmd);
}

void memory_view(char* cap)
{
        sprintf(cmd, "export SDL_NOMOUSE=1");
        printf("%s\n", cmd);
        system(cmd);
        sprintf(cmd, "/root/test_app/yay/yay %s &", cap);
        printf("Capture View\n");
        system(cmd);
}
```

```
void lcd_disp_num(int num)
{
        sprintf(cmd,  "/root/test_app/fbv_enlarge  /root/PIC/%d.jpg",
num);
        printf("%s\n", cmd);
        system( cmd );
}

void lcd_disp_pic(char* pic)
{
        sprintf(cmd, "/root/test_app/fbv_enlarge /root/PIC/%s", pic);

        printf("%s\n", cmd);
        system( cmd );
}
int object_distance(int ch)
{
        int fd, i;
        struct timeval start, end;

        if((fd = open("/dev/FOUR_ADC", O_RDONLY )) < 0)
        {        // KEY open
                perror("open faile /dev/FOUR_ADC");
                exit(-1);
        }


        read(fd, rxbuf, sizeof(rxbuf));        // ADC READ
        printf("ch1 %04x,  ch2 %04x,  ch3 %04x,  ch4 %04x\n", rxbuf[0],
rxbuf[1], rxbuf[2] ,rxbuf[3]);

        usleep(100000); //0.1 sec

        return rxbuf[ch-1];
}
```

다음으로 시스템(system) 함수에 리턴 값과 인자에 대한 부분을 알아보도록 하자.

- memory_view(char*) - char형의 인자를 가지며 캡처된 파일 이름을 입력한다.

  예 memory_view(/root/test.yuv)

- lcd_disp_num(int) - int형의 인자를 가지며 표시할 숫자를 입력한다.

  예 lcd_disp_num(10)

- lcd_disp_pic(char*) - char형의 인자를 가지며 출력할 파일 이름을 입력한다. 그림 파일은 /root/PIC/ 디렉토리에 있어야 한다.

  예 lcd_disp_pic(robot_2.jpg)

- robot_talking(char *) - char형의 인자를 가지며 출력할 파일 이름을 입력한다. 사운드 파일은 /root/MP3/ 디렉토리에 있어야 한다.

CHAPTER 07

예 robot_talking(Champ.mp3)

- voice_memory(char*) - char형의 인자를 가지며 저장할 파일이름을 입력한다. 파일은 WAV 형식의 파일로 저장이 된다.

예 voice_memory(test)

- voice_play(char*) - char형의 인자를 가지며 출력할 wav 형식의 파일 이름을 입력한다.

예 voice_play(test)

- ps_kill(char*) - char형의 인자를 가지며 kill할 프로세서의 이름을 입력한다.

예 ps_kill(camera)

- int object_distance(int) - int형의 리턴 값과 int 형의 인자를 가지며 메탈 파이터가 사용하는 3개의 거리 센서의 값을 반환한다. 인자에는 3개의 거리 센서 중 필요한 값의 거리 센서 번호를 입력한다.

예 int object_distance(2) - 전면 거리 센서

MF-LIB에 대한 전체적인 소스의 내용은 아래와 같다. mf_lib.c라는 파일로 되어 있으며 mf_lib.h라는 헤더파일을 가지고 있다.

```
#include "mf_lib.h"


char cmd[100];
unsigned short rxbuf[4];
int uart_fd;
int write_buf;

int robot_connect(void)
{
        char fd_serial[20];
        int fd;
        struct termios oldtio, newtio;

        strcpy(fd_serial, MODEDEVICE); //FFUART

        fd = open(fd_serial, O_RDWR | O_NOCTTY );
        if (fd <0) {
                printf("Serial %s  Device Err\n", fd_serial );
                exit(1);
        }
        //printf("robot uart ctrl %s\n", MODEDEVICE);

        tcgetattr(fd,&oldtio); /* save current port settings */
        bzero(&newtio, sizeof(newtio));
        newtio.c_cflag = BAUDRATE | CS8 | CLOCAL | CREAD;
        newtio.c_iflag = IGNPAR;
```

```
        newtio.c_oflag = 0;
        newtio.c_lflag = 0;
        newtio.c_cc[VTIME]    = 0;   /* inter-character timer unused */
        newtio.c_cc[VMIN]      = 1;    /* blocking read until 8 chars
received */

        tcflush(fd, TCIFLUSH);
        tcsetattr(fd,TCSANOW,&newtio);

        uart_fd = fd;

        return fd;
}
void robot_complite_command(void)
{
        char read_buf;
        while(read_buf != 33)
                read(uart_fd, &read_buf, 1);
        usleep(500000);
}
int robot_dcommand(int com)
{
        char read_buf;
        //uart_fd = open_serial();

        printf("Send Command : %d\n", com);
        write(uart_fd, &com, 1);
        read(uart_fd, &read_buf, 1);
        printf("Receive Message : %d\n", read_buf);

        return read_buf;
}

int object_distance(int ch)
{
        int fd, i;
        struct timeval start, end;

        if((fd = open("/dev/FOUR_ADC", O_RDONLY )) < 0)
        {        // KEY open
                perror("open faile /dev/FOUR_ADC");
                exit(-1);
        }


        read(fd, rxbuf, sizeof(rxbuf));        // ADC READ
        printf("ch1 %04x,  ch2 %04x,  ch3 %04x,  ch4 %04x\n", rxbuf[0],
rxbuf[1], rxbuf[2] ,rxbuf[3]);

        usleep(100000); //0.1 sec

        return rxbuf[ch-1];
}

int robot_walking_count(int cnt)
{
        char read_buf;
```

```
        int icnt=0;

        printf("Robot Walk : %d steps\n", cnt);

        while(icnt!=cnt)
        {
                write_buf = 11;
                write(uart_fd, &write_buf, 1);
                read(uart_fd, &read_buf, 1);
                if(read_buf = 11)
                        icnt++;
        }
        printf("Stop\n");
        write_buf = 26;
        write(uart_fd, &write_buf, 1);

        return icnt;
}
void robot_lkick(void)
{
        write_buf = 4;
        printf("Left Kick\n");
        write(uart_fd, &write_buf, 1);
}
void robot_rkick(void)
{
        write_buf  = 6;
        printf("Right Kick\n");
        write(uart_fd, &write_buf, 1);
}
void robot_lturning_20(void)
{
        write_buf = 7;
        printf("Turn Left 20\n");
        write(uart_fd, &write_buf, 1);
}
void robot_rapid(void)
{
        write_buf = 8;
        printf("Rapid Foward\n");
        write(uart_fd, &write_buf, 1);
}
void robot_turning_20(void)
{
        write_buf = 9;
        printf("Turn Right 20\n");
        write(uart_fd, &write_buf, 1);
}
void robot_rush(void)
{
        write_buf = 10;
        printf("Run Foward\n");
        write(uart_fd, &write_buf, 1);
}
void robot_walking(void)
{
        write_buf = 11;
```

```
        printf("Walk Foward\n");
        write(uart_fd, &write_buf, 1);
}
void robot_backwalk(void)
{
        write_buf = 12;
        printf("Walk Backward\n");
        write(uart_fd, &write_buf, 1);
}
void right_move_70(void)
{
        write_buf = 13;
        printf("Right Move 70\n");
        write(uart_fd, &write_buf, 1);
}
void left_move_70(void)
{
        write_buf  = 14;
        printf("Left Move 70\n");
        write(uart_fd, &write_buf, 1);
}
void left_move_20(void)
{
        write_buf = 15;
        printf("Left Move 20\n");
        write(uart_fd, &write_buf, 1);
}
void left_view_90(void)
{
        write_buf = 17;
        printf("Head turn left 90\n");
        write(uart_fd, &write_buf, 1);
}
void right_move_20(void)
{
        write_buf = 20;
        printf("Right Move 20\n");
        write(uart_fd, &write_buf, 1);
}
void ahead_view(void)
{
        write_buf = 21;
        printf("Shake Head\n");
        write(uart_fd, &write_buf, 1);
}
void robot_lturning_45(void)
{
        write_buf  = 22;
        printf("Turn Left 45\n");
        write(uart_fd, &write_buf, 1);
}
void robot_rturning_45(void)
{
        write_buf = 24;
        printf("Turn Right 45\n");
        write(uart_fd, &write_buf, 1);
}
```

```
void robot_attention(void)
{
        write_buf = 26;
        printf("Standard Position\n");
        write(uart_fd, &write_buf, 1);
}
void right_view_90(void)
{
        write_buf = 27;
        printf("Turn Head Right 90\n");
        write(uart_fd, &write_buf, 1);
}
void left_view_45(void)
{
        write_buf = 28;
        printf("Turn Head left 45\n");
        write(uart_fd, &write_buf, 1);
}
void robot_upndown(void)
{
        write_buf = 29;
        printf("Up And Down\n");
        write(uart_fd, &write_buf, 1);
}
void right_view_45(void)
{
        write_buf = 30;
        printf("Turn Head Right 45\n");
        write(uart_fd, &write_buf, 1);
}
void rapid_backward(void)
{
        write_buf = 32;
        printf("Rapid Backward\n");
        write(uart_fd, &write_buf, 1);
}
void uwait(int us)
{
        printf("Delay %d Micro Second\n", us);
        usleep(us);
}

void wait(int se)
{
        printf("Wait %d Second\n", se);
        sleep(se);
}

void robot_eye_on(void)
{
        sprintf(cmd, "/root/test_app/camera &");
        printf("%s\n", cmd);
        system(cmd);
}

void robot_eye_off(void)
{
```

```
        sprintf(cmd, "killall -9 camera");
        printf("%s\n", cmd);
        system(cmd);
}

void visual_memory(void)
{
        sprintf(cmd, "/root/test_app/camera_yuv_capture");
        printf("%s\n", cmd);
        system(cmd);
}

void memory_view(char* cap)
{
        sprintf(cmd, "export SDL_NOMOUSE=1");
        printf("%s\n", cmd);
        system(cmd);
        sprintf(cmd, "/root/test_app/yay/yay %s &", cap);
        printf("Capture View\n");
        system(cmd);
}

void lcd_disp_num(int num)
{
        sprintf(cmd,  "/root/test_app/fbv_enlarge  /root/PIC/%d.jpg",
num);
        printf("%s\n", cmd);
        system( cmd );
}

void lcd_disp_pic(char* pic)
{
        sprintf(cmd, "/root/test_app/fbv_enlarge /root/PIC/%s", pic);

        printf("%s\n", cmd);
        system( cmd );
}


void robot_talking(char* sound)
{
        sprintf(cmd, "mpg123 /root/MP3/%s", sound);
        printf("%s\n", cmd);
        system( cmd );
}
void disp_inv_up(void)
{
        sprintf(cmd, "echo t > /proc/invert/tb");
        system(cmd);
}

void disp_inv_down(void)
{
        sprintf(cmd, "echo b > /proc/invert/tb");
        system(cmd);
}
```

```
void voice_memory(char* name)
{
        sprintf(cmd, "arecord -f dat -t wav %s.wav &", name);
        system(cmd);
}

void voice_play(char* name)
{
        sprintf(cmd, "/usr/bin/aplay %s.wav", name);
        system(cmd);
}

void ps_kill(char* kill)
{
        sprintf(cmd, "killall %s", kill);
        system(cmd);
}
```

03 MF-LIB 프로그래밍

MF-LIB을 이용하여 직접 메탈 파이터의 프로그램을 작성해 보도록 한다. 메탈 파이터는 로보 베이직 프로그램으로 메탈 파이터의 기본 동작을 구성하고 로보 베이직을 기준으로 하여 C프로그래밍을 구성하기 때문에 MF-LIB를 사용하기 위해서 BSP에 포함되어 있는 로보 베이직 소스 중에서 MF-LIB.bas라는 파일을 메탈 파이터에 업로드하여 사용하여야 한다.

로보 베이직 프로그램의 업로드는 위에서 설명하였기 때문에 여기서는 별도의 업로드에 대한 설명은 생략하기로 한다. 메탈 파이터에 MF-LIB.bas 파일을 업로드하였으며 MF-LIB을 이용한 메탈 파이터 프로그래밍을 해보도록 하자.

3-1 2걸음 전진 후 정지

이번에 작성할 동작은 메탈 파이터가 2걸음을 전진한 후 멈추는 프로그램이다.
소스의 내용은 다음과 같다.

```
#include "mf_lib.h"

int main(void)
{
        robot_connect();
        robot_walking_count(2);
}
```

MF-LIB을 이용하여 2걸음 전진하는 프로그램을 간단하게 작성할 수 있다.

우선 메탈 파이터의 시리얼 포트를 열기 위하여 robot_connect()라는 함수를 이용하여 시리얼 포트를 open하고 robot_walking_count에 "2"라는 인자를 입력하여 2걸음을 보행하도록 한 내용이다.

아래의 내용은 MF-LIB을 사용하지 않고 같은 동작을 프로그래밍한 내용으로 위의 내용과 비교해보면 위의 내용이 간단하다는 것을 알 수 있다.

```
#include "mf_lib.h"

char cmd[100];
unsigned short rxbuf[4];
int uart_fd;
int write_buf;
char read_buf;
int icnt = 0;

int main(void)
{
        char fd_serial[20];
        int fd;
        struct termios oldtio, newtio;

        strcpy(fd_serial, MODEDEVICE); //FFUART

        fd = open(fd_serial, O_RDWR | O_NOCTTY );
        if (fd <0) {
                printf("Serial %s  Device Err\n", fd_serial );
                exit(1);
        }
        printf("robot uart ctrl %s\n", MODEDEVICE);

        tcgetattr(fd,&oldtio); /* save current port settings */
        bzero(&newtio, sizeof(newtio));
        newtio.c_cflag = BAUDRATE | CS8 | CLOCAL | CREAD;
        newtio.c_iflag = IGNPAR;
        newtio.c_oflag = 0;
        newtio.c_lflag = 0;
        newtio.c_cc[VTIME]    = 0;   /* inter-character timer unused */
        newtio.c_cc[VMIN]      = 1;    /* blocking read until 8 chars
received */

        tcflush(fd, TCIFLUSH);
        tcsetattr(fd,TCSANOW,&newtio);

        printf("Robot Walk : %d steps\n", cnt);

        while(icnt!=cnt)
        {
                write_buf = 11;
                write(uart_fd, &write_buf, 1);
                read(uart_fd, &read_buf, 1);
                if(read_buf = 11)
                        icnt++;
        }
        printf("Stop\n");
        write_buf = 26;
        write(uart_fd, &write_buf, 1);

        return icnt;
}
```

위에서 보는 것과 같이 MF-LIB은 프로그램의 코딩을 간편하고 하기 쉽도록 되어 있기 때문에 프로그램 개발시간을 단축할 수 있다. 위에서 구성한 MF-LIB을 이용한 2걸음 전진 프로그램에 대한 Makefile을 만들어보도록 하자. 우선 위에 작성된 내용을 walk.c라는 파일로 저장한다. walk.c를 컴파일하기 위한 Makefile은 [그림 7-1]과 같다.

```
Makefile = (/home4/yoonmk/minir.../X-Hyper320MINI/Device...
CC = /usr/local/arm-linux-4.1.1/bin/arm-linux-gcc

AR  = ar

APPS    := walk
SRCS    := walk.c

LIBSRC  := mf_lib.c
LIBOBJ  := mf_lib.o
LIBTAR  := libmf_lib.a

all: $(LIBOBJ) $(LIBTAR) $(APPS)

$(LIBOBJ): $(LIBSRC)
	$(CC) -c $(LIBSRC)

$(LIBTAR): $(LIBOBJ)
	$(AR) rc $(LIBTAR) $(LIBOBJ)

$(APPS): $(SRCS) $(LIBTAR)
	$(CC) -o $(APPS) $(SRCS) -L./ -lmf_lib

clean:
	rm -rf *.o *.a
	rm -rf $(APPS)
~
Makefile [RO]                                         1,1          All
[영어][완성][두벌식]
```

[그림 7-1] walk.c를 컴파일하기 위한 Makefile

위의 Makefile은 mf_lib.c 라이브러리 파일을 포함하여 walk.c를 컴파일하는 내용이다. walk.c 파일을 컴파일하게 되면 최종적으로 walk라는 바이너리 파일이 생성이 되고 이 walk라는 바이너리 파일을 메탈 파이터에 업로드하여 실행하면 위에서 작성한 프로그램이 실행되는 것을 볼 수 있다.

```
root@localhost:/home4/yoonmk/minirobot/minirobot/minirob...
[root@localhost walk]#
[root@localhost walk]#
[root@localhost walk]# ls
Makefile  mf_lib.c  mf_lib.h  walk.c
[root@localhost walk]# make
/usr/local/arm-linux-4.1.1/bin/arm-linux-gcc -c mf_lib.c
ar rc libmf_lib.a mf_lib.o
/usr/local/arm-linux-4.1.1/bin/arm-linux-gcc -o walk walk.c -L./ -lmf_lib
[root@localhost walk]#
[영어][완성][두벌식]
```

[그림 7-2] make를 입력하여 walk.c를 컴파일

앞에서 작성한 walk.c 파일과 mf_lib.c, mf_lib.h, Makefile이 한 폴더 내에 있는지 확인하고 make를 입력하여 walk.c를 컴파일한다. 컴파일 후에 에러 메시지가 출력이 되지 않았으면 컴파일이 정상적으로 완료된 것으로 에러가 출력되었다면 에러가 발생된 라인을 찾아서 수정하도록 한다.

컴파일이 완료되면 [그림 7-3]과 같이 mf_lib.o 파일과 libmf_ lib.a파일 walk라는 파일이 생성된다.

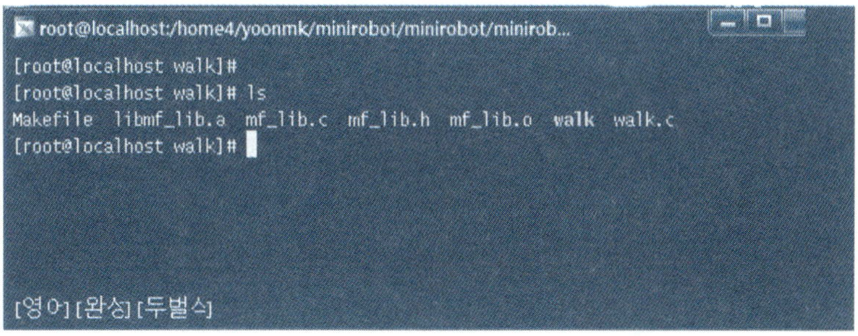

[그림 7-3] mf_lib.o 파일과 libmf_lib.a 파일 walk라는 파일이 생성

이제 walk라는 바이너리 파일을 메탈 파이터에 업로드한 후에 실행하면 메탈 파이터가 2걸음 전진하고 정지하는 동작하는 것을 볼 수 있다.

3-2 카메라 ON/OFF

이번에 작성할 프로그램은 메탈 파이터의 카메라에 대한 내용으로 카메라를 On시킨 후 5초 후에 카메라를 끄는(off) 예제이다.

```
#include "mf_lib.h"

int main(void)
{
        robot_connect();
        robot_eye_on();
        wait(5);
        robot_eye_off();
}
```

위는 MF-LIB을 이용하여 카메라를 제어하는 프로그램이다.

우선 메탈 파이터의 시리얼 포트를 열기 위하여 robot_connect()라는 함수를 이용하여 시리얼 포트를 open하고 robot_eye_on()을 이용하여 카메라를 Open하고 wait(5)로 5초를 기다리고 robot_eye_off()로 카메라를 정지하는 내용이다. 위의 내용과 같이 소스의 작성을 마쳤으면 위의 내용을 robot_eye.c라는 이름으로 저장을 한다.

[그림 7-4]는 robot_eye.c를 컴파일하기 위한 Makefile을 수정하는 내용이다. Makefile은 위에서 사용한 walk에 대한 Makefile을 수정하여 사용하도록 한다. Makefile을 수정하기 위해서 Makefile을 vi를 통하여 Open한다.

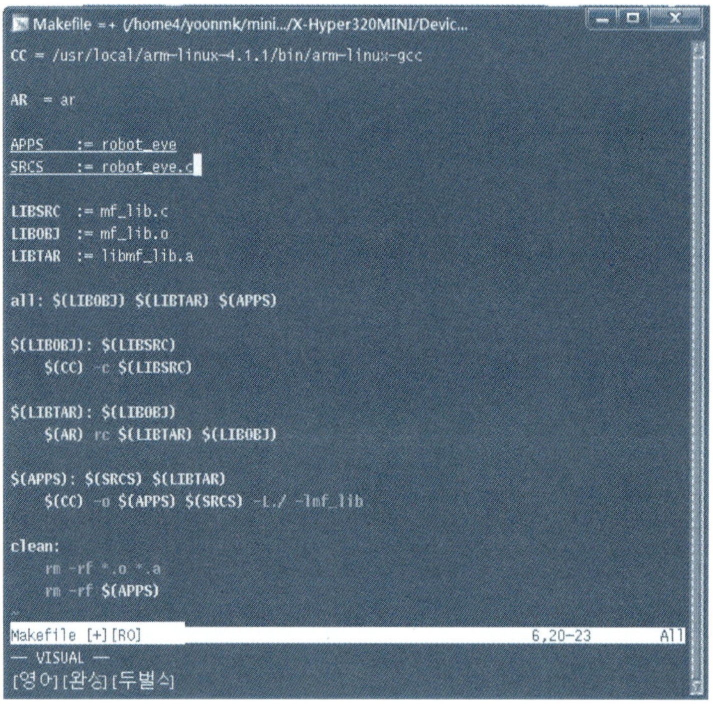

[그림 7-4] robot_eye.c를 컴파일하기 위한 Makefile을 수정 내용

robot_eye.c에 대한 Makefile은 위의 내용과 같이 "APPS"와 "SRCS"의 내용을 컴파일을 원하는 파일 이름과 최종 타깃의 이름을 입력하면 된다. 여기서는 robot_eye에 대한 컴파일 내용이므로 APPS에 robot_eye를 SRCS에 robot_eye.c를 입력한다.

Makefile을 수정하였으면 수정된 내용을 저장하고 빠져나와서 [그림 7-5]처럼 make를 입력하여 컴파일을 진행한다.

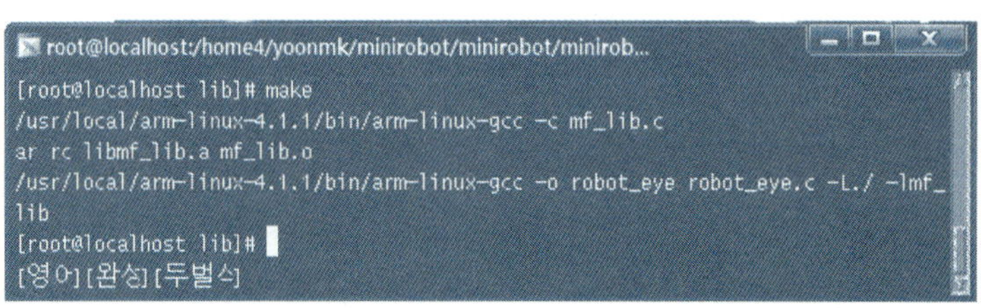

[그림 7-5] make를 입력하여 컴파일을 진행

이제 robot_eye라는 바이너리 파일을 메탈 파이터에 업로드한 후에 실행하면 메탈 파이터가 카메라를 ON하고 5초 후에 OFF하는 동작이 수행되는 것을 볼 수 있다.

3-3 소 개

이번에 작성할 프로그램은 메탈 파이터를 소개(Introduce)하는 내용이다.

메탈 파이터 초기 부팅시에 LCD에 나타나는 화면과 사운드를 출력하는 예제이다.

```
#include "mf_lib.h"

int main(void)
{
        lcd_disp_pic("robot_2.jpg");
        voice_play("/root/MP3/intro");
}
```

위의 내용과 같이 소스의 코딩을 마쳤으면 introdece.c라는 파일로 저장하고, 위에서 한 내용과 마찬가지로 Makefile을 introduce에 맞도록 수정한다. Makefile의 수정을 마쳤으면 make로 컴파일하여 생성된 introduce 바이너리 파일을 메탈 파이터에 업로드한 후에 실행해 본다.

3-4 숫자 출력

이번에 작성할 프로그램은 메탈 파이터의 LCD 화면에 숫자를 출력(Display)하는 예제이다.

숫자는 0~255까지 1초마다 1씩 증가하도록 프로그래밍한다.

```
#include "mf_lib.h"

int main(void)
{
        int a=0;
        while(a!=256)
        {
                lcd_disp_num(a);
                wait(1);
                a++;
        }
}
```

위의 내용과 같이 소스의 코딩을 마쳤으면 disp_num.c라는 파일로 저장하고, 위에서

한 내용과 마찬가지로 Makefile을 disp_num에 맞도록 수정한다.

Makefile의 수정을 마쳤으면 make로 컴파일하여 생성된 disp_num 바이너리 파일을 메탈 파이터에 업로드한 후에 실행해 본다.

3-5 녹음/재생

이번에 작성할 프로그램은 메탈 파이터의 마이크를 통해서 3초간 녹음(Recording)하고, 그 후에 녹음된 사운드를 재생(Play)하는 예제이다.

```
#include "mf_lib.h"

int main(void)
{
        voice_memory("test");
        wait(3);
        ps_kill("arecord");
        wait(1);
        voice_play("test");
}
```

위의 내용과 같이 소스의 코딩을 마쳤으면 record.c라는 파일로 저장하고, 위에서 한 내용과 마찬가지로 Makefile을 record에 맞도록 수정한다.

Makefile의 수정을 마쳤으면 make로 컴파일하여 생성된 record 바이너리 파일을 메탈 파이터에 업로드한 후에 실행해 본다.

3-6 측면 이동(Side Move)

이번에 작성할 프로그램은 메탈 파이터의 동작을 제어하는 예제로 좌우로 왔다갔다 3번 반복 후 정지하는 프로그램이다.

```
#include "mf_lib.h"

int main(void)
{
        int a=0;
        robot_connect();
        for(a=0;a<3;a++)
        {
                right_move_20();
                wait(1);
                left_move_20();
                wait(1);
        }
}
```

앞의 내용과 같이 소스의 코딩을 마쳤으면 side_move.c라는 파일로 저장하고, 앞에서 한 내용과 마찬가지로 Makefile을 side_move에 맞도록 수정한다. Makefile의 수정을 마쳤으면 make로 컴파일하여 생성된 side_move 바이너리 파일을 메탈 파이터에 업로드한 후에 실행해 본다.

3-7 장애물 감지(Detect)

이번에 작성할 프로그램은 메탈 파이터의 동작을 제어하는 예제로 전면의 거리 센서를 이용하여 전면 거리 센서에 장애물이 인식되면 정지했다가 장애물이 없어지며 다시 앞으로 이동하는 예제이다.

```
#include "mf_lib.h"

int main(void)
{
        robot_connect();
        robot_eye_on();
        wait(1);
        while(1)
        {
                if(object_distance(2) < 150)
                        robot_walking();
                else
                {
                        robot_attention();
                        robot_complete_command();
                }
        }
}
```

위의 내용과 같이 소스의 코딩을 마쳤으면 detect.c라는 파일로 저장하고, 위에서 한 내용과 마찬가지로 Makefile을 detect에 맞도록 수정한다. Makefile의 수정을 마쳤으면 make로 컴파일하여 생성된 detect 바이너리 파일을 메탈 파이터에 업로드한 후에 실행해 본다.

3-8 반복 인식(Rapid Detect)

이번에 작성할 프로그램은 메탈 파이터의 동작을 제어하는 예제로 전면의 거리 센서를 이용하여 전면 거리 센서에 장애물이 인식되기 전까지 전진했다가 장애물이 인식되면 전진한 횟수만큼 다시 후진하여 제자리로 돌아오는 예제이다.

```
#include "mf_lib.h"

int main(void)
{
        int cnt1=0;
        int cnt2=0;

        robot_connect();
        while(object_distance(2) < 200)
        {
                robot_rapid();
                cnt1++;
        }
        robot_attention();
        robot_complete_command();
        while(cnt1 > cnt2)
        {
                rapid_backward();
                cnt2++;
                uwait(100000);
        }
        robot_attention();
}
```

위의 내용과 같이 소스의 코딩을 마쳤으면 rapid_detect.c라는 파일로 저장하고, 위에서 한 내용과 마찬가지로 Makefile을 rapid_detect에 맞도록 수정한다. Makefile의 수정을 마쳤으면 make로 컴파일하여 생성된 rapid_detect 바이너리 파일을 메탈 파이터에 업로드한 후에 실행해 본다.

여기까지 MF-LIB에 대해서 알아보았다. 이장에서는 간단하게 메탈 파이터의 동작에 대해서 손쉽게 프로그래밍할 수 있는 라이브러리에 대해서 소개한 것이고, 사용자의 필요에 따라서 MF-LIB의 소스의 내용을 수정하여 사용자가 원하는 라이브러리 형태로의 변환이 가능하므로 자주 사용하는 내용에 대해서는 위와 같이 구성하여 사용하면 편리하다는 내용을 소개하였다.

메탈 파이터 동작 코드표

(MR-C3000,MR-C3024) IR3 적외선 리모콘 코드표
수신센서(AD7 포트사용)

ID 설정방법
(P1 & 1,2,3,4 key를 약 2초간 동시에 누른다.)

NO	FUNCTION	DATA			
		ID-1	ID-2	ID-3	ID-4
K01	P1	25	57	89	121
K02	P2	19	51	83	115
K03	POWER	16	48	80	112
K04	1	1	33	65	97
K05	2	2	34	66	98
K06	3	3	35	67	99
K07	4	4	36	68	100
K08	5	5	37	69	101
K09	6	6	38	70	102
K10	7	7	39	71	103
K11	8	8	40	72	104
K12	9	9	41	73	105
K13	*	22	54	86	118
K14	0	10	42	74	106
K15	#	24	56	88	120
K16	▲	11	43	75	107
K17	◀	14	46	78	110
K18	■	26	58	90	122
K19	▶	13	45	77	109
K20	▼	12	44	76	108
K21	A	15	47	79	111
K22	△	21	53	85	117
K23	B	20	52	84	116
K24	◁	28	60	92	124
K25	□	29	61	93	125
K26	▷	30	62	94	126
K27	C	17	49	81	113
K28	▽	31	63	95	127
K29	D	27	59	91	123
K30	E	18	50	82	114
K31	F	32	64	96	128
K32	G	23	55	87	119

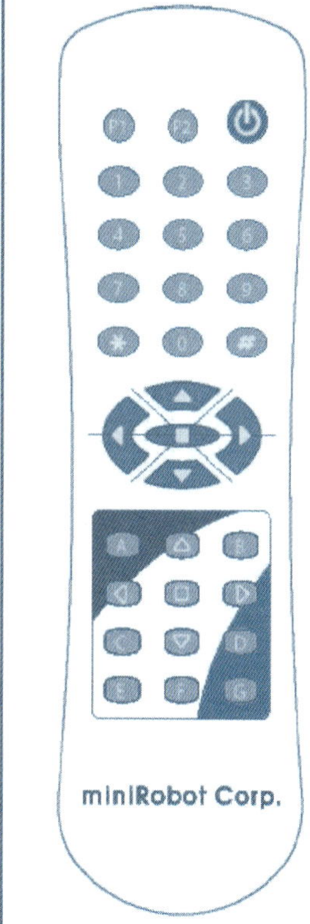


```
**** 프로그램 예제 ****
CONST IR_ID = 1
DIM IR_ID_CODE AS BYTE

IF IR_ID = 1 THEN
 IR_ID_CODE = 0
ELSEIF IR_ID = 2 THEN
 IR_ID_CODE = 32
ELSEIF IR_ID = 3 THEN
 IR_ID_CODE = 64
ELSEIF IR_ID = 4 THEN
 IR_ID_CODE = 96
ENDIF

MAIN:
 A = REMOCON(1)
 A = A - IR_ID_CODE

 ON A GOTO MAIN,KEY1,KEY2,KEY3,KEY4-
GOTO MAIN
```

** ID 코드 값 **

ID1 = 1 - 32

ID2 = 33 - 64

ID3 = 65 - 96

ID4 = 97 - 128

[그림 1] 메탈 파이터 동작 코드표

[표 1] MF-LIB 명령 코드표

버튼	명령 코드 시작 코드	명 령	동작 코드 종료 코드	설 명
1	1	자이로 MIN		
2	2	자이로 MID		
3	3	자이로 MAX	33d(기본자세)	
4	4	왼발 공차기	33d(기본자세)	
5	5		33d(기본자세)	
6	6	오른발 공차기	33d(기본자세)	
7	7	왼쪽 턴 20	33d(기본자세)	
8	8	전진 종종걸음	33d(기본자세)	
9	9	오른쪽 턴 20	33d(기본자세)	
0	10	전진달리기 50	33d(기본자세)	
▲	11	연속전진	33d(기본자세)	
▼	12	연속후진	33d(기본자세)	
▶	13	오른쪽 옆으로 70	33d(기본자세)	
◀	14	왼쪽 옆으로 70	33d(기본자세)	
A	15	왼쪽 옆으로 20	33d(기본자세)	
파워	16	모터 OFF, 모터 ON	33d(기본자세)	모터 OFF, 모터 ON 반전
C	17	미러 왼쪽 90도	33d(기본자세)	
E	18			
P2	19			
B	20	오른쪽 옆으로 20	33d(기본자세)	
△	21	머리 좌우중앙	33d(앉은자세)	
*	22	왼쪽 턴 45	33d(기본자세)	
G	23		33d(기본자세)	
#	24	오른쪽 턴 45	33d(기본자세)	
P1	25		33d(기본자세)	
■	26	정지, 기본자세	33d(기본자세)	
D	27	머리 오른쪽 90도	33d(기본자세)	
◁	28	머리 왼쪽 45도		
□	29	앉기, 일어서기	33d(기본자세)	
▷	30	머리 오른쪽 45도	33d(기본자세)	
▽	31			
F	32	후진 종종 걸음	33d(기본자세)	

[표 2] MF-AI2 동작 및 코드표(C: 축구 게임 모드), 액션 모드=3

버튼	명령 코드	동작명령	프로그램 호출방법	동작설명
1	1	키퍼왼쪽 막기	GOSUB	
2	2	키퍼정면 막기	GOSUB	
3	3	키퍼오른쪽 막기	GOSUB	
4	4	드로윙 왼쪽	GOSUB	
5	5	드로윙 정면	GOSUB	
6	6	드로윙 오른쪽	GOSUB	
7	7	왼쪽 턴 10	GOTO	
8	8	전진보행 50	GOTO	
9	9	오른쪽 턴 10	GOTO	
0	10	전진 종종걸음	GOTO	
▲	11	전진달리기 50	GOTO	
▼	12	후진달리기 40	GOTO	
▶	13	오른쪽 옆으로 70	GOTO	
◀	14	왼쪽 옆으로 70	GOTO	
A	15	왼발공차기	GOSUB	
파워	16	모터 ON, OFF	GOTO KEY16	
C	17	왼쪽으로 슈팅	GOSUB	
E	18	승부차기 왼쪽	GOTO	
P2	19	오른쪽 턴 45	GOTO	
B	20	오른발 공차기	GOSUB	
△	21	전진 종종걸음	GOTO	
*	22	왼쪽 턴 20	GOTO	
G	23	승부차기 오른쪽	GOTO	
#	24	오른쪽 턴 20	GOTO	
P1	25	왼쪽 턴 45	GOTO	
■	26	기본자세	GOTO KEY26	
D	27	오른쪽으로 슈팅	GOSUB	
◁	28	왼쪽 옆으로 20	GOTO	
□	29	앉고 일어서기	GOTO KEY29	
▷	30	오른쪽 옆으로 20	GOTO	
▽	31	후진 종종걸음	GOTO	
F	32	뒤로 슈팅	GOSUB	
		모드 변경설명		
	1	POWER 버튼누름		(빨간 버튼)
	2	눈깜박이는 상태에서		E, F, G, C, D 중 한 버튼을 누른다.
	3	■버튼을 눌러 종료한다.		

[표 3] MF-AI2 동작 및 코드표(D: 장애물달리기), 액션 모드=4

버튼	명령 코드	동작명령	프로그램 호출방법	동작설명
1	1	계단왼쪽발 오르기3cm	GOSUB	
2	2	전진 종종걸음	GOTO	
3	3	계단오른발 오르기3cm	GOSUB	
4	4	계단왼발 내리기3cm	GOSUB	
5	5	주사위 게임	GOSUB	
6	6	계단오른발 내리기3cm	GOSUB	
7	7	기어가기 왼쪽 턴	GOTO	
8	8	기어가기	GOTO	
9	9	기어가기 오른쪽 턴	GOTO	
0	10	물건집기, 놓기	GOSUB	
▲	11	전진달리기 50	GOTO	
▼	12	후진달리기 40	GOTO	
▶	13	오른쪽 옆으로 70	GOTO	
◀	14	왼쪽 옆으로 70	GOTO	
A	15	왼발공차기	GOSUB	
파워	16	모터 ON, OFF	GOTO KEY16	
C	17	승부차기 왼쪽	GOTO	
E	18	뒤로 일어나기	GOSUB	
P2	19	오른쪽 턴 45	GOTO	
B	20	오른발 공차기	GOSUB	
△	21	앞으로 덤블링	GOSUB	
*	22	왼쪽 턴 20	GOTO	
G	23	앞으로 일어나기	GOSUB	
#	24	오른쪽 턴 20	GOTO	
P1	25	왼쪽 턴 45	GOTO	
■	26	기본자세	GOTO KEY26	
D	27	승부차기 오른쪽	GOTO	
◁	28	왼쪽 옆으로 20	GOTO	
□	29	앉고 일어서기	GOTO KEY29	
▷	30	오른쪽 옆으로 20	GOTO	
▽	31	뒤로 덤블링	GOSUB	
F	32	후진 종종걸음	GOTO	
		모드 변경설명		
	1	POWER 버튼누름		(빨간 버튼)
	2	눈깜박이는 상태에서		E, F, G, C, D 중 한 버튼을 누른다.
	3	■버튼을 눌러 종료한다.		

[표 4] MF-AI2 동작 및 코드표(E: 엔터테이먼트 모드), 액션 모드=0

버튼	명령 코드	동작명령	프로그램 호출방법	동작설명
1	1	인사	GOSUB	
2	2	환호성, 만세	GOSUB	
3	3	한 발로 앉고 일어서기	GOSUB	
4	4	비상	GOSUB	
5	5	복고 댄스	GOSUB	
6	6	샹송 백댄서 2	GOSUB	
7	7	숨쉬기운동	GOSUB	
8	8	좌우 뒤틀기 댄스	GOSUB	
9	9	날개짓하며 일어서며	GOSUB	
0	10	뽕뽕송 댄스	GOSUB	
▲	11	전진보행 50	GOTO	
▼	12	후진보행 50	GOTO	
▶	13	천천히 오른쪽 옆으로 50	GOSUB	
◀	14	천천히 왼쪽 옆으로 50	GOSUB	
A	15	왼쪽 턴 20	GOTO	
파워	16	전원 모드 및 액션전환 모드	GOTO KEY16	
C	17	연속 댄스1	GOSUB	
E	18	종합 댄스1	GOSUB	
P2	19	오른쪽 턴 45	GOTO	
B	20	오른쪽 턴 20	GOTO	
△	21		GOSUB	
*	22	물구나무서기	GOSUB	
G	23	종합 댄스 3	GOSUB	
#	24	팔복사기능	GOTO	
P1	25	왼쪽 턴 45	GOTO	
■	26	기본복귀	GOTO KEY26	
D	27	연속 댄스 2	GOSUB	
◁	28		GOSUB	
□	29	안고 일어서기	GOTO KEY29	
▷	30		GOSUB	
▽	31		GOSUB	
F	32	종합 댄스2	GOSUB	
		모드 변경설명		
	1	POWER 버튼누름		(빨간 버튼)
	2	눈깜박이는 상태에서		E, F, G, C, D 중 한 버튼을 누른다.
	3	■버튼을 눌러 종료한다.		

부록

[표 5] MF-AI2 동작 및 코드표(F: 파이트 모드), 액션 모드=1

버튼	명령 코드	동작명령	프로그램 호출방법	동작설명
1	1	인사1	GOSUB	
2	2	인사2	GOSUB	
3	3	덤벼액션	GOSUB	
4	4	승리 세레모니1	GOSUB	
5	5	승리 세레모니2	GOSUB	
6	6	승리 세레모니3	GOSUB	
7	7	패배액션1	GOSUB	
8	8	안아주기	GOSUB	
9	9	패배액션2	GOSUB	
0	10	정면 양손펀치	GOTO	
▲	11	전진달리기 50	GOTO	
▼	12	후진달리기 40	GOTO	
▶	13	오른쪽 옆으로 70	GOTO	
◀	14	왼쪽 옆으로 70	GOTO	
A	15	왼손정면공격	GOTO	
파워	16	모터 IN, OFF	GOTO KEY16	
C	17	왼쪽 옆뒤공격	GOTO	
E	18	왼쪽 옆으로 20	GOTO	
P2	19	오른쪽 턴 60	GOTO	
B	20	오른손 정면공격	GOTO	
△	21	정면올리기공격	GOTO	
*	22	왼쪽 턴 20	GOTO	
G	23	오른쪽 옆으로 20	GOTO	
#	24	오른쪽 턴 20	GOTO	
P1	25	왼쪽 턴 60	GOTO	
■	26	기본자세	GOTO KEY26	
D	27	오른쪽 옆뒤공격	GOTO	
◁	28	왼쪽 옆공격	GOTO	
□	29	앉고일어서기	GOTO KEY29	
▷	30	오른쪽 옆공격	GOTO	
▽	31	뒷면올리기 공격	GOTO	
F	32	후진 종종걸음	GOTO	
		모드 변경설명		
	1	POWER 버튼누름		(빨간 버튼)
	2	눈깜박이는 상태에서		E, F, G, C, D 중 한 버튼을 누른다.
	3	■버튼을 눌러 종료한다.		

[표 6] MF-AI2 동작 및 코드표(F: 게임 모드), 액션 모드=2

버튼	명령 코드	동작명령	프로그램 호출방법	동작설명
1	1	가위	GOSUB	
2	2	바위	GOSUB	
3	3	보	GOSUB	
4	4	왼손 올려	GOSUB	
5	5	청기 · 백기자세	GOSUB	
6	6	오른손 올려	GOSUB	
7	7	왼손내려	GOSUB	
8	8	주사위 게임	GOSUB	
9	9	오른손 내려	GOSUB	
0	10	컵던지기 게임	GOSUB	
▲	11	전진달리기 50	GOTO	
▼	12	후진달리기 40	GOTO	
▶	13	오른쪽 옆으로 70	GOTO	
◀	14	왼쪽 옆으로 70	GOTO	
A	15	왼발 공차기	GOSUB	
파워	16	모터 ON, OFF	GOTO KEY16	
C	17	승부차기 왼쪽	GOSUB	
E	18	왼손 옆으로 올리기	GOSUB	
P2	19	오른쪽 턴 45	GOTO	
B	20	오른발 공차기	GOSUB	
△	21	전진달리기 30	GOTO	
*	22	왼쪽 턴 10	GOTO	
G	23	오른손 옆으로 올리기	GOSUB	
#	24	오른쪽 턴 10	GOTO	
P1	25	왼쪽 턴 45	GOTO	
■	26	기본자세	GOTO KEY26	
D	27	승부차기 오른쪽	GOTO	
◁	28	왼손 옆으로 20	GOTO	
□	29	앉고 일어서기	GOTO KEY29	
▷	30	오른쪽 옆으로 20	GOTO	
▽	31	기어가기	GOTO	
F	32	후진 종종걸음	GOTO	
		모드 변경설명		
	1	POWER 버튼누름		(빨간 버튼)
	2	눈깜박이는 상태에서		E, F, G, C, D 중 한 버튼을 누른다.
	3	■버튼을 눌러 종료한다.		

부록

찾아보기

저자 약력

■ 남 상 엽

- 공학박사
- 삼성종합기술원 정보시스템연구소 근무
- 모토로라 반도체통신(주) 기술연구소 근무
- (현) 국제대학 IT계열 교수

■ 전 영 수

- 한국산업기술대학교 메카트로닉스공학과 졸업
- 영시스템 대표(1999)
- 화승소프트 개발이사(2000)
- (현) ㈜미니로봇 개발이사
- 한국로봇게임협회 회장
- 임베디드소프트웨어 공모대전 심사위원
- EBS로봇파워 기술자문위원 및 심사위원
- 휴머노이드 로봇 제품 "로보노바, 메탈 파이터" 개발
- 전개도 자동생성 소프트웨어 "EXPANDER", "MODELCAD" 개발
- NC코드 생성 소프트웨어 "AUTO QUEST" 개발
- 휴머노이드 태권V 개발, 각종 국내외 대회 활동
- 배틀로봇 사발불패 개발, 각종 대회 활동

■ 박 신 성

- 삼성전자 프린터개발실 책임연구원
- (현) 신구대학 컴퓨터정보처리과 교수

■ 하이버스(주) 기술연구소

지능형 휴머노이드 로봇 설계 및 응용

2010년 6월 30일 1판 1쇄 발행

저 자 남상엽 · 전영수 · 박신성
하이버스(주) 기술연구소

발행인 남 승 우

발행처 도서출판 상尙 학學 당堂

서울시 동작구 조홍1길 4(사당3동 220-43)
TEL : 02) 595-1692~4
FAX : 02) 595-1394
E-mail : namdoo6@unitel.co.kr
신고 : 2-155호 (1968. 11. 29)

(CD 포함) **정가 25,000원**

ISBN 978-89-93383-85-0 93560